全国城市轨道交通专业高职高专规划教材

轨道交通概论
Guidao Jiaotong Gailun

陈海峰　彭涌涛　**主　编**
谢旺军　何壮彬　**副主编**
朱洪洲［重庆交通大学］**主　审**

人民交通出版社股份有限公司
China Communications Press Co.,Ltd.

内 容 提 要

本书为全国城市轨道交通专业高职高专规划教材。主要内容包括：轨道交通概述、轨道交通线路、轨道、轨道交通车站、路基与桥隧建筑物、轨道检测与维修、轨道交通其他系统，共七章。

本书为城市轨道交通专业的核心教材，可供高职、中职院校教学选用，也可作为城市轨道交通行业岗位培训或自学用书，还可作为城市轨道交通以及铁道相关专业的教学参考用书，同时可作为轨道交通行业工程技术人员学习参考用书。

图书在版编目(CIP)数据

轨道交通概论 / 陈海峰,彭涌涛主编. —北京：人民交通出版社股份有限公司,2014.10
全国城市轨道交通专业高职高专规划教材
ISBN 978-7-114-11772-5

Ⅰ.①轨⋯ Ⅱ.①陈⋯ ②彭⋯ Ⅲ.①城市铁路—轨道交通—高等职业教育—教材 Ⅳ.①U239.5

中国版本图书馆 CIP 数据核字(2014)第 232383 号

全国城市轨道交通专业高职高专规划教材

书　　名：	轨道交通概论
著 作 者：	陈海峰　彭涌涛
责任编辑：	袁　方
出版发行：	人民交通出版社股份有限公司
地　　址：	(100011)北京市朝阳区安定门外外馆斜街 3 号
网　　址：	http://www.ccpress.com.cn
销售电话：	(010)59757973
总 经 销：	人民交通出版社股份有限公司发行部
经　　销：	各地新华书店
印　　刷：	北京虎彩文化传播有限公司
开　　本：	787×1092　1/16
印　　张：	12.25
字　　数：	283 千
版　　次：	2014 年 12 月　第 1 版
印　　次：	2022 年 6 月　第 7 次印刷
书　　号：	ISBN 978-7-114-11772-5
定　　价：	36.00 元

(有印刷、装订质量问题的图书由本公司负责调换)

全国城市轨道交通专业高职高专规划教材
编 审 委 员 会

主　　任：施建年(北京交通运输职业学院)

副 主 任：(按姓氏笔画排序)

刘大洪(武汉铁路职业技术学院)　　　　张竞成(北京地铁运营有限公司)
李加林(广东交通职业技术学院)　　　　杨金华(云南交通职业技术学院)
徐雅娜(辽宁省交通高等专科学校)

特邀专家：(按姓氏笔画排序)

王志红(中铁建港航局集团轨道交通工程有限公司)
王得楷(甘肃省地质所)
包惠明(桂林理工大学)
刘静予(江苏省力学学会)
朱红洲(重庆交通大学)
宋延安(中铁建港航局集团轨道交通工程有限公司)
杨建国(交通运输部科学研究院)
高虎艳(西安市地下铁道有限责任公司)
缪林昌(东南大学)

委　　员：(按姓氏笔画排序)

丁洪东(辽宁轨道交通职业学院)　　　　王心明(上海交通职业技术学院)
王玉辉(湖南铁路科技职业技术学院)　　王劲松(广东交通职业技术学院)
王运周(甘肃交通职业技术学院)　　　　王建立(北京铁路电气化学校)
王　越(辽宁铁道职业技术学院)　　　　邓木生(湖南铁道职业技术学院)
冯卫星(河北交通职业技术学院)　　　　邝青梅(广东省交通运输技师学院)
刘东华(包头铁道职业技术学院)　　　　刘淑珍(北京市电气工程学校)
吕建清(青岛港湾职业技术学院)　　　　朱庆新(南京交通职业技术学院)
何　鹏(陕西交通职业技术学院)　　　　张红梅(武汉市交通学校)
张　辉(吉林铁道职业技术学院)　　　　李　军(北京交通运输职业学院)
李　季(北京自动化工程学校)　　　　　李　锐(安徽交通职业技术学院)
李慧玲(天津铁道职业技术学院)　　　　杨　平(四川交通职业技术学院)
汪武芽(江西交通职业技术学院)　　　　周秀民(吉林交通职业技术学院)
罗建华(北京地铁技术学校)　　　　　　范玉红(南通航运职业技术学院)
胡邦曜(柳州铁道职业技术学院)　　　　赵　岚(西安铁路职业技术学院)
都娟丽(西安科技商贸职业学院)　　　　盛海洋(福建船政交通职业学院)
董黎生(郑州铁路职业技术学院)　　　　覃　峰(广西交通职业技术学院)
熊文林(湖北交通职业技术学院)

秘　　书：袁　方(人民交通出版社股份有限公司)

出版说明

我国轨道交通正处于快速发展阶段,目前已有 30 个城市的轨道交通建设规划获批,预计至 2020 年,我国城市轨道交通累计营业里程将达到 7395km,而我国有发展轨道交通潜力的城市更是多达 229 个,预计 2050 年规划的线路将增加到 289 条,总里程数将达到 11700km。

面临这一大好形势,各地职业院校纷纷开设了城市轨道交通相关专业。为了适应我国城市轨道交通专业高职高专教育对教材建设的需要,我们在 2012 年推出城市轨道交通运营管理专业高职高专规划教材之后,广泛征求了各职业院校的意见,规划了全国城市轨道交通工程技术专业高职高专规划教材。

为保证教材出版质量,我们从开设城市轨道交通工程技术专业的优秀院校中遴选了一批骨干教师,组建成教材的编写团队;同时,在高等院校、施工企业、科研院所聘请一流的行业专家,组建成教材的审定团队,初期推出以下 13 种:

《工程地质》
《工程制图及 CAD》
《工程力学》
《土力学与地基基础》
《轨道交通概论》
《轨道工程测量》
《桥梁工程技术》
《轨道施工组织与概预算》
《工程材料》
《轨道线路养护与维修技术》
《轨道施工技术》
《路基施工技术》
《隧道及地下工程技术》

本套教材具有以下特点:

1. 体现了工学结合的优势。教材编写过程努力做到了校企结合,聘请地铁施工企业参与编写、审稿,并提供了大量的施工案例。

2. 突出了职业教育的特色。教材内容的组织围绕职业能力的形成,侧重于实际工作岗位操作技能的培养。

3. 遵循了形式服务于内容的原则。教材对理论的阐述以应用为目的,以够用为尺度。语言简洁明了、通俗易懂;版式生动活泼、图文并茂。

4. 整套教材配有教学课件,读者可于人民交通出版社网站免费下载;每章后附有复习思考题,部分章节还附有实训内容。

希望该套教材的出版对全国职业院校城市轨道交通专业教材体系建设有所裨益。

全国城市轨道交通专业高职高专规划教材

编审委员会

2013 年 5 月

前 言

近年来随着我国经济的高速发展,城市化水平的不断提高,截至2011年我国的城市人口首次超过农村人口数量,使得城市交通压力剧增。为了适应城市发展和减缓交通压力,轨道交通成为许多大城市的首选交通。据有关部门预计,到2015年我国城市轨道交通线路运营里程将突破3000km,到2020年末,全国将建成城市轨道交通线路总里程达7000km,将有50个城市拥有轨道交通线路,中国将成为世界最大的城市轨道交通市场。

高等职业教育主要面向生产一线,培养熟知新知识、新技术、新工艺和新方法,具有一定知识面和理论水平及操作能力强的应用高端技能型人才。为了培养城市轨道、铁道、城际轨道等轨道工程专业生产一线的应用高端技能型人才,满足城市轨道交通专业高等职业教育的需要,由全国交通运输职业教育教学指导委员会城市轨道运输类专业指导委员会根据城市轨道交通专业发展需要,组织有关院校和企业开发编写了《轨道交通概论》。

本书主要内容包括:轨道交通概述、轨道交通线路、轨道、轨道交通车站、路基与桥隧建筑物、轨道检测与维修、轨道交通其他系统,共七章。内容包含了多个专业方面的知识,使学生对城市轨道交通系统、高速铁路等有一个全面的认识。本书主要体现职业知识与职业意识教育相结合,强调现代教学技术手段与教学课件的综合运用和教学效果,使教材具有职业教育的本位和特色,具有针对性和操作性,突出学生的技术和技能培养,注重学生综合素质的提高,努力让学生能通过教材学习做到"学以致用",使学生毕业与上岗"零对接"。

本书由广西交通职业技术学院副院长陈海峰教授和南京交通职业技术学院彭涌涛担任主编,广西交通职业技术学院谢旺军和何壮彬担任副主编,由重庆交通大学朱洪洲教授担任主审。

本书编写分工为:广西交通职业技术学院陈海峰教授编写第一、二章,南京交通职业技术学院彭涌涛主任编写第三章(第四、五节)、第七章(第一、四节),广西交通职业技术学院谢旺军编写第六章、何壮彬编写第五章、刘振华编写第三章(第一节)、蔡广聪与孙宗丹共同编写第三章(第三节)、文韬编写第七章(第二节)、盘霞和陈健梅共同编写第七章(第三节),广西南宁城市轨道交通有限公司覃文杰编写第三章(第二节),广州轨道交通建设监理有限公司邹先科编写第四章(第一、二节)、吴云编写第四章(第三、四节)。

在编写本书的过程中,得到了广西交通职业技术学院、广西建设职业技术学院、南京交通职业技术学院、重庆交通大学、南宁学院、广西正高工程技术有限公司、南宁轨道交通有限公司、广州轨道交通建设监理有限公司、中铁二局等相关单位领导和专家的指导和帮助,在此一并表示感谢。

由于编写时间仓促,编写水平有限,书中缺点和错误在所难免,敬请专家和读者提出宝贵意见,以便今后改正完善。

编 者
2014 年 8 月

目 录

| 第一章 轨道交通概述 | 1 |

第一节 国外轨道交通的发展概况 ... 1
第二节 国内轨道交通的发展概况 ... 10
第三节 城市轨道交通的特点与类型 ... 16
复习思考题 ... 20

第二章 轨道交通线路 ... 21
第一节 概述 ... 21
第二节 轨道交通线路平面设计 ... 32
第三节 轨道交通线路纵断面设计 ... 44
第四节 轨道交通限界 ... 51
复习思考题 ... 55

第三章 轨道 ... 57
第一节 轨道结构 ... 57
第二节 轨道附属设备 ... 82
第三节 无砟轨道 ... 85
第四节 直线轨道几何形位 ... 88
第五节 曲线轨道 ... 95
复习思考题 ... 103

第四章 轨道交通车站 ... 104
第一节 城市轨道交通车站概述 ... 104
第二节 轨道交通车站的类型 ... 112
第三节 城市轨道交通车站的文化 ... 118
第四节 城市轨道交通的换乘 ... 122
复习思考题 ... 124

第五章 路基与桥隧建筑物 ... 125
第一节 路基 ... 125
第二节 桥隧建筑物 ... 133
复习思考题 ... 142

第六章 轨道检测与维修 ... 143
第一节 轨道检测 ... 143
第二节 轨道线路维修 ... 147

第三节　轨道线路大修……………………………………………………………… 153
　　复习思考题……………………………………………………………………………… 154
第七章　轨道交通其他系统…………………………………………………………… 155
　　第一节　轨道交通车辆与牵引供电系统……………………………………………… 155
　　第二节　轨道交通信号控制与通信系统……………………………………………… 160
　　第三节　城市轨道交通运营组织及管理……………………………………………… 169
　　第四节　城市轨道交通灾害防护系统………………………………………………… 174
　　复习思考题……………………………………………………………………………… 182
参考文献……………………………………………………………………………………… 183

第一章　轨道交通概述

教学目标
1. 了解国内、外轨道交通发展概况；
2. 熟悉城市轨道交通概念和类型；
3. 掌握高速铁路的定义；
4. 熟悉我国城市轨道交通和高速铁路的规划建设。

从世界上第一条轨道交通正式运营发展到今天，已经有180多年的历史，随着交通运输业的快速发展，轨道交通在运输能力、运营速度、运营成本、安全舒适、节能、环保诸方面显示出了明显的优势。因此，发展轨道交通是世界各国交通发展的趋势。从近几年来看，世界各国已经进入了以轨道交通为骨干的交通多样化时代。

第一节　国外轨道交通的发展概况

一、世界铁路的发展历程

在世界铁路发展过程中，通常把1825年9月27日建成并通车的英国斯托克顿至达林顿的32km标准轨铁路，作为世界上正式营业运营的第一条铁路，如图1-1所示。因此，人们将这一年称为世界铁路诞生年。在世界铁路发展的长河中，它的发展过程大体上划分为以下4个阶段。

(一) 初建时期

世界铁路的产生和发展是与科学技术进步和大规模的商品生产分不开的。经过乔治·史蒂芬逊——被誉为"火车之父"（图1-2）几十年的不懈努力，终于在1825年9月，英国开通了世界上第一条铁路——斯托克顿至达林顿之间长为32km的铁路，第一列机车由设计者乔治·史蒂芬逊亲自操作。以后，欧、美比较发达国家竞相仿效，法国（1828年）、美国（1830年）、德国（1835年）、比利时（1835年）、加拿大（1836年）、俄国（1837年）、意大利（1839年）等国纷纷修建铁路；到19世纪50年代初期，亚、非、拉地区也开始出现了铁路，如印度（1853年）、埃及（1854年）、巴西（1854年）、日本（1872年）等国。自1825年开始到1860年间，世界铁路已修建了近10.5万km。

图1-1 世界上第一条铁路

图1-2 火车之父——乔治·史蒂芬逊

(二) 筑路高潮时期

自1870年到1913年第一次世界大战前,铁路发展最快,每年平均修建20000km以上;主要资本主义国家,大部分投资用于修建铁路,大量钢材用于轧制钢轨,如美国从1881年到1890年的10年间,每年平均建成10000km铁路,1887年一年就建成20619km铁路,当年钢产量仅339.2万t。到1870年世界铁路营业里程为21.0万km,1880年为37.2万km,1890年为61.7万km,1900年为79.0万km,1913年为110.4万km;绝大部分铁路集中在英、美、德、法、俄五国。19世纪末,英、美、德、法、俄等国利用其掌握的铁路技术,开始在殖民地、半殖民地国家修建铁路。

在此期间,铁路公司之间为了提高声誉,已开始用提高速度进行竞争。1895年,英国西海岸铁路伦敦至阿伯丁868km,直达速度101.6km/h;英国东海岸铁路由伦敦至阿伯丁842km,平均直达速度97km/h。1893年,美国纽约中央铁路最高速度达到181km/h;1902年,美国宾夕法尼亚州铁路平均直达速度为64.5km/h;1903年,德国Siemens—Halske公司制造的电动车创下了210km/h和207km/h的最高速度。

(三) 基本稳定时期

第一次世界大战后到第二次世界大战前的20多年间,主要资本主义国家的铁路基本停止发展。而殖民地、半殖民地、独立国、半独立国的铁路则发展较快,到1940年世界铁路营业里程达到135.6万km。

第二次世界大战中,西欧各国的铁路受到战争破坏,直至1955年前后才恢复旧貌。战后,公路和航空运输发展较快,主要资本主义国家的铁路与公路、航空的竞争更为激烈,铁路客货运量的比重日益减少,一些铁路无利可图、亏损严重。不少国家不得不将铁路收归国有,美、英、德、法、意等国继续封闭并拆除资源枯竭型铁路和重复建设能力过剩型铁路,如表1-1所示。

表1-1

国　　家	年　　代	里程(万km)
美国	1916	40.8
	1980	31.8

续上表

国　家	年　代	里程(万 km)
英国	1929	3.28
	1980	1.77
法国	1937	6.48
	1980	3.39

自20世纪30年代到60年代初,一方面,欧美国家的铁路营业里程有所萎缩;另一方面,亚、非、拉与部分欧洲国家的铁路营业里程有所增长,所以世界铁路营业里程基本保持在130万 km左右。

(四)现代化时期

20世纪60年代末期,世界铁路的发展又开始复苏。特别是20世纪70年代中期世界石油产生危机后,因为铁路能源消耗较飞机、汽车低,噪声污染小,运输能力大,安全可靠,作为陆上运输的骨干地位被重新确认,很多国家都确定以电力牵引为铁路发展方向。近30年的时间内,先进技术广泛采用,如牵引动力的改革,集装箱和驮背运输的发展,通信信号的改进,轨道结构的加强,以及管理自动化的迅速发展。更值得注意的是高速铁路方兴未艾,重载运输日新月异。

1964年,日本建成东京到大阪的东海道高速铁路新干线,客运量逐年增加,利润逐年提高,实现了与航空竞争的预期目的。这对亏损严重的资本主义国家铁路,提供了一种解脱困境可借鉴的出路。于是自20世纪60年代末,很多资金充裕、科技先进的国家,纷纷兴建新线和改建旧线,以实现250~300km/h的速度。

铁路的重载列车近十几年发展很快,牵引重量都在6000t以上,有的超过10000t。美国、加拿大、澳大利亚等国,采用同型车辆固定编组,循环运转于装卸点之间,称为单元重载列车。苏联除积极发展重载列车外,还大量开行两列甚至三列合并运行的组合列车,在不需要普遍延长站线的情况下,提高铁路的输送能力。

目前,世界上有铁路运营的国家和地区约151个,铁路总营业里程约137万 km(未含城市轨道交通系统),其中电气化铁路总里程已达31万 km,约为世界铁路总营业里程的22.8%。在2012年年底,中国的电气化铁路已超过俄罗斯并跃升世界第一位,里程超过4.8万 km。

据最新资料统计,铁路营业里程最长的10个国家如表1-2所示。

铁路营业里程最长的10个国家　　　　　表1-2

排　名	国　家	铁路总里程(km)	电气化铁路里程(km)	统计年代
1	美国	224792	1600	2011
2	中国	98000	48000	2013
3	俄国	87157	43300	2011
4	印度	63974	23541	2011
5	加拿大	46552	129	2011
6	德国	41981	20497	2011
7	澳大利亚	38445	2715	2011

续上表

排　名	国　家	铁路总里程(km)	电气化铁路里程(km)	统计年代
8	阿根廷	36966	136	2011
9	法国	29640	15140	2011
10	巴西	28538	1122	2011

二、国外城市轨道交通的发展概况

自1863年伦敦开通世界上第一条地铁以来(图1-3),至2013年,世界城市轨道交通的发展已有150多年的历史,已经有118座城市建成了地下铁道,线路总长度超过了7000km(表1-3)。各大城市的地铁、轻轨、城市铁路、新型城市轨道交通都得到了很好的发展,为城市的客运交通和经济发展做出了重要的贡献。

世界城市轨道交通的发展经历了一个曲折的过程,大致可分为以下几个阶段。

1. 初步发展阶段(1863—1924年)

在这一阶段,欧美的城市轨道交通发展较快,这期间有13座城市建成了地铁,还有许多城市建设了有轨电车。20世纪20年代,美国、日本、印度和中国的有轨电车有了很大发展,如图1-4所示。这种旧式的有轨电车行驶在城市的道路中间,运行速度慢,正点率很低,而且噪声大,加速性能低,乘客舒适度差,但在当时仍然是公共交通的骨干。

图1-3　邮票上的伦敦第一条地铁

图1-4　早期的有轨电车

世界主要城市地铁通车情况(统计至2013年年底)　　　　表1-3

国　家	城　市	通车里程(km)	国　家	城　市	通车里程(km)
中国	上海	567	韩国	首尔	314
中国	北京	465	俄罗斯	莫斯科	312.9
美国	纽约	443.2	中国	广州	260.5
英国	伦敦	402	法国	巴黎	220
澳大利亚	墨尔本	372	中国	香港	218.2
日本	东京	326	墨西哥	墨西哥城	201.388
西班牙	马德里	317	中国	深圳	178.4

续上表

国　家	城　市	通车里程(km)	国　家	城　市	通车里程(km)
西班牙	巴伦西亚	175	中国	台北	112.8
美国	华盛顿	171	俄罗斯	圣彼得堡	110.2
美国	芝加哥	170.8	瑞典	斯德哥尔摩	105.7
美国	旧金山	167	智利	圣地亚哥	105
新加坡	新加坡	148.9	西班牙	巴塞罗那	104.8
德国	柏林	147	德国	汉堡	100.7
中国	重庆	142.5	德国	慕尼黑	96
日本	大阪	137.8	印度	德里	96
中国	天津	136.46	韩国	釜山	95
伊朗	德黑兰	120	日本	名古屋	89.1

2. 停滞萎缩阶段(1924—1949年)

第二次世界大战的爆发和汽车工业的发展,导致了城市轨道交通的停滞和萎缩。汽车因其具有灵活、便捷及可达性的特点,而得到飞速发展,一度成为城市交通的宠儿。而城市轨道交通因投资大,建设周期长,一度失宠。这一阶段只有东京、大阪、莫斯科等五个城市发展了城市轨道交通,有轨电车则停滞不前,有些线路被拆除,如美国1912年已有370个城市建有有轨电车,到了1970年,只剩下8个城市保留了有轨电车。

3. 再发展阶段(1949—1969年)

汽车过度增加,使城市道路异常堵塞,行车速度下降,严重时还会导致交通瘫痪;加之噪声大,空气污染严重,大量耗费石油资源,市区汽车有时甚至难以找到停车位,于是人们又重新认识到,解决城市客运交通必须依靠电力驱动的轨道交通。因此城市轨道交通重新得到了重视,而且逐步扩展到日本、中国、韩国、巴西、伊朗、埃及等国家,这期间有17个城市新建了地铁。

4. 高速发展阶段(1970年至今)

世界上很多国家都确立了优先发展城市轨道交通的方针,立法解决城市轨道交通的资金来源。世界各国城市化的趋势,导致人口高度集中,要求城市轨道交通高速发展以适应日益增加的客流运输,各种技术的进步也为城市轨道交通的高速发展奠定了良好基础。

 知识链接

世界地铁之最

最早的地铁:世界上最早的地铁于1863年在英国伦敦建成(图1-5),其干线长度为7.6km,由于当时电动机车尚未问世,机车牵引仍用蒸汽机车。尽管隧道里烟雾弥漫,但人们仍争着去坐。

最短的地铁:土耳其的伊斯坦布尔地铁,总长度只有572m,而且只有首尾两个车站。

速度最快的地铁:美国旧金山地铁运行时速最高达128km,为世界地铁速度之最。

最有效益的地铁:香港地铁是全球独一无二最有商业价值的地铁,经济效益十分可观。

最长的地铁(城市):截至2013年12月29日,上海地铁已开通运营14条线,329座车站,运营里程538km。如图1-6所示。

图1-5 世界第一条地铁

图1-6 上海地铁

最繁忙、最豪华、最方便的地铁:莫斯科地铁是由10余条主干道组成,共有123个车站,全年运送的乘客达26亿人次,承担整座城市交通总运量的45%。莫斯科地铁被世人公认为世界上最豪华的地铁,它有"欧洲地下宫殿"之称,地铁沿线的天然料石、欧洲传统灯饰与莫斯科气势宏伟的博物馆群交相辉映十分壮观。其地铁营运时间长、发车频繁、行车速度高、乘坐舒适、票价低廉、换乘方便,堪称世界一流。如图1-7所示。

a)

b)

图1-7 莫斯科地铁

最长的地铁(国家):英国有一条地铁穿越8座城市,总长度近1000km,共设458个车站,每天运送乘客约67.3万人次。

最先进的地铁:法国里尔地铁是无人驾驶的全自动化地铁,高峰期间,列车间隔时间只有72s。

最深的地铁:朝鲜平壤市的地铁,最大埋深达100m左右,称得上世界最深的地铁。

最浅的地铁:我国天津的地铁,最浅处埋深仅2~3m,称得上世界最浅的地铁。

最有艺术氛围的地铁:瑞典斯德哥尔摩地铁被誉为"世界最长的地下艺术长廊",如图1-8所示。该地铁在99个车站中,有一半以上装饰着不同的艺术品,表现着不同的主题。

海拔最高的地铁:墨西哥地铁修建在海拔2300m的高原上,是目前城市地铁中海拔最高的。

线路和车站最多的地铁:纽约地铁有30条线路,469个车站,堪称世界上地铁线路和车站最多的地铁。

最清洁和安全的地铁:新加坡地铁(图1-9)最清洁,最安全。列车及车站清洁光亮,一尘不染,乘客所能触及的地方,均采用不易燃的材料进行装修,同时还有一整套灭火救灾的自动检测系统。

图1-8 瑞典斯德哥尔摩地铁

图1-9 新加坡地铁

三、国外高速铁路的发展概况

高速铁路是世界铁路的一项重大技术成就，它集中反映了一个国家铁路牵引动力、线路结构、高速运行控制、高速运输组织和经营管理等方面的技术进步，也体现了一个国家的科技和工业水平。高速铁路是社会经济发展和运输市场竞争的需要，它促进了地区经济的发展和城市化进程，在经济发达、人口密集地区的经济效益和社会效益尤为突出。

1. 高速铁路概述

目前，铁路速度的分档一般定义为：速度100～120km/h称为常速；速度120～160km/h称为中速；速度160～200km/h称为准高速或者快速；速度200～400km/h称为高速；速度400km/h以上称为超高速。

对于铁路速度的水平，随着技术的进步而逐步提高。西欧把新建速度达到250～300km/h、旧线改造速度达到200km/h的称为高速铁路；1985年联合国欧洲经济委员会在日内瓦签署的国际铁路干线协议规定：新建客运列车专线速度为300km/h，新建客货运列车混线速度为250km/h以上的称为高速铁路。

目前世界上已经有中国、西班牙、日本、德国、法国、瑞典、英国、意大利、俄罗斯、土耳其、韩国、比利时、荷兰、瑞士等16个国家和地区建成运营高速铁路。据国际铁路联盟统计，至2013年11月1日，世界其他国家和地区的高铁运营总里程为11605km，在建规模4883km，规划中建设里程12570km。此外，欧洲已计划把各国高速铁路建成"泛欧洲高速铁路网"。由此可以预见,21世纪的铁路运输业将会出现轮轨系高速铁路的全面发展。

2. 世界高速铁路的发展阶段

自1964年日本建成东京至大阪世界上第一条高速铁路以来,高速铁路从无到有经历了不同的阶段,归纳起来,主要有以下3个阶段。

(1)初期阶段:1964~1990年

在这期间建设并投入运营的高速铁路有日本的东海道、山阳、东北和上越新干线,法国TGV东南线、TGV大西洋线,意大利的罗马至佛罗伦萨线,德国的汉诺威至维尔茨堡高速新线,推动了高速铁路第一次建设高潮(表1-4)。

日本东海道新干线(图1-10)和法国TGV东南线(图1-11)的运营,在技术、商业、财政以及社会效益上都获得了极大的成功;日本东海道新干线在财务收支上已经成为主要支柱,法国TGV东南线也在运营10年的期限里完全收回了投资。因此,高速铁路最初的建设成就极其显著。随后,德国和意大利各国都先后修建了适合本国国情的高速铁路,并取得了较好的效益,成为当今世界上高速铁路技术的保有国。

图1-10 日本东海道新干线开通典礼

图1-11 法国TGV东南线

初期已经建成的高速铁路新线   表1-4

时 期	国 家	项 目	建设年代	线路长度(km)
初期的高速铁路建设	日本	东海道新干线	1959—1964	515
		山阳新干线	1967—1975	554
		上越新干线	1971—1982	270
		东北新干线	1971—1985	497
	法国	TGV东南线	1976—1983	417
		TGV大西洋	1985—1990	282
	德国	汉诺威—维尔茨堡	1988—1991	427
		曼海姆—斯图加特		
	意大利	罗马—佛罗伦萨	1970—1992	254
总计	4	9		3216

(2)第二阶段:1990—1998年(表1-5)

高速铁路建设在日本和法国所取得的成就影响了很多国家,促使了各国对高速铁路的关注与研究。1991年,瑞典开通了X2000摆式列车。1992年,西班牙引进法国和德国的技术建成了471km长的马德里至塞维利亚高速铁路。1994年,英吉利海峡隧道把法国与英国连接在一起,开创了第一条高速铁路国际连接线。1997年,从巴黎开出的"欧洲之星"又将法国、比利时、荷兰和德国连接在一起。日本高速路网的建设开始向全国普及发展,并于1996年起开通了福岛、山形两条小型新干线,为既有线的提速改造走出了一条新路。法国和德国在修建高速铁路的同时,也实施了既有线的改造。

已经建成的高速铁路新线(第二阶段) 表1-5

时　期	国家	项目	建设年代	线路长度(km)
第二次高速铁路建设	西班牙	马德里—塞维利亚	1987—1992	471
	法国	TGV北方线	1990—1994	333
		TGV东南延伸线	1992—1994	148
		TGV路网连接线	1994—1995	102
	日本	北陆新干线	1989—1997	117
	比利时	布鲁塞尔—里尔	1989—1998	83
	德国	柏林—汉诺威	1992—1998	172
总计	5	7		1426

(3)第三阶段:1998—2005年(表1-6)

1998年10月在德国柏林召开了第三次世界高速铁路大会Eurail-speed98,提出高速地面交通系统的全球化,将当前高速铁路的发展定为世界高速铁路发展的第三次高潮。这次高潮波及亚洲、北美、澳洲以及整个欧洲,形成了交通领域中铁路的一场复兴运动。

正在建设中的高速铁路新线(第三阶段) 表1-6

时　期	国家或地区	项目	建设年代	线路长度(km)	备注
第三次高速铁路建设	法国	地中海线	1995—1999	303	欧洲
	德国	莱茵/美茵—科隆	1995—2002	204	
		纽伦堡—茵格斯塔德—慕尼黑	1997—2003	171	
	意大利	罗马—那不勒斯	1992—2001	204	
		博洛尼亚—佛罗伦萨	1996—2005	92	
	英国	海峡隧道连接线(一期)	1998—2003	69	
	西班牙	马德里—巴塞罗那	1998—2004	300	
	荷兰	安特卫普—阿姆斯特丹	1999—2005	95	
	俄罗斯	莫斯科—圣彼得堡	1997	654	
	日本	北陆新干线	1989—1997	117	亚洲
		上越新干线	1971—1982	303	
		东北新干线	1971—1991	535	
	韩国	汉城(现改称"首尔")—釜山	1992—2003	426	
	中国台湾	台北—高雄	1997—2003	345	
	澳大利亚	悉尼—堪培拉	2000—2003	270	澳洲
总计	11	15		4088	

除了以上这些已经开工建设的项目,正在对高速铁路开展前期研究工作的国家还有土耳其、中国、美国、加拿大、印度、捷克等。

3. 高速铁路发展的意义

高速铁路之所以被世界各国重视,主要是由于高速铁路有着输送能力大、速度快、旅行时间短、安全性好、受气候的影响比较小、准时、舒适、方便、节能、环保等优势,所以高速铁路的发展不仅给我们带来了方便,更重要的是推动了社会的进步,高速铁路建设是世界铁路发展的共同趋势。

第二节　国内轨道交通的发展概况

一、国内铁路的发展历程

(一)旧中国铁路的建设

1876年,英商在上海修建的吴淞铁路是中国领土上出现的第一条铁路,这一条铁路与世界上的第一条铁路相比落后了51年。1881年清政府才同意英商在唐山至胥各庄修建一条大约为10km的铁路,采用轨距为1435mm,成了今天的标准轨距,一直被沿用。1905—1909年詹天佑(被誉为"中国铁路之父")主持修建我国自主设计并建造的第一条铁路——京张铁路,创设了"竖井开凿法"和"人"字形线路,震惊中外。这条铁路的修建掀开了中国铁路建设的序幕(图1-12)。

a)中国铁路之父——詹天佑

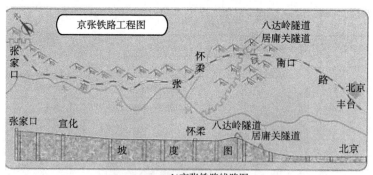
b)京张铁路线路图

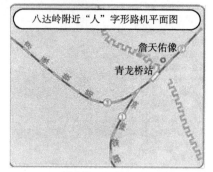
c)著名的"人"字形线路图

d)青龙桥车站

图1-12　京张铁路

由于受到帝国主义的侵略和不断的战乱,我国铁路建设的速度较慢,到1911年清帝退位时,全国铁路通车里程约为7800km。到1937年抗日战争爆发前夕,东北铁路通车里程达8300km,全国铁路通车里程达19000km。自1881年兴建唐胥铁路到1949年新中国成立的这69年间,全国所有铁路通车里程为21800km(台湾省未计入),平均每年兴建铁路才320km,发展速度非常缓慢。旧中国的铁路不仅数量少、质量低,而且分布极不合理,多数集中在沿海地区和东北三省,而西南、西北地区几乎没有铁路。

(二)新中国时期的铁路建设

新中国成立以后,我国政府成立了铁道部,由其统一管理全国的铁路,对既有线进行提速和改造,并且不断地规划新线的建设。特别是进入21世纪,我国的铁路事业取得了举世瞩目的成就,主要加强客货运输大通道、西部、西南地区铁路的建设,并且对既有线铁路进行了6次大规模的提速改造,截至2012年底,全国铁路营业里程为9.8万km,其中复线里程达43749km,电气化里程为4.8万km。到2015年年底,即"十二五"末,我国铁路营业总里程将超过12万km。

二、国内城市轨道交通的发展概况

(一)国内城市轨道交通的发展历程

我国现代城市轨道交通是以1965年7月1日开工建设的北京地铁为开端,发展至今,大致经历了以下5个阶段:

(1)起始阶段

该阶段是以1965年开始建设、1969年10月1日建成通车的北京地铁(北京站—苹果园站,全长23.6km);1970年开始建设、1976年建成通车的天津地铁(新华路站—西南角站,全长5.2km)为代表。这一阶段地铁的规划与建设,除了实现城市的客运功能之外,更重要的是考虑满足人防战备的需要。

(2)开始建设阶段

这一阶段是以北京地铁1号线完全建成(复八线建设和1号线改造)、上海地铁1号线(上海火车站至莘庄)、广州地铁1号线(西朗站至广州东站)的建成为标志。在这一阶段随着改革开放和经济体制改革的逐步深入,城市交通需求剧增,导致道路交通供给能力严重不足,交通供需矛盾成为城市社会经济发展的一个重要制约因素。

为适应城市发展的需要、缓解城市交通的紧张状况,从20世纪90年代开始,我国政府加大了对城市交通基础设施的投入,强调轨道交通对解决城市交通问题和引导城市发展的作用。从此,发展大容量轨道交通方式的理念开始显现,我国开始了城市轨道交通的建设。在这一阶段除地铁建设外,以上海地铁明珠线一期工程为代表的轻轨交通也开始建设。

(3)建设高潮阶段

随着我国经济的高速发展和城市化进程的加快,我国城市的规模和人口在不断地扩大,城市交通问题更加突出。城市交通问题的解决必须依赖于公共交通的发展,大城市及特大城市还必须建设一个以轨道交通系统为骨干、公共交通为主体,多种交通方式相互协调的综合交通系统,这已成为共识。同时,经济的快速发展也为发展城市轨道交通奠定了雄厚的物质基础。

自20世纪末至21世纪初,我国城市轨道交通进入快速发展的建设高潮阶段。

(4) 建设调整阶段

在我国城市轨道交通的发展过程中,需要指出的是:从1995年到1998年,由于地铁建设发展迅猛,部分城市不顾地方经济实力,盲目建设城市轨道交通,速度过快;还有的城市盲目追求高标准,忽视了是否适合本城市的实际情况等问题,城市轨道交通建设带有很大的盲目性。针对工程造价高(当时每km地铁造价接近7亿元人民币)、车辆全部引进、大部分设备大量引进等问题,1995年国务院办公厅60号文通知,除上海地铁2号线项目外,所有地铁建设项目一律暂停审批,并要求做好发展规划和国产化工作。从1995年到1998年,近3年时间国家没有审批城市轨道项目,轨道交通的建设与发展经历了一段曲折的历程。1997年底开始,国家计委研究城市轨道设备国产化实施方案,提出深圳地铁1号线(19.5km)、上海明珠线(24.5km)、广州地铁2号线(23km)作为国产化依托项目,于1998年批复3个项目立项,城市轨道交通项目又开始启动。

(5) 蓬勃发展阶段

我国的城市轨道交通建设在经历了早期建设、高速发展、建设调整等曲折过程后,正步入稳步、持续、有序的蓬勃发展阶段。

《国家中长期科学和技术发展纲要》中明确提出构建以城市轨道交通为骨架的城市公共综合交通体系,我国城市轨道交通建设在"十一五"期间迎来真正的建设高潮。国家"十一五"规划提出城市轨道交通"超前规划、适时建设",有条件的大城市和城市群地区要把轨道交通作为优先发展领域。在国家政策的指导下,今后一段时间是我国城市轨道交通的快速发展时期,"十一五"期间轨道交通的建设速度远远超过过去的十年建设历程,截至2011年年底,我国城市轨道交通已有14个城市拥有56条线路,总里程达1714km,2012年9月,国家发改委批复了全国多个城市的轨道交通建设规划,总投资规模预计超过8000亿元。其中广州城市轨道交通近期建设规划调整方案投资最高,预计总投资为1241亿元。

据专家指出,目前全国已经有1500km城市轨道交通线路在运行,预计到2015年还有2500km投入使用,年均500km左右,这样总里程达到4000km很有可能。这使得到2015年全国规划的城市轨道交通运营里程3000km将被突破。

至2020年,京、沪、穗三地的城市轨道交通运营里程都将超过500km,其中上海将以877km的总长度"领跑"全国,到2020年末,全国建成总里程将达7000km左右。我国的城市轨道交通行业步入一个跨越式发展的新阶段,中国将成为世界最大的城市轨道交通市场。

(二)国内城市轨道交通发展现状

自1965年7月1日开工建设的北京地铁开始,到2000年之前,内地仅有北京、天津、上海、广州4座城市拥有城市轨道交通线路。进入21世纪以来,随着国家经济的飞速发展和城市化进程的加快,城市轨道交通也进入大发展时期。

根据国家发改委运输所完成的《2012—2013年中国城市轨道交通发展报告》统计,2012年度,全国有35座城市在建设城市轨道交通线路,建设线路82条22段,建设里程总计达2016km,建设车站1388座,估算完成总投资约2600亿元。2013年,已批准的项目将进入大规模建设阶段,城市轨道交通投资规模有望达到2800亿~2900亿元。在四大直辖市中,2012年共计建设城市轨道交通里程629km,所建里程占全国总量2016km的31%,其他30余座城市合计里程占 69%，建设里程最长的依次为北京 195km、上海 149km、天津 147km、重庆 138km。

据中国城市轨道交通协会统计，2013 年末，我国累计有 19 座城市建成并投入运营的城市轨道交通线路 87 条，运营里程超过 2500km。如表 1-7 所示。

2013 年年底全国已开通城市轨道交通线路运营里程统计 表 1-7

序 号	城 市	运营线路(条)	线路总里程(km)
1	上海	16	567
2	北京	17	465
3	广州	9	261
4	深圳	5	178
5	重庆	4	143
6	天津	5	136
7	沈阳	6	115
8	成都	3	115
9	大连	4	87
10	南京	3	82
11	武汉	3	73
12	苏州	2	51
13	长春	2	48
14	杭州	1	48
15	西安	2	46
16	昆明	2	40
17	郑州	1	26
18	佛山	1	21
19	哈尔滨	1	17

三、我国高速铁路的发展

我国自 1994 年开通了时速 160km/h 的广深准高速铁路以来，一直在不断地进行铁路的提速改造和高速铁路建设工作。自 1997 年 4 月至 2007 年，我国铁路先后实施了 6 次大提速。通过区间半径的改造，路基、桥、隧的加固和改造，提速道岔的更换以及列车提速系统装备、客运设施、跨线设施和相关检修设施的提升，在京沪、京哈、京广、京九、陇海、兰新、沪昆、广深、胶济等主要干线上成功实施了 6 次大面积提速调图。提速后的既有线列车最高运营速度提高到了 200km/h，部分区间达到了 250km/h，标志着我国铁路迈入了高速化运行的时代。

(一)我国高速铁路的发展规划

根据《中长期铁路网规划(2008 年调整)》，到 2020 年，我国铁路营运里程将达到 12 万 km 以上，其中高速铁路为 1.6 万 km。快速客运网络建成后，将形成北京、上海、郑州、武汉、广州、西安、成都等中心城市与邻近省会城市的 1~2h 交通圈和"四纵四横"高速铁路网。

1. "四纵"高速铁路网

(1)北京—上海客运专线,包括蚌埠—合肥、南京—杭州客运专线,贯通京津至长江三角洲东部沿海经济发达地区。

(2)北京—武汉—广州—深圳客运专线,连接华北和华南地区。

(3)北京—沈阳—哈尔滨(大连)客运专线,包括锦州—营口客运专线,连接东北和关内地区。

(4)上海—杭州—宁波—福州—深圳客运专线,连接长江、珠江三角洲和东南沿海地区。

2. "四横"高速铁路网

(1)徐州—郑州—兰州客运专线,连接西北和华东地区。

(2)杭州—南昌—长沙—贵阳—昆明客运专线,连接西南、华中和华东地区。

(3)青岛—石家庄—太原客运专线,连接华北和华东地区。

(4)南京—武汉—重庆—成都客运专线,连接西南和华东地区。

3. 城际客运系统

在环渤海、长江三角洲、珠江三角洲、长株潭、成渝以及中原城市群、武汉城市圈、关中城镇群、海峡西岸城镇群等经济发达和人口稠密地区建设城际客运系统,覆盖区域内主要城镇。

总之,到21世纪中叶,我国将形成北京—上海、北京—哈尔滨(大连)、北京—广州—深圳、上海—福州—深圳、青岛—太原、徐州—兰州、上海—武汉—成都、上海—长沙—昆明"四纵四横"高速铁路网,以及环渤海、长三角和珠三角地区三个城际快速客运系统。高速铁路网将覆盖目前人口100万以上的38个城市中的33个,100万以上城市的覆盖面为86.8%,省会城市的覆盖面为80%。

(二)我国目前开通运营的主要高速铁路

2008年8月1日,我国第一条具有自主知识产权、具有国际一流水平的高速城际铁路,即京津城际铁路正式开通运营。其线路全长113.544km,沿途设北京南、亦庄、武清、天津4座车站,正式运营时速为350km,创造了世界上运营中的列车速度之最,CRH3"和谐号"动车组于2008年6月24日跑出394.3km的时速。图1-13所示为行驶在京津城际铁路上的"和谐号"动车。

武广客运专线为京广客运专线的南段,位于湖北、湖南和广东境内,于2005年6月23日在长沙首先开始动工。该客运专线全长约1068.8km,投资总额达1166亿元。2009年12月26日正式运营。设计速度为350km/h,试车最高时速为394.2km,这条高速大动脉将广州至武汉间旅客列车运行时间由11h缩短至3h,极大缓解了既有京广铁路特别是武汉至广州间紧张的运输状况,是世界上第一条时速为350km的长大客运干线。图1-14为武广客运专线铁路线路。

郑西铁路客运专线东起郑州国家综合交通枢纽的新郑州东站(即新郑州站),向西经过洛阳市、三门峡市、渭南市,至西安交通枢纽的西安北站(新建),分别连接京港高铁、京广铁路大通道(包括京广深客运专线、京广线)、大湛通道、包柳通道。其正线长为456.639km,另由西安北站向西延伸至陇海线咸阳西站,全长27.879km。郑西铁路客运专线于2005年9月25日正式开工。

图 1-13　京津城际铁路上的"和谐号"动车

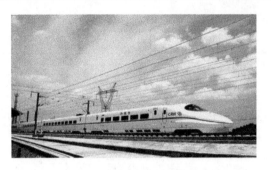
图 1-14　武广客运专线铁路线路

郑西客运专线于 2009 年 12 月 28 日正式投入运营,设计速度为 350km/h。该客运专线穿越豫西山地和渭河冲积平原,南倚秦岭,北临黄河,沿线 80% 区段为黄土覆盖,湿润性黄土区施工技术是最大的技术难题。图 1-15 所示为郑西客运专线。

京沪高速铁路于 2008 年 4 月 18 日开工,从北京南站出发,终止于上海虹桥站,总长度为 1318km。全线为新建双线,设计时速为 380km,安全运营速度为 350km,总投资约 2209 亿元。全线纵贯北京、天津、上海三大直辖市和河北、山东、安徽、江苏四省。2011 年 6 月 30 日正式开通运营。

京广高速铁路客运专线(简称京广高铁)于 2008 年 10 月 15 日开工建设,是以客运为主的高速铁路。它北起首都北京,南到广州,途经北京、河北、河南、湖北、湖南、广东 6 省(直辖市),全程 2298km,是世界上运营里程最长的高速铁路。其设计速度 350km/h,现运行速度降为 310km/h。该高速铁路客运专线是我国"四纵四横"客运专线网之一,形成一条与京广铁路并行、纵贯我国南北、辐射范围最广的高速客运通道。京广高铁将使京广铁路实现客货分离。京广高铁于 2012 年 12 月 26 日全线开通运营。从北京坐高铁到广州的旅行时间缩短至 8h。图 1-16 所示为京广高速铁路。

图 1-15　郑西铁路客运专线

图 1-16　京广高速铁路客运专线

此外,自 2008 年以来,我国还相继开通了石太客运专线、合武客运专线、沪宁城际、沪杭高铁、昌九城际、郑西客运专线、哈大等高速铁路,统计数据见表 1-8。

我国投入运营的高速铁路　　　　　　　　　　　　　　表 1-8

线路名称	起始站	里程(km)	设计行车速度(km/h)	运营年代
京津城际	北京南—天津	113.54	350	2008
石太客专	石家庄—太原	189.9	250	2009

续上表

线路名称	起始站	里程(km)	设计行车速度(km/h)	运营年代
合武客专	合肥—武汉	359.361	250	2009
武广客专	武汉—广州	1068.8	350	2009
郑西高铁	郑州—咸阳	484.518	350	2010
昌九城际	南昌—九江	131.27	250	2010
沪杭高铁	上海—杭州	202	350	2010
沪宁高铁	上海—南京	301	350	2010
京沪高铁	北京—上海	1318	380	2011
哈大高铁	哈尔滨—大连	904	350	2012
郑武高铁	郑州—武汉	482.7	350	2012
广珠城际	广州—珠海	177.3	200	2012
合蚌客专	合肥—蚌埠	130.67	350	2012
京郑客专	北京—郑州	676	350	2012
宁杭高铁	南京—杭州	248.963	350	2013
杭甬高铁	杭州—宁波	149.89	350	2013
津秦高铁	天津—秦皇岛	287	350	2013
西宝高铁	西安—宝鸡	138	350	2013
厦深高铁	厦门—深圳	502.4	250	2013
柳南客专	柳州—南宁	226	250	2013
衡柳高铁	衡阳—柳州	497.9	200	2013
广西沿海高铁	南宁—钦州—北海	262	250	2013
武咸城际	武汉—咸宁	90.12	200	2013
盘营高铁	盘锦—营口	89.314	350	2013
兰新高铁	兰州—乌鲁木齐	1776	300	2014

第三节 城市轨道交通的特点与类型

城市轨道交通具有运能大、能耗低、污染小、安全舒适、方便、准点等优点,深受人们的欢迎。随着改革开放的深入和国民经济的发展,城市轨道交通建设进入了快速发展期。

城市轨道交通种类繁多,技术指标差异较大,世界各国评价标准不一,并无严格的分类。由于城市轨道交通在世界范围内发展较快,在不同地区、国家、城市,服务对象的不同等因素,使得城市轨道交通发展有多种类型。

按容量(运送能力):可分为高容量、大容量、中容量和小容量。
按导向方式:可分为轮轨导向和导向轨导向。
按线路架设方式:可分为地下、高架和地面。
按线路隔离程度:可分为全隔离、半隔离和不隔离。
按轨道材料:可分为钢轮钢轨系统和橡胶轮混凝土轨道梁系统。

按牵引方式:可分为旋转式直流、交流电动机牵引和直线电动机牵引。

按运营组织方式:可分为传统城市轨道交通、区域快速轨道交通和城市(市郊)铁路。

目前,在国内外最成熟、最熟悉的分类是按照城市轨道交通的运能范围、车辆类型及主要技术特征分类。按此分类,可分为有轨电车、地下铁道、轻轨交通、市郊铁路、单轨交通、新交通系统、磁悬浮交通七类。现分述如下:

(一) 有轨电车

有轨电车是使用电车牵引、轻轨导向、1~3辆编组运行在城市路面线路上的低运量轨道交通系统。

有轨电车是最早发展的城市轨道交通之一。一般设在城市中心,穿街走巷运行,具有上下车方便的特点。我国的有轨电车在20世纪50年代末已拆得所剩无几,仅大连、长春保留,大连还对有轨电车进行了改造,使其成为城市的一张名片。如图1-17所示。

a) 大连有轨电车

b) 墨尔本有轨电车

图1-17 有轨电车

(二) 地下铁道

地下铁道简称地铁,是城市快速轨道交通的先驱,如图1-18所示。地铁是由电力牵引、轮轨导向、轴重相对较重、具有一定规模运量、按运行图行车、车辆编组运行在地下隧道内,或根据城市的具体条件,运行在地面或高架线路上的快速轨道交通系统。地铁的运能,单向在3万人次/h以上,最高可达8万人次/h。最高速度可达90km/h,运行速度可达40km/h以上,可4~10辆编组,车辆运行最小间隔可低于1.5min。地铁存在建设成本高、建设周期长的弊端,但同时又具有运量大、速度快、安全、准时、节省能源、环保、节省城市用地的优点。地铁适用于

a) 上海地铁

b) 北京地铁

图1-18 地铁

出行距离较长、客运量需求大的城市中心区域。一般认为,人口超过百万的大城市就应该考虑修建地铁。地铁的主要技术参数,如表1-9所示。

地铁的主要技术参数　　　　　　　表1-9

顺序	项目	技术参数	顺序	项目	技术参数
1	高峰小时单向运送能力(人)	30000~70000	9	安全性和可靠性	较好
2	列车编组	4~8节,最多11节	10	最小曲线半径(m)	300
3	列车容量(人)	3000	11	最小竖曲线半径(m)	3000
4	车辆构造速度(km/h)	80~100	12	舒适性	较好
5	平均运行速度(km/h)	30~40	13	城市景观	无大影响
6	车站平均间距(m)	600~2000	14	空气污染、噪声污染	小
7	最大通过能力(对/h)	30	15	站台高度	一般为高站台,乘降方便
8	与地面交通隔离率(%)	100			

地下铁道由于大部分线路在地下或高架通行,因此技术水平要求较高,可靠性和安全性要求也高。地铁系统与国家干线铁路一样,主要由线网、轨道、车站、车辆、供变电、通信信号等设备构成,要求各部门能够有机结合,最大限度地完成输送任务。

(三)轻轨交通

轻轨交通是在有轨电车的基础上改造发展起来的,是指作用在轨道上的荷载相对于铁路和地铁的荷载较小的一种交通系统。轻轨是个比较广泛的概念,公共交通国际联会(UITP)关于轻轨运营系统的解释文件中提到:轻轨是一种使用电力牵引、介于标准有轨电车和快运交通系统(包括地铁和城市铁路),用于城市旅客运输的轨道交通系统。目前国内外都以客运量或车辆轴重的大小来区分地铁和轻轨。在我国《城市轨道交通工程项目建设标准》(试行本)中,把每小时单向客流量为(0.6~3)万人次的轨道交通定义为中运量轨道交通,即轻轨。

轻轨原来的定义是指采用轻型轨道的城市交通系统,当初使用的是轻型钢轨,现在轻轨已采用与地铁相同质量的钢轨。

轻轨一般采用地面线和高架线相结合的方法建设,路线可以从市区通往近郊;列车编组采用3~6辆,铰接式车体。由于轻轨采用了线路隔离、自动化信号、调度指挥系统和高新技术车辆等措施,最高速度可达60km/h,克服了有轨电车运能低、噪声大等问题。

由于轻轨具有投资少、建设周期短、运能高、灵活(相对地铁来说)等优点,因此发展很快。目前,无论是发达国家,还是发展中国家,轻轨建设方兴未艾。各国纷纷根据自己的国情,制定相应的轻轨发展战略和模式。

图1-19　北京至延庆市郊铁路

(四)市郊铁路

所谓市郊铁路,指的是一种提供城市市中心与郊区之间往来通勤的铁路运输服务。如图1-19所示。线路设施与干线铁路基本相同,服务对象以城市公共交通客流,即短途、通勤旅客为主。

市郊铁路是城市铁路的主要形式。市郊铁路是伴随着城市规模的扩大、卫星城的建设而发展起来的,通常使用电力牵引和内燃牵引,列车编组多在4～10辆,最高速度可达100～120km/h。市郊铁路运能与地铁相同,但由于站距较地铁长,运行速度超过地铁,可达80km/h以上。

(五)单轨交通

单轨交通也称作独轨交通,是指通过单一轨道梁支撑车厢并提供导引作用而运行的轨道交通系统,其最大特点是车体比承载轨道要宽。按支撑方式的不同,单轨交通通常分为跨座式和悬挂式两种。跨座式是车辆跨座在轨道梁上行驶,如图1-20所示;悬挂式是车辆挂在轨道梁下方行驶,如图1-21所示。

图1-20　重庆跨座式列车　　　　　　图1-21　日本悬挂式列车

单轨是采用一条大断面轨道并全部为高架线路的轨道交通。跨座式轨道由预应力混凝土制作,车辆运行时走行轮在轨道上平面滚动,导向轮在轨道侧面滚动导向。悬挂式轨道大多由箱形断面钢梁制作,车辆运行时走行轮沿轨道走行面滚动,导向轮沿轨道导向面滚动导向。

单轨的车辆采用橡胶轮,电气牵引,最高速度可达80km/h,旅行速度30～35km/h;列车可4～6辆编组,单向运送能力为(1～2.5)万人次/h。

与轮轨相比单轨有很多突出的优点。由于单轨客车的走行轮采用特制的橡胶车轮,所以振动和噪声大为减少;两侧装有导向轮和稳定轮,控制列车转弯,运行稳定可靠。高架单轨因轨道梁仅为85cm宽,不需要很大空间,可适应复杂地形的要求,同时对日照和城市景观影响小。单轨交通占地少、造价低、建设工期短,它的工程建筑费用仅为地铁的1/3。

当然,单轨也存在橡胶轮与轨道梁摩擦产生橡胶粉尘的现象,对环境有轻度污染,列车运行在此区间发生事故时救援比较困难。

我国首条跨座式单轨线路是在有"山城"之称的重庆修建的。重庆地铁2号线一期工程于2004年建成,全线于2006年开通。单轨客车技术从日本引进,经中国北车集团长春轨道客车股份有限公司的技术人员消化、吸收、再创新,终于在长春制造成功。跨座式单轨交通十分适合重庆市道路坡陡、弯急、路窄的地形特点,同时因其结构轻巧、简洁,易融于山城景色而取得较好的景观效果。

(六)新交通系统

新交通系统(简称AGT)是一个模糊的概念,不同国家和城市对此都有不同的理解,目前还没有统一和严格的定义。广义上认为,AGT是那些所有现代化新型公共交通方式的总称。狭义上AGT则定义为:由电气牵引,具有特殊导向、操作和转向方式的胶轮车辆,单车或数辆编组运行在专用轨道梁上的中小运量轨道运输系统。

在新交通系统中车辆在线路上可无人驾驶自动运行,车站无人管理,完全由中央控制室的计算机集中控制,自动化水平高。新交通系统与单轨交通有许多相同之处,其最大区别在于该系统除有走行轨外,还设有导向轨,故新交通系统也称为自动导向轨道交通。新交通系统的导向系统可分为中央导向方式和侧面导向方式,每种方式又可分为单用型和两用型。所谓单用型是指车辆只能在导轨上运行;两用型则指车辆既可在导轨上运行,又可以在一般道路上行驶。

新交通系统自1963年美国西尼电气公司研发面世后,在世界许多地方被逐渐推广采用,尤以日本和法国,无论是技术还是规模都处于世界领先的地位。目前,我国内地的新交通系统正处在起步阶段,天津市于2007年在滨海新区开通了全长7.6km的亚洲首条胶轮导轨线路。北京市于2008年奥运会前开通了服务于首都机场T3航站楼的新交通系统。上海市也于2009年开通了胶轮导轨电车。我国台湾地区的台北市1994年建成、1996年3月投入运营的木栅线(中山中学至木栅动物园),线路全长10.8km,其中高架线10km、地下线0.8km,采用VAL制式(胶轮路轨系统),属中运量新交通系统。我国香港20世纪90年代后期建设的新机场从登机厅到机场主楼,为接运旅客也建成了一条长约1km的VAL制式新交通系统。

(七)磁悬浮交通

磁悬浮交通是一种非轮轨黏着传动,悬浮于地面的交通运输系统。磁悬浮列车是利用常导磁铁或超导磁铁产生的吸力或斥力使车辆浮起,用以上的复合技术产生导向力,用直线电动机产生牵引动力,使其成为高速、安全、舒适、节能、环保、维护简单、占地少的新一代交通运输工具。如图1-22所示。

2003年1月4日,我国上海正式开通运营了世界上第一条商业运营的磁悬浮专线。上海磁悬浮列车专线西起上海地铁2号线的龙阳路站,东至上海浦东国际机场,专线全长29.863km,设计速度430km/h,实际速度约380km/h,现已降速至最高301km/h,由中德两国合作开发。如图1-23所示。

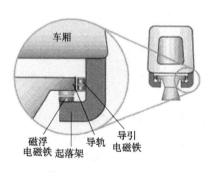

图1-22 磁悬浮列车原理

图1-23 上海磁悬浮列车

复习思考题

1. 简述国外轨道交通的发展情况。
2. 简述国内轨道交通的发展概况和建设规划。
3. 试说明城市轨道交通、高速铁路的定义。
4. 简述城市轨道交通的分类,并且分别说明地铁和轻轨的优缺点。

第二章 轨道交通线路

教学目标
1. 掌握铁路等级及主要技术标准的内容、线路基本知识;
2. 熟悉城市轨道交通线路的类型;
3. 熟悉线路平、纵断面设计的内容,能够读懂线路平、纵断面图;
4. 熟悉城市轨道交通限界制定的原则、分类及相互关系。

第一节 概 述

一、铁路等级及主要的技术标准

(一)设计年度

设计线交付运营后,运量是随着国民经济的发展逐年增长的,设计线的能力必须与之相适应,运量参数也需分设计年度提供。铁路的设计年度应分为近期和远期。近期为交付运营后第10年,远期为交付运营后第20年。其中近、远期运量均为采用预测运量。随运输的要求变化增减的机车、车辆等运营设备,可按交付运营后第3年或第5年的运量进行设计。

铁路线下基础设施和不易改、扩建的建筑物和设备,应按远期运量和运输性质设计并适应长远发展的要求;对于易改、扩建的建筑物和设备,宜按近期运量和运输性质设计,并预留远期发展条件。

知识链接

地铁工程的设计年限分初期、近期、远期三期。初期按建成通车第3年要求设计,近期按第10年要求设计,远期按第25年要求设计。

(二)铁路等级

铁路(线路)等级是铁路的基本标准。设计铁路时,铁路的技术标准和装备类型均应根据铁路等级选定。

我国《铁路线路设计规范》(GB 50090—2006)(简称《线规》)规定,新建和改建铁路(或区段)的等级,应根据它们在铁路网中的作用、性质和近期的客货运量确定。我国铁路共划分为四个等级,即:Ⅰ级、Ⅱ级、Ⅲ级、Ⅳ级。其具体的条件见表2-1所示。

铁路等级的具体条件　　　　　　　　表2-1

等　　级	铁路在路网中的意义	近期年客货运量(Mt)
Ⅰ级	在路网中起骨干作用的铁路	≥20
Ⅱ级	在路网中起联络、辅助作用的铁路	<20且≥10
Ⅲ级	为某一地区或企业服务的铁路	<10且≥5
Ⅳ级	为某一地区或企业服务的铁路	<5

注：年客货运量为重车方向的货运量与客车对数折算的货运量之和。1对/d旅客列车按1.0Mt年货运量折算。

(三)铁路主要技术标准

铁路主要技术标准是指对铁路输送能力、工程造价、运营质量以及选定其他有关技术条件有显著影响的基本标准和设备类型。目前，我国客货共线铁路的主要技术标准包括：正线数目、限制坡度、最小曲线半径、到发线有效长度、牵引种类、机车类型、牵引质量、机车交路和闭塞类型。客运专线铁路的主要技术标准包括：设计速度、最大坡度、最小曲线半径、到发线有效长度、正线线间距、动车组(机车)类型、列车运行控制方式、行车指挥方式和最小行车间隔。这些标准是确定铁路能力大小的决定因素，一条铁路的能力设计，实质上是选定主要技术标准。同时这些标准对设计线的工程造价和运营质量有重大影响，并且是确定设计线一系列工程标准和设备类型的依据。

铁路主要技术标准应根据国家要求的年输送能力、旅客列车设计行车速度、旅客列车对数、沿线地形地质条件和确定的铁路等级在设计中综合考虑，经技术经济比选确定，以保证技术上先进、经济上合理、标准间协调。下面介绍一下铁路的主要技术标准。

1. 正线数目

正线数目是指连接并贯穿车站的线路的数目。按正线数目可以把铁路分为单线铁路、双线铁路和多线铁路。

单线和双线铁路的通过能力悬殊。单线半自动闭塞铁路的通过能力为42~48对/d；双线自动闭塞铁路的通过能力则为144~180对/d。双线的通过能力远远超过两条单线的通过能力，而双线的投资比两条平行单线少约30%，双线旅行速度比单线高约30%，运输费用低约20%。由此可见，运量大的线路修建双线是比较经济的。

平原、丘陵地区的新建铁路，远期年客货运量大于或等于35Mt/年，山区新建铁路远期年运量大于或等于30Mt/年时，宜按双线设计，分期实施；近期年客货运量达到上述标准者，宜一次修建双线。远期年客货运量虽未达到上述标准，但按国家要求的年输送能力和客车对数折算的年客货运量大于或等于30Mt/年，宜预留双线。

客运专线一般修建在具有较大客运量的地区，列车开行方式要求高密度、小编组、安全、准时、快速，因此应当按一次修建双线铁路设计。

2. 正线线间距

线间距是指相邻两股道(区间正线地段实际为上、下行线)线路中心线之间的最短距离。由于高速列车运行时会产生车风，相邻线路高速列车相向运行所产生的空气压力冲击波易震碎车窗玻璃，甚至影响列车运行的稳定性，所以高速铁路的线间距较普通铁路有所增大。

根据国内外的研究成果，我国高速铁路区间及站内正线线间距应按照表2-2选用，曲线地段可不用加宽。

区间正线第一、二线间最小线间距(单位:m)　　　　　表 2-2

铁路类型	客运专线				客货共线铁路		
设计速度(km/h)	350	300	250	200	200	160	≤140
机车车辆间的安全净距(mm)	1600	1400	1200	1000	900	600	400
最小线间距(m)	5.0	4.8	4.6	4.4	4.4	4.2	4.0

3. 最大坡度(限制坡度)

最大坡度是铁路线路纵断面坡度允许采用的最大值。在一定的自然条件下,线路的最大坡度不仅影响线路走向、线路长度和车站分布,而且直接影响行车安全、行车速度、运输能力、工程投资、运营支出和经济效益,是铁路全局技术标准。

客货共线铁路,线路最大坡度是由货物列车运行要求确定的,单机牵引地段的最大坡度称为限制坡度。限制坡度是单机牵引普通货物列车,在持续上坡道上,最终以机车计算速度等速运行的坡度。它是限制坡度区段的最大坡度,是货物列车的牵引质量的确定依据。设计线(或区段)的限制坡度(最大坡度)应根据铁路等级、地形类别、牵引种类和运输需求比选确定,并应考虑与邻接线路的牵引定数相协调,但不得大于《线规》规定的数值。

客运专线铁路,高速列车采用大功率、轻型动车组,牵引和制动性能优良,能适应大坡度运行。高速列车质量不是限制线路最大坡度的主要因素。客运专线铁路的最大坡度允许值,应根据运输组织模式和地形条件确定。我国客运专线铁路一般采用高、中速混运模式。高速动车组的动力比较大,一般在较大的坡度上均可以达到最高允许速度,而且可以根据速度目标的差异选择相应的功率配置,所以最大坡度主要受跨线旅客列车牵引特性和列车编组条件控制。

4. 最小曲线半径

最小曲线半径是设计线采用的曲线半径最小值。最小曲线半径不仅影响行车安全、旅客舒适度等行车质量指标,而且影响行车速度、运行时间等运营技术指标和工程投资、运营支出和经济效益等经济指标。

最小曲线半径应根据铁路等级、路段旅客列车设计行车速度和工程条件比选确定,但不得小于《线规》规定值。

5. 到发线有效长度

到发线有效长度是车站到发线能停放最长到发列车而不影响相邻股道作业的最大长度。

(1)客货共线铁路

对客货共线铁路,到发线有效长度对货物列车长度(即牵引吨数)起限制作用,从而影响列车对数、运能和运行指标,对工程投资、运输成本等经济指标也有一定影响。货物列车到发线有效长度应根据运输需求和货物列车长度确定,且宜与邻接线路的货物列车到发线有效长度相协调,并应采用1050m、850m、750m、650m等系列值。

改建既有线和增建第二线的货物列车到发线有效长度采用上述系列值引起较大工程时,可根据实际需要计算确定。

近期货物列车长度一般较远期为短,若近期到发线有效长度按远期铺设,则不但增加初期投资,而且增大初、近期调车作业行程,增加运营支出,故近期有效长度应按实际需要铺设。

（2）客运专线铁路

目前,我国的客运专线铁路的运输组织模式采用本线列车和跨线列车共线运行的模式,跨线旅客列车均采用动车组。到发线有效长度必须满足该线路最长到发列车停车的需要。到发线有效长度由站台长度、安全防护距离、警冲标至绝缘节的距离组成。

对于高速铁路的到发线有效长度应采用650m。

6. 牵引种类

牵引种类是指机车牵引动力或动车组动力的类别。我国的发展方向为大功率电力和内燃机车。

牵引种类应根据路网与牵引动力规划、线路特征和沿线自然条件以及动力资源分布情况,结合机车或动车组类型合理选定。运量大的主要干线,大坡度、长隧道或隧道毗连的线路上应优先采用电力牵引。

对于高速客运专线,国外高速铁路全部采用电力牵引,我国目前正在使用和开发的动车组也全部是电力牵引动车组。因此,高速客运专线铁路应按电气化铁路设计。

7. 机车(动车组)类型

机车(动车组)类型系指同一牵引种类中机车或动车组的不同型号。它对铁路运输能力、行车速度、运营条件及工程与运输经济具有重要的影响。

为了实现高速运行,把动力装置分散安装在每节车厢上,使其既具有牵引力,又可以载客,这样的客车车辆便称为动车。而动车组就是几节自带动力的车辆加几节不带动力的车辆编成一组。带动力的车辆称为动车,不带动力的车辆称为拖车。动车组的分类有多种:按照传动类型,可分为电力动车组(图2-1)和内燃动车组(图2-2);按照动力形式,可分为动力集中型和动力分散型;按照传动方式,又可划分为电传动和液力传动两种类型。内燃动车组通常两端是动力车,部分带客室。电力动车组分为动力集中型和分散型。

图2-1　电力动车组　　　　　　　　图2-2　内燃动车组

机车(动车组)类型应根据牵引种类、牵引质量、列车设计行车速度等运输需求,按照与线路平、纵断面技术标准相协调的原则,结合车站分布和领域的牵引质量,经技术经济比选确定。时速200km的旅客列车应选用动车组。

8. 牵引质量

牵引质量就是机车牵引的车列质量,也称牵引吨数。线路(区段)方向上规定的列车牵引质量标准,常称为牵引定数。列车牵引质量的水平,通常作为货物列车的发展标志。牵引质量标准的确定,涉及众多的运营、技术和经济因素。

牵引质量与机车类型、限制坡度、车站到发线有效长度等指标密切相关,直接影响铁路的输送能力,并对工程投资、运营成本、运输效率等技术经济指标有很大影响。因此,应根据运输需求、限制坡度及机车类型等因素,经技术经济比选确定,并宜与相邻线牵引质量相协调。

9. 闭塞方式

铁路为了保证行车安全、提高运输效率,利用信号设备等来管理列车在区间运行的方法,称为闭塞方式,简称闭塞;办理闭塞所用的设备称为闭塞设备。

闭塞方式决定车站作业间隔时分,从而影响通过能力。实现闭塞的方法有3种,即人工闭塞、半自动闭塞和自动闭塞。

半自动闭塞是闭塞机与信号机发生联锁作用的一种闭塞装置,是人工办理闭塞手续,列车信号显示发车后,出站信号机自动关闭的闭塞方法。列车进入区间的凭证是出站信号机显示绿灯,但出站信号机受闭塞机的控制,只有在区间空闲、双方车站办理好闭塞手续之后,出站信号机方能再次显示绿灯。

自动闭塞根据列车运行及有关闭塞分区状态,自动变换通过信号机的显示,司机凭信号显示行车的闭塞方法。自动闭塞时,区间被分为若干闭塞分区(图2-3),进一步缩短了同向列车的行车间隔距离。列车运行完全根据色灯信号机的显示。由于信号的显示完全由列车本身通过轨道电路来控制,所以称自动闭塞。

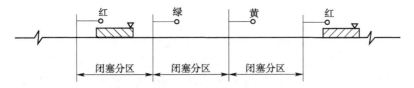

图 2-3 自动闭塞分区

单线铁路远期应采用半自动闭塞,双线铁路应采用自动闭塞。当旅客列车设计速度大于120km/h 时,双线区段应采用速差式自动闭塞(图2-4),单线区段宜采用自动闭塞或自动站间闭塞。一个区段内应采用同一闭塞类型。

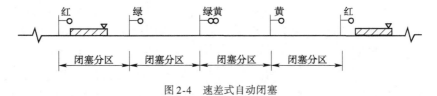

图 2-4 速差式自动闭塞

10. 列车运行控制方式

随着干线铁路速度的提高和行车间隔的缩短,依赖色灯信号机实现闭塞的方式已不能适应铁路发展的需要。速度大于200km/h的高速客运专线铁路,信号系统应采用自闭式的自动控制系统,行车运行控制方式应当采用自动控制。

我国铁路目前主要采用通用型机车信号和主体机车信号与列车运行监控记录装置相结合的中国铁路列车控制系统(CTCS 系统)。高速客运专线应采用列车运行控制系统(CTCS 系统),车载信号作为列车运行的凭证。

11. 行车指挥方式

铁路运输生产部门为了控制运输生产状态、组织日常工作和对日常运输生产进行指挥、监控所进行的运输生产活动,统称为运输调度。调度中心是铁路运输生产日常管理的指挥中心,而行车调度是调度机构的核心工作。

为了提高客运专线的运输调度指挥效率和自动化水平,实现运营调度系统的信息共享,减轻运输生产人员的劳动强度,客运专线应采用调度集中系统(CTC)。

12. 最小行车间隔

在自动闭塞区段,凡一个站间内同方向有两列以上列车以闭塞分区为间隔运行,称为追踪运行。追踪运行的两列车之间的最小间隔时间,称为追踪列车间隔时分。

追踪列车间隔时间,决定于自动闭塞信号的制式、列车长度、列车运行速度和闭塞分区长度等因素。

追踪列车最小间隔时分,对铁路通过能力有很大影响。对于双线铁路,若综合维修天窗取180min,追踪列车间隔8min时,平行运行图通过能力约为157列/d;追踪列车间隔4min时,平行运行图通过能力可达315列/d。

目前,我国客货共线铁路采用三显示自动闭塞,设计时按货物列车间最小容许追踪间隔时间6~10min来划分闭塞分区和配置信号机。对于高速客运专线,铁路技术政策规定,追踪列车最小间隔时分为3~4min。

13. 机车(动车组)交路

铁路上运转的机车(动车组)都在一定区段内往返行驶。机车(动车组)往返行驶的区段称为机车(动车组)交路(以下简称交路),其长度称为交路距离。客货共线铁路交路两端的车站称为区段站;客运专线交路两端的车站通常是动车段(所)所在的车站,类似于客货共线铁路的区段站。区段站都设置一定的机务设备(动车组运用检修设施)。交路距离影响列车的旅途时间和直达速度。

二、线路平面与纵断面的基本要求

轨道是一条三维空间带状实体。一般所说的线路,是指轨道中心线在空间的位置,通过是用线路的中心线在水平面及铅垂面上的投影来表示的,如图2-5所示。路基横断面上距外轨半个轨距的铅垂线 AB 与路肩水平线 CD 的交点 O 在纵向的连线,称为线路中心线。

线路平面是线路中心线在水平面上的投影,表示线路平面位置(图2-6);线路纵断面是沿线路中心线所作的铅垂剖面展直后的立面图,表示线路起伏情况,其高程为路肩高程(图2-7)。

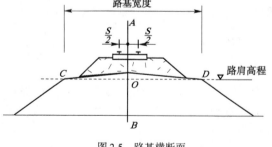

图2-5 路基横断面

各设计阶段编制的线路平面图和纵断面图是线路设计的基本文件。各设计阶段的定线要求不同,平面图和纵断面图的详细程度也各有区别,绘制时应遵循铁路行业制定的线路标准图式。

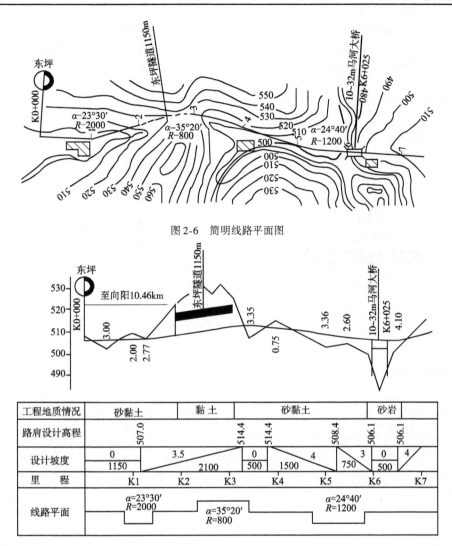

图 2-6　简明线路平面图

图 2-7　概略定线简明纵断面图

线路平面与纵断面设计,必须满足以下三个方面的基本要求:

(1)必须保证行车安全和平顺。这些要求反映在《铁路线路设计规范》(GB 50090—2006)、《高速铁路设计规范》(TB 10621—2014)、《地铁设计规范》(GB 50157—2013)规定的技术标准中,设计中要遵守规范规定。

(2)应力争节约资金。既要力争减少工程数量,降低工程造价,又要考虑为施工、运营、维修提供有利条件,节约运营支出。从降低工程造价考虑,线路最好顺地面爬行,但因起伏弯曲太大,给运营造成困难,导致运营支出增大;从节约运营支出考虑,线路最好又平又直,但势必增大工程数量,提高工程造价。因此,设计时必须根据设计线的特点,分析设计路段的具体情况,综合考虑工程和运营的要求,正确处理两者之间的矛盾。

(3)要满足各类建筑物的技术要求,同时保证它们协调配合,总体布置合理。铁路上要修建车站、桥涵、隧道、路基、道口和支挡防护等大量建筑物,线路平面和纵断面设计不但关系到这些建筑物的类型选择和工程数量,并且影响其安全稳定和运营条件。对于城市轨道交通的修建要符合城市的总体规划、线网的规划以及与其他建筑物的协调关系,使轨道交通充分发挥其交通骨干线路的作用。因此,设计时不仅要考虑各类建筑物对线路的技术要求,还要从总体上保证这些建筑物相互协调、规划布置合理。

三、城市轨道交通线路

(一)按线路敷设方式划分

城市轨道交通线路按敷设方式,可划分为地下、地面(含路堑、路堤)和高架 3 种方式,如图 2-8 所示。

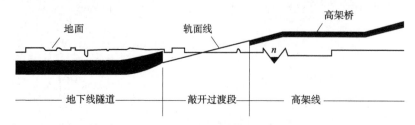

图 2-8　城市轨道交通线路敷设示意图

1. 地下线

城市轨道交通地下线的建设一般选择在城市中心繁华地区,它是对城市环境影响最小的一种线路敷设方式。

地下线埋置深度,应考虑工程地质和水文地质条件,以及隧道形式和施工方法。隧道顶部的覆土厚度既要满足地面绿化要求,又要考虑地下管线布设合理,综合利用地下空间资源。在城市中,一般以浅埋为好。在工程方案制定时,要由浅入深进行选择比较,以确定最佳方案。

城市规划道路范围内,是城市轨道交通常用的线路平面位置,对道路红线范围以外的城市建筑物干扰较少。如图 2-9 所示。

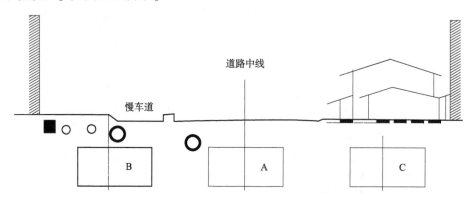

图 2-9　城市轨道交通地下线位置示意图

2. 地面线

城市轨道交通地面线是造价最低的一种敷设方式,一般敷设在有条件的城市道路或郊区。为保证城市轨道交通车辆的快速运行,一般为专用道形式,与城市道路相交时,一般应设置为立交形式。由于市区一般用地较为紧张,道路交叉口较多,干扰较大,穿越市中心的城市轨道交通线路一般很少设置为地面线。在连接中心城与卫星城之间或城市边缘地带,应尽可能创造条件,设置地面线,以降低工程造价。如图 2-10 所示。

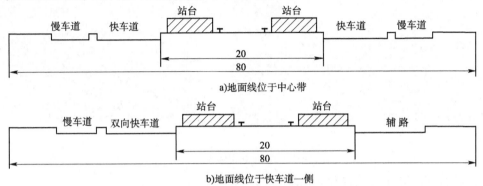

图 2-10　城市轨道交通地面线设置位置示意图(尺寸单位:m)

3. 高架线

高架线一般是在市区外围建筑稀少及空间开阔的地段采用的一种线路,既保持了专用道的形式,占地也较少,对城市交通干扰较小。高架线是城市轨道交通中一种重要的线路敷设方式。高架区段中的高架桥是永久性的城市建筑,结构寿命要求按 100 年来设计。

目前,国内外对穿越城区的城市轨道交通甚至道路设置高架线存在一些争议,问题的焦点在于 3 个方面:(1)高架线路对市区景观有些影响,可能破坏城市市容;(2)高架系统产生的噪声和污染对线路周围环境有不良影响;(3)高架线对沿线居民的隐私权有所侵犯,易引起某些纠纷。

城市道路红线宽度在 40m 以上时,可以考虑设置高架线。如果工程处理得当,它也能够满足城市环境的要求。高架线路平面位置选择较地下线严格,自由度更少,一般要顺城市主路平行设置,道路红线宽度宜大于 40m。在道路横断面上,线路高架桥墩柱位置要与道路车道分幅配合,一般宜将桥墩柱置于分隔带上。如图 2-11、图 2-12 所示。

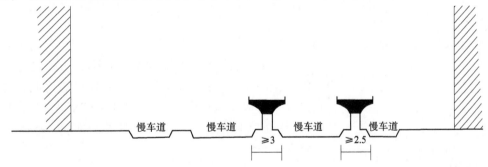

图 2-11　城市轨道交通高架线路位置示意图

总之,上述 3 种敷设方式的选择应结合城市的总体规划、线路所穿越的地区环境、工程具体技术要求及造价综合比选后确定,其中与城市规划相结合是最重要的方面。由于我国城市道路交通环境复杂,新建轻轨交通线路如不能做到全封闭,一般认为也应达到 65% 以上,才能符合快速的要求。一般在城市中心地区宜采用地下线,其他地区条件许可时宜采用高架线或地面线。

图 2-12 地铁高架线路

(二)按其在运营中的地位和作用划分

城市轨道交通线路按照其在运营中的地位和作用划分为正线、辅助线和车场线。

1. 正线

正线是指贯穿所有车站、区间供列车日常运行的线路。城市轨道交通系统的正线均采用上、下行分行,一般实施右侧行车惯例,以便与城市地面公共交通的行车规划相吻合(世界上除了英联邦国家、日本等部分国家外,绝大部分国家城市道路交通均实行右侧行车规划)。正线行车速度高、密度大,且要保证行车安全和舒适,因此线路标准较高。

2. 辅助线

辅助线是指为保证正线运营而设置的不载客列车运行的线路。它包括折返线、渡线、联络线、停车线、出入段线/场线、安全线等,一般要求速度较低,最高运行速度限制在35km/h,故线路标准也较低。

(1)折返线

在线路两端终点站(对于环线,也需要两个"终点站"),或者准备开行折返列车的区间站,设置的专供列车折返掉头的线路。折返线视不同的折返方式可分为如下几种:

①环形折返方式

环形折返线俗称灯泡线(图 2-13)实质上取消了折返过程,变为区间运行,有利于列车运

图 2-13 环形折返方式

行速度发挥,消除了因折返作业而形成的线路通过能力限制条件,是一种对提高运营效率有利的折返方法。但是环线占地面积较大,尤其在地下修建难度更大,投资较高;轮轨磨耗较大,无法停放和检修列车,难以延长线路等。

②尽端折返方式

尽端折返线可分为单线折返与双线折返、多线折返等不同布置办法,如图 2-14 所示。

利用尽端线折返的办法,弥补了环线折返的不足,使端点既可有效组织折返(如双折返线可明显降低折返时间),又可备有停车线供故障停车、检修、夜间停车等作业使用。对于线路延伸也十分方便,比较适合于地下结构的端点站,以及线路较长或有延伸可能,土地不宜占用的情况。

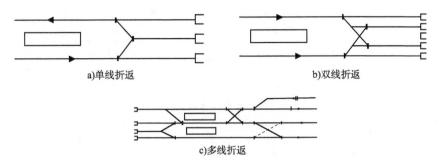

图 2-14 尽端折返方式

③单轨交通折返方式

单轨交通折返与双轨交通不同,必须采用专门的转线设备(如折返道岔来完成)来过渡,如图 2-15 所示。

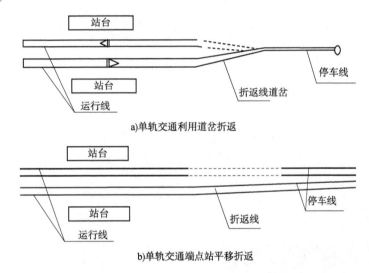

图 2-15 单轨交通折返方式

单轨交通折返设备因其需承载线路、列车作转动或平移,故建造与投资均有一定的难度,也是单轨交通发展的一个限制因素(包括单轨交通线路分岔连接均需上述转动承载台状的道岔)。

(2)渡线

在上、下行正线之间(或其他平行线路之间)设置的连接线,通过一组联动道岔达到转线的目的。当线路两端客流不平衡,需要中间折返时,在折返站应设置渡线。如图 2-16 所示。

很明显,利用渡线折返需要修建的线路最少,投资下降。然而,列车进出车站与折返作业有严重的干扰。所以,在列车运行速度较高,运行间隔时间较短(即发车频率较高),运量较大的线路不宜采用此类办法。

(3)联络线

轨道交通线路之间为调动列车等作业方便而设置的连接线路,如图 2-17 所示。

联络线因连接的城市轨道交通线往往不在一个平面上,因此,有较大的坡道与较小的曲线半径,列车运行速度不可能很高。如果在地下建设,施工难度较大,投资也随之加大。

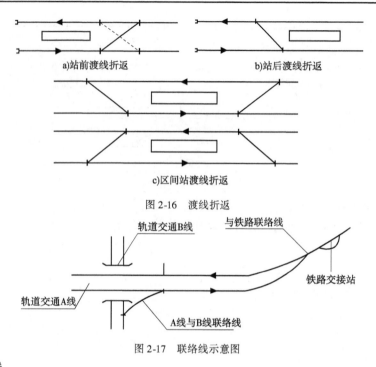

图 2-16 渡线折返

图 2-17 联络线示意图

(4) 停车线

一般设置在端点站,专门用于停车,进行少量检修作业的尽端线。在车辆基地,则拥有众多的专用停车线,提供夜间停止运营后列车停放。需要进行检修作业的停车线设有地沟。

(5) 出入段/场线

出入段/场线是车辆段/停车场与正线车站联系的线路,专供列车进出车辆段/停车场。

(6) 安全线

为了防止在车辆段/停车场出入线、折返线、停车线和岔线上,行驶的列车未经允许进入正线与正线列车发生冲突,以保证列车安全、正常地运行。

3. 车场线

车场线是车辆段/停车场区作业的线路,包括停车线、检修线、试车线、牵出线等,用于停车、调车、修车、试车及指定用途。设在车辆基地检修库内,专门用于检修轨道交通车辆的作业线,设有地沟,配有架车设备、检修设备(如行车等)。如图 2-18 所示。

图 2-18 检修线

第二节 轨道交通线路平面设计

一、线路设计概述

城市轨道交通线路设计的任务是在规划路网和预可行性研究的基础上,对拟建的城市轨道交通线路走向及其平面和纵断面位置,通过不同的设计阶段,逐步由浅入深,进行研究与设计,达到最佳确定城市轨道交通线路在城市三维空间的准确位置。

线路设计的基本要求是保证行车安全、平顺,并且使整个工程在技术上可行,经济上合理。

(一)城市轨道交通选线原则

城市轨道交通的主要功能是为城市居民出行服务,所以,城市轨道交通线路走向选择的基本原则是沿客流方向布置。同时,应考虑有效利用土地、缩短建设工期、节约建设投资、线路运营后能方便旅客使用等方面的问题,市区线路绝大多数应铺设在城市街道地区的主要道路下面。由于城市轨道交通一旦建成,改造十分困难且费用昂贵,所以,线路的走向应经慎重研究比较后选定。

城市轨道交通线路走向选择应考虑以下主要原则:

(1)应符合城市轨道交通线网规划和城市发展总体规划要求,沿主客流方向选择并通过大客流集散点(如工业区、大型住宅区、商业文化中心、公交枢纽、火车站、码头、长途汽车站等),以便于乘客直达目的地,减少换乘,使轨道交通成为城市公共交通骨干,轨道交通车站成为城市交通换乘中心。

(2)应符合城市改造及发展规划,通过形成以城市轨道交通换乘站为核心的城市综合交通枢纽来引导或维持沿线区域中心或城市副中心的发展。

(3)尽量避开地质条件差、历史文物保护、地面建筑和地下建筑物等区域;在老城区线路宜选择地下线路。

(4)应结合地形、地质及道路宽窄等条件,尽量将线路位置选择在施工条件好的城市主干道上。同时,进行施工方法的比选,合理选择线路的基本位置、埋置方式及深度,减少城市轨道交通地下线施工过程中对现有房屋等建筑物的拆迁、地下管线位置改移及城市交通的干扰。在郊区及次中心区有条件地段,可以选择地面线或高架线,以节省建设投资,降低运营费用。

(5)尽可能减少线路通过建筑群区域的范围。线路在道路的十字路口拐弯时,通过十字路口拐角处往往会侵入现存的建筑用地。此时若以大半径曲线通过,虽然对运行速度、电能消耗、轨道养护、乘客舒适性等方面都有利,但会造成通过建筑群地带占用地面以下的区间增大,用地费用增加,征地困难。同时,还可能出现基础托底加固等困难工程。

(6)对于浅埋隧道线路、地面线路或高架线路,其位置通常是沿着较宽的城市干道布设,或是通过建筑物稀少的地区,这样,可以减少因避让线路穿越建筑群区域桩基或拆迁房屋而增加麻烦及费用,也为线路施工创造了良好的明挖条件,并增加了车站位置选择的自由度。对于深埋隧道,其线路位置由车站位置决定,一般在其间取短直方向。

(7)应充分考虑城市轨道交通既有线及规划线路的情况。当线路预定与远期规划线联络时,先期建设的线路应考虑与远期规划线路交叉点处的衔接,为方便乘客在未来线网中的换乘创造条件,虽然费用支出可能有所增加,但较将来改建线路增设换乘设施所需的投资要少。

(8)应考虑车辆段、停车场的位置和连接两相邻城市轨道交通线路间的联络线。

(二)铁路的选线原则

选择定线方案时,必须进行充分的可行性研究,深入调查沿线地区的政治、经济、国防等的特征;矿藏资源分布及其开发条件;沿线的地形、地质、水文、气象、地震等自然条件,做好与水利、公路、航运、管道等运输方式的配合,采用逐步接近的方法,即先粗后细,先整体后局部,"由面到线、由线到点"的方法进行,以取得最合理的定线方案。线路基本方案选定时,应考虑以下因素的影响。

1. 设计线的意义及与行经地区其他建设的配合

干线铁路的线路走向应力求顺直,以缩短直通客货运输距离和时间。地方意义的铁路,则宜于靠近城镇和工矿区,以满足当地客货运输的需要。走向的选择还应与路网规划及行经地区其他建设项目协调配合。要根据客货流向选好接轨站,力争减少折角运输。要有利于规划的干线或支线引入,并应满足国防要求。

2. 设计线的经济效益和运量要求

选择线路走向应尽可能为更多的工矿基地和经济中心服务,既加速地区国民经济的发展又使铁路扩大运量,增加运输收入,争取较高的经济效益。

3. 自然条件

地形、地质、水文、气象等自然条件决定线路的工程难易和运营质量,对选择线路走向有直接的影响。对于严重不良地质地区、缺水地区、高烈度地震区以及高大山岭、困难峡谷等自然障碍,选线时宜考虑绕避。

4. 设计线主要技术标准和施工条件

设计线的主要技术标准在一定程度上影响线路走向的选择,同样的运输任务,采用大功率机车,则可以采用较大的限制坡度值,使线路有可能更靠近短直方向。施工期限、施工技术水平等,对困难山区的线路方向选择,具有重大影响,有时甚至成为决定性的因素。

(三)城市轨道交通车站站位选择原则

(1)方便乘客使用。车站站位应为乘客使用提供方便,使多数乘客步行距离最短,方便换乘。尽量通过短的出入口通道,将购物、游乐中心、住宅、办公楼与车站连通,为乘客提供无日晒、无雨淋的乘车条件。对于大型客流集散地段的车站,还应考虑乘客进出站行走路线,尽量避免人流不顺畅、出入口被堵塞和车站站厅客流分布不均匀的现象。对于突发性的大型客流集散点,如体育场、车站不宜靠近观众主出入口处。

(2)与城市道路网及公共交通网密切结合。城市轨道交通路网密度和车站数目均比不上地面公交线路网,必须依托地面公交线路网络,为城市轨道交通车站往返输送乘客,使其成为快速大运量的骨干系统。一般将城市轨道交通车站设在道路交叉口,公交线路在城市轨道交通车站周围设站,方便公交与城市轨道交通之间的换乘。

(3)与旧城房屋改造和新区土地开发结合。

(4)方便施工,减少拆迁,降低造价。

(5)兼顾各车站间距离的均匀性。

二、轨道交通线路平面设计

线路平面是由直线和曲线组成,其中曲线包括圆曲线、缓和曲线。

线路平面设计就是将这三种线形进行组合,根据地形、地质条件,合理地确定平面技术标准,并正确利用平面技术标准进行线路位置的选定,以便为列车运行提供一个安全、平顺的运行轨迹。这个轨迹应当连续且圆顺,曲率连续、曲率的变化率也是连续的特点。

(一) 直线

设计线路平面时,在选定直线位置时,要根据地形、地物条件使直线与曲线相互协调,线路所处位置最为合理。设计线路平面,应力争设置较长的直线段,减少交点个数,以缩短线路长度,改善运营条件。选定直线位置时,应力求减小交点转角的度数。转角大,则线路转弯急,总长增大,同时列车行经曲线要克服的阻力功增大,运营支出相应加大。

在曲线毗连地段,为了保证线形连续和行车平顺,两相邻曲线间应有一定长度的直线段。该直线段,即前一曲线终点(HZ_1)与后一曲线起点(ZH_2)间的直线,称为夹直线。如图2-19所示。两相邻曲线,转向相同者称为同向曲线,如图2-19a)所示;转向相反者称为反向曲线,如图2-19b)所示。

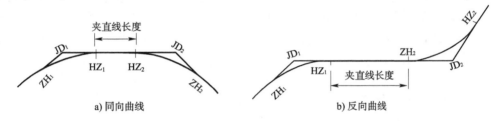

图 2-19 夹直线示意图

1. 最小夹直线长度设置要求

线路设计当中,夹直线长度应力争长一些,为行车和维修创造条件。但是在地形困难地段,为适应地形节省工程,需要设置较短的夹直线时,其最小长度受下列条件控制:

(1) 保证线路养护维修的要求。夹直线太短,特别是反向曲线路段,列车通过时,因频繁转换方向,车轮对钢轨的横向推力加大,夹直线的正确位置不易保持。同时,由于直线两端曲线变形的影响,夹直线的直线方向也不易保持。

(2) 行车平稳要求。旅客列车从前一曲线通过夹直线进入后一曲线的运行过程中,因外轨超高和曲线半径不同,未被平衡的横向加速度频繁变化,引起车辆左右摇摆,反向曲线地段更为严重。为了保证行车平稳、旅客舒适、安全,夹直线长度不宜短于2~3节客车长度。

(3) 旅客舒适要求。客车通过夹直线时,要跨过夹直线前后的缓直点和直缓点,车轮与钢轨冲击引起转向架弹簧的振动。为保证缓直点和直缓点产生的振动不叠加,使旅客感觉舒适,夹直线应有足够长度。

夹直线的最小长度,如表2-3~表2-5所示。

2. 城市轨道交通线路中最小夹直线长度

《地铁设计规范》(GB 50157—2013)中规定,两相邻曲线间的夹直线长度不得小于规定的最小长度,以保证列车通过夹直线两端的缓和曲线端部时产生的振动不致出现叠加。夹直线的最小长度如表2-3所示。设计夹直线必须符合如下基本规定:

(1) 正线、联络线及车辆基地出入线上,两相邻曲线间,无超高的夹直线长度,不宜小于$0.5V(m)$,并应满足在困难情况下的最小长度λ。

(2)设计时,两相邻曲线间,尤其是反向曲线间,应尽可能采用较长的夹直线线段,只有在地形极为困难的紧坡地段,由于受线路平面位置限制或可减少工程量,方可采用最小长度的夹直线。

(3)不载客列车走行的道岔缩短渡线,其曲线间夹直线可缩短为10m。

圆曲线或夹直线最小长度(单位:m)　　　　　表2-3

正线、联络线、出入线	一般情况	$\lambda \geq 0.5V$	
	困难时最小长度 λ	A型车	B型车
		25m	20m

注:式中V为列车通过直线的运行速度(km/h)。

3. 铁路线路中最小夹直线长度

根据《铁路线路设计规范》(GB 50090—2006)和《高速铁路设计规范》(TB 10621—2014)中的规定,铁路线路最小夹直线长度如表2-4所示。

高速铁路圆曲线或夹直线最小长度:

一般情况下:$L \geq 0.8V$

困难情况下:$L \geq 0.6V$

式中:L——夹直线和圆曲线长度(m);

V——设计速度数值(km/h)。

圆曲线或夹直线最小长度　　　　　表2-4

铁路类型		客运专线			客货共线铁路					
设计速度(km/h)		350	300	200<V≤250	200	200	160	140	120	100	80
工程条件	一般	280	240	200	160	140	130	11	80	60	50
	困难	210	180	150	120	100	80	70	50	40	30

对于改建既有线和增建第二线的并行地段,特殊困难条件下,对旅客列车设计行车速度小于100km/h的地段有充分的技术经济依据时,圆曲线长度和夹直线长度可不受表2-4的限制,但是不得小于25m。

4. 夹直线长度的保证

在线路设计过程中,夹直线的长度应尽量长些,对行车有利。在困难情况下,当夹直线的长度不满足要求时,应该修改线路平面实现夹直线最小长度的保证。

(1)对于反向曲线,可以减小曲线半径或选用较短的缓和曲线长度,如图2-20a)所示;通过改移夹直线的位置,以延长两端点间的直线长度和减小曲线偏角,如图2-20b)所示。

(2)对于同向曲线间夹直线长度不够时,可采用一个较长的单曲线代替两个同向曲线,如图2-20c)所示。

(二)圆曲线

1. 城市轨道交通圆曲线半径

线路平面中,圆曲线半径应根据车辆类型、地形条件、运行速度和环境要求等综合因素比选确定。在选择线路圆曲线的半径时需注意以下规定:

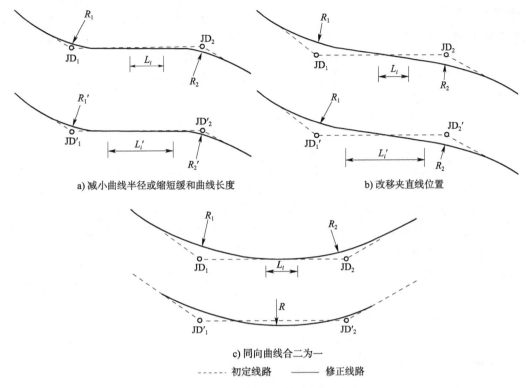

a) 减小曲线半径或缩短缓和曲线长度　　b) 改移夹直线位置

c) 同向曲线合二为一

----- 初定线路　　—— 修正线路

图 2-20　夹直线长度不够时的修正方法

（1）《地铁设计规范》（GB 50157—2013）规定地铁圆曲线标准半径为：3000m、2500m、2000m、1500m、1200m、1000m、800m、700m、600m、550m、500m、450m、400m、350m、300m、250m、200m。除同心圆曲线外，曲线半径宜取10m的整倍数。

（2）线路平面设计中，圆曲线半径选择宜适应所在区段的列车运行速度的要求，如表2-5所示。否则，应该按限定的允许未被平衡横向加速度计算通过的最高速度。

曲线速度限制表　　　　　　　　　　　　　　　　　表 2-5

部　位	曲线超高 (mm)	a (m/s²)	限速计算 (km/h)	曲线半径 R（m）					
				300	400	500	600	700	800
区间	120	0.4	$V=3.91R^{1/2}$	67.7	78.2	87.4	95.8	103.4	110.6
	120	0.5	$V=4.08R^{1/2}$	70.7	81.6	91.2	99.9	107.9	115.4
车站	0	0	$V=1.13R^{1/2}$	—	—	—	27.7	29.9	32.0
	15	0.3	$V=2.27R^{1/2}$	—	—	—	55.6	60.0	64.2

（3）线路平面设计中最小曲线半径，不得小于表2-6所示规定的数值。

圆曲线最小曲线半径（单位：m）　　　　　　　　　　表 2-6

车型 线路	A 型车		B 型车	
	一般地段	困难地段	一般地段	困难地段
正线	350	300	300	250
出入线、联络线	250	150	200	150

世界各个城市地铁系统,主要线路上的曲线半径比我国的标准小得多。例如:美国纽约地铁的最小曲线半径为107m,巴黎地铁的最小曲线半径为75m。由于轻轨交通运力较小,最小曲线半径视车型情况可采用比地铁曲线半径更小一些的数值。

(4) 车站站台宜设在直线上。若设在曲线上,其站台有效长度范围的线路曲线最小半径应符合表2-7所示规定。

车站曲线最小半径 表2-7

车　　型	A 型车	B 型车
曲线半径(m)	1000	800

(5) 折返线、停车线等宜设在直线上。困难情况下,除道岔外,可以设在曲线上,不设缓和曲线(超高为0~15mm)。但在车挡前应保持不少于20m的直线段,或者采取其他有效措施。

圆曲线最小长度见表2-3;在困难情况下不得小于一个车辆的全轴距。车场线不应小于3m。

2. 铁路线路圆曲线半径

线路平面的圆曲线半径应结合工程条件、路段设计速度以及减少维修等因素,因地制宜,合理选用。

(1) 根据《铁路线路设计规范》(GB 50090—2006)规定曲线半径宜采用:12000m、10000m、8000m、7000m、6000m、5000m、4000m、3500m、3000m、2800m、2500m、2000m、1800m、1600m、1400m、1200m、1000m、800m、700m、600m、550m、500m。

(2) 曲线半径选用原则

圆曲线半径的选用应因地制宜、由大到小合理选用,结合线路纵断面的特点合理选用,慎用最小曲线半径的原则。曲线半径见表2-8、表2-9所示。

最小曲线半径 表2-8

铁路类型		高速客运专线				客货共线铁路					
设计速度(km/h)		350		300		250	200	200	160	140	120	100	80
轨道类型		无砟	有砟	无砟	有砟							
最小半径	一般	7000	7000	5000	5000	4000	2500	3500	2000	1600	1200	800	600
	困难	5500	6000	4000	4500	3500	2200	2800	1600	1200	800	600	500

推荐曲线半径值 表2-9

铁路类型		高速客运专线				客货共线铁路					
设计速度(km/h)		350		300		250	200	200	160	140	120	100	80
轨道类型		无砟	有砟	无砟	有砟							
推荐半径	上限	10000	10000	8000	8000	7000	8000	7000	5000	4000	3000	2500	2000
	下限	8000	8000	6000	6000	4500	4000	4500	2500	2000	1600	1200	800

曲线半径一般应取为50或100的整倍数,在特殊困难条件下可以取为10的整倍数。

(3) 最大曲线半径

最大曲线半径标准关系到线路的铺设、养护、维修可否达到要求的精度,进而影响到轨道的平顺状态,间接成为限制列车运行速度,甚至是不安全的因素。

综合国内外的工程实践经验和科研成果,我国规定曲线半径的最大值:客货共线铁路为

12000m;时速200~250km的客运专线,一般不宜大于10000m,困难条件下不应大于12000m;特殊困难条件时,经技术经济比较,最大曲线半径可取12000m;时速300~350km的客运专线铁路,一般不宜大于12000m,特殊困难条件下,经技术经济比选后,可采用14000m。

(三)缓和曲线

机车车辆在曲线上运行时,出现了在直线上运行时所没有的力,如转向力、离心力,以及各种惯性力。当车辆由直线运行至曲线时,这些力,尤其是离心力的突然产生,使列车振动、行车不稳、旅客不舒适。为了避免离心力突然产生及消失,使离心力逐渐增加或减少,就需要一段半径逐渐变化的曲线,我们把这段曲线称为缓和曲线。

缓和曲线是设置在直线与圆曲线或者不同半径的圆曲线之间的曲率连续变化的曲线。为使列车安全、平稳、舒适地由直线过渡到圆曲线,因此通常在直线与圆曲线之间要设置缓和曲线。

1. 缓和曲线的线形和规定

(1)根据国内外实践和研究表明,三次抛物线形缓和曲线能够满足安全、舒适、平稳的行车要求,并且线形简单、设计方便、平立面有效长度长、现场应用和养护经验丰富等特点,我国轨道线路也采用三次抛物线形缓和曲线。

(2)新建城市轨道交通线路不宜采用复曲线。在困难地段,须经技术经济充分比较后采用。复曲线间应设置中间缓和曲线,其长度不应小于20m,并应满足超高顺坡率不大于2‰。

(3)城市轨道交通线路道岔附带曲线可不设缓和曲线和超高,但其曲线半径不得小于道岔的导曲线半径。

(4)城市轨道交通线路缓和曲线长度内应完成直线至圆曲线的曲率变化,包括轨距加宽过渡和超高递变。

(5)城市轨道交通线路当圆曲线计算超高值较小,不设置缓和曲线时,曲线超高应在圆曲线外的直线段内完成递变。

2. 缓和曲线长度的确定

根据行车安全和旅客舒适度计算得出,缓和曲线长度应根据曲线半径、路段旅客列车设计行车速度和工程条件等因素综合考虑确定缓和曲线的长度;对于城市轨道交通线路还要考虑曲线超高的大小来选定其长度。缓和曲线长度标准,如表2-10、表2-11a)、表2-11b)所示。

城市轨道交通线路曲线超高(单位:mm)—缓和曲线长度(单位:m)　　表2-10

R	V	100	95	90	85	80	75	70	65	60	55	50	45	40	35
3000	L	30	25	20	20										
	h	40	35	30	30	25	20	20	15	15	10	10	10	5	5
2500	L	35	30	25	20	20									
	h	50	45	40	35	30	25	25	20	15	15	10	10	10	5
2000	L	45	40	35	30	25	20								
	h	60	55	50	45	40	35	30	25	20	20	15	10	10	5
1500	L	55	50	45	35	30	25	20							
	h	80	70	65	60	50	45	40	35	30	25	20	15	15	10

续上表

R	V	100	95	90	85	80	75	70	65	60	55	50	45	40	35
1200	L	70	60	50	40	40	30	25	20	20					
	h	100	90	80	70	65	55	50	40	35	30	25	20	15	10
1000	L	85	70	60	50	45	35	30	25	20	20				
	h	120	105	95	85	75	65	60	50	45	35	30	25	20	15
800	L	85	80	75	65	55	45	35	30	25	20	20			
	h	120	120	120	105	95	85	70	60	55	45	35	30	25	20
700	L	85	80	75	75	65	50	45	35	25	20	20	20		
	h	120	120	120	120	110	95	85	70	60	50	40	35	25	20
600	L		80	75	75	70	60	50	40	30	25	20	20		
	h		120	120	120	120	110	95	85	70	60	50	40	30	25
550	L			75	75	70	65	55	40	35	25	20	20	20	
	h			120	120	120	120	105	90	75	65	55	45	35	25
500	L				75	70	65	60	45	35	30	25	20	20	
	h				120	120	120	115	100	85	70	60	50	40	30
450	L					70	65	60	50	40	30	25	20	20	
	h					120	120	120	110	95	80	65	55	40	30
400	L						65	60	55	45	35	30	20	20	20
	h						120	120	120	105	90	75	60	50	35
350	L							60	55	50	40	30	25	20	20
	h							120	120	120	100	85	70	55	40
300	L								55	50	50	35	30	25	20
	h								120	120	120	100	80	65	50
250	L									50	50	45	35	25	20
	h									120	120	120	95	75	60
200	L										50	45	40	35	25
	h										120	120	120	95	70

缓和曲线长度(单位:m)　　　　　　　　　表 2-11a

路段旅客列车设计行车速度(km/h)		160	140	120
曲线半径(m)	12000	40	40	40
	10000	50	40	40
	8000	60	40	40
	7000	70	50	40
	6000	70	50	40
	5000	70	60	40
	4500	70	60	40
	4000	80	60	50
	3500	90	70	50

续上表

路段旅客列车设计行车速度(km/h)		160	140	120
曲线半径(m)	3000	100	80	50
	2800	110	90	60
	2500	120	90	60
	2000	150	100	70
	1800	170	120	80
	1600	190	130	90
	1400	—	150	100
	1200	—	190	120
	1000	—	—	140
	800	—	—	180

缓和曲线长度(单位:m)　　　　　　　　　　　　表 2-11b)

设计行车速度(km/h) 曲线半径(m)	350			300			250		
	(1)	(2)	(3)	(1)	(2)	(3)	(1)	(2)	(3)
12000	370	330	300	220	200	180	140	130	120
11000	410	370	330	240	210	190	160	140	130
10000	470	420	380	270	240	220	170	150	140
9000	530	470	430	300	270	250	190	170	150
8000	590	530	470	340	300	270	210	190	170
7000	670	590	540	390	350	310	240	220	190
	680*	610*	550*						
6000	670	590	540	450	410	370	280	250	230
	680*	610*	550*						
5500	670	590	540	490	440	390	310	280	250
	680*	610*	550*						
5000	—	—	—	540	480	430	340	300	270
4500	—	—	—	670	510	460	380	340	310
				585*	520*	470*			
4000	—	—	—	670	510	460	420	380	340
				585*	520*	470*			
3500	—	—	—	—	—	—	480	430	380
3200	—	—	—	—	—	—	480	430	380
							490*	440*	400*
3000	—	—	—	—	—	—	480	430	380
							490*	440*	400*
2800	—	—	—	—	—	—	480	430	380
							490*	440*	400*

注:1.表中(1)栏为舒适度优秀条件值,(2)栏为舒适度良好条件值,(3)栏为舒适度一般条件值。
　　2.*号表示曲线设计超高为175mm时的取值。

为便于测设、养护维修和改善行车条件,凡计算确定的缓和曲线长度均应取 10m 的整倍数,特殊困难情况下可取至 1m,不足 20m 时应取 20m。

3. 曲线要素的计算

概略定线时,简明平面图和纵断面图中仅绘出未加缓和曲线的圆曲线,如图 2-21a)所示。圆曲线的要素为:偏角 α、半径 R、切线长 T_y、曲线长 L_y 和外矢距 E_y。偏角 α 在平面图上量得,曲线半径 R 系选配得出,切线长 T_y、曲线长 L_y 和外矢距 E_y 由下列公式计算:

$$T_y = R \cdot \tan\frac{\alpha}{2} \tag{2-1}$$

$$L_y = \frac{\pi \cdot \alpha \cdot R}{180} \tag{2-2}$$

$$E_y = R \cdot \left(\sec\frac{\alpha}{2} - 1\right) \tag{2-3}$$

详细定线时,平、纵断面图中要绘出加设缓和曲线后的曲线,如图 2-21b)所示。曲线要素为:偏角 α、半径 R、缓和曲线长 l_0、切线长 T、曲线长 L 和外矢距 E。偏角 α 在平面图上量得,圆曲线半径 R 和缓和曲线长 l_0 由选配得出;切线长 T、曲线长 L、外矢距 E 和切曲差由下列公式计算:

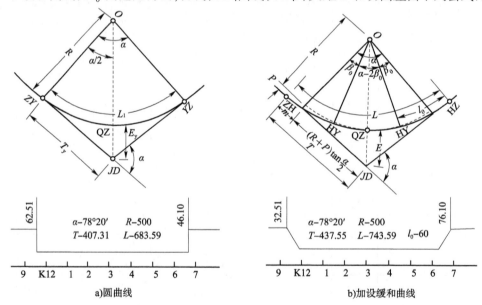

a)圆曲线　　　　b)加设缓和曲线

图 2-21　铁路曲线

切线长

$$T = (R + p) \cdot \tan\frac{\alpha}{2} + m \quad (\text{m}) \tag{2-4}$$

曲线长

$$L = \frac{\pi(\alpha - 2\beta_0)R}{180} + 2l_0 = \frac{\pi \cdot \alpha \cdot R}{180} + l_0 \quad (\text{m}) \tag{2-5}$$

外矢距

$$E = (R + p) \cdot \sec\frac{\alpha}{2} - R \quad (\text{m}) \tag{2-6}$$

切曲差

$$q = 2T - L \quad (\text{m}) \tag{2-7}$$

式中：l_0——缓和曲线长度(m)；

m——切垂距，$m \approx \dfrac{l_0}{2}$(m)；

p——内移距，$p \approx \dfrac{l_0^2}{24R}$(m)；

β_0——缓和曲线角，$\beta_0 = \dfrac{90 l_0}{\pi R}$(°)。

4. 曲线主要桩点里程计算

若曲线起点直缓点(ZH)里程可以在平面图上量得或通过坐标计算得出，则曲线主要桩点的里程为：

缓直点

$$\text{HZ 里程} = \text{ZH 里程} + L \tag{2-8}$$

缓圆点

$$\text{HY 里程} = \text{ZH 里程} + l_0 \tag{2-9}$$

曲终点

$$\text{QZ 里程} = \text{ZH 里程} + L/2 \tag{2-10}$$

圆缓点

$$\text{YH 里程} = \text{HZ 里程} - l_0 \tag{2-11}$$

三、线路平面图

线路平面图是在绘有初测导线和经纬距的大比例带状地形图上，设计出线路平面和标出有关资料的平面图，如图2-22所示。

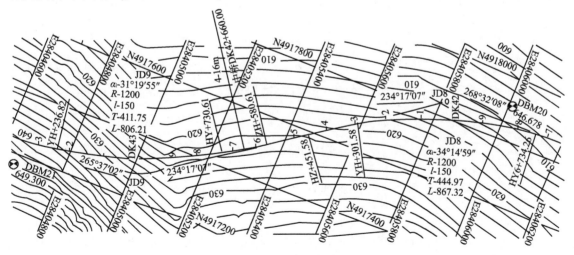

图 2-22 线路平面图

线路平面图是线路设计的基本文件。在各个设计阶段都要编制要求不同、用途不同的各种平面图,其比例尺、项目内容及详细程度均不相同。

各种平面图都有标准的格式和要求,设计时,可参照原铁道部通用图《铁路线路图式》【壹线(85)—0006】。

1. 线路里程和百米标

整千米处注明线路里程,里程前的符号初步设计用 CK,技术设计用 DK。千米标之间的百米标注上百米标数。面向线路起点书写,数字写在线路右侧。两方案或两测量队衔接处,应在图上注明断链和断高关系。

2. 曲线要素及其起终点里程

曲线交点应标明曲线编号,曲线转角应加脚注 Z 或 Y,表示左转角或右转角。曲线要素应平行线路写于曲线内侧。曲线起点 ZH 和终点 HZ 的里程,应垂直于线路写在曲线内侧,面向起点。

3. 线路上各主要建筑物

沿线的车站、大中桥、隧道、平立交道口等建筑物,应以规定图例符号表示,并注明里程、类型及大小。如有改移道路、管道等时,应绘出其中线。

4. 初测导线和水准基点

图中连续的折线表示初测导线,导线点符号为 C,脚注为导线点编号。图中应绘出水准基点的位置、编号及高程,其符号为 BM。

第三节 轨道交通线路纵断面设计

线路纵断面设计在平面设计的基础上进行,同时又可对平面设计进行检验和调整,最终确定线路在三维空间的位置。轨道交通线路的纵断面是由坡段和连接相邻坡段的竖曲线组成。坡段的特征用坡段长度和坡度值来表示。

一、坡段坡度

坡段坡度 i 为该坡段两端变坡点的高差 H_i(m)与坡段长度 L_i(m)的比值,其值以千分数表示。如图 2-23 所示。

即

$$i = \frac{H_i}{L_i} \times 1000 \quad (‰) \tquad (2-12)$$

坡度值上坡取正值,下坡取负值。如坡度为 30‰,即表示每公里高差为 30m。

线路坡度设计的一般规定:

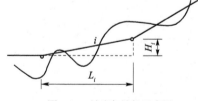

图 2-23 坡度与坡长示意图

1. 最大坡度

(1)地铁线路正线的最大坡度宜采用 30‰,困难地段可采用 35‰。在山地城市的特殊地形地区,经技术经济比较,有充分依据时,最大坡度可采用 40‰(均不考虑各种坡度折减值)。高架线路按我国轻轨样车技术条件规定,正线的限制坡度为 60‰。

(2)地铁线路联络线、出入线的最大坡度一般情况下采用40‰(均不考虑各种坡度折减值)。

(3)铁路设计线(或区段)的限制坡度应根据铁路等级、地形条件、牵引种类和运输要求比选确定,并应考虑与邻接铁路的牵引质量相协调。限制坡度最大值,如表2-12所示。

铁路限制坡度最大值(‰)　　　　　　　　　表2-12

铁路等级		I			II		
地形地别		平原	丘陵	山区	平原	丘陵	山区
牵引种类	电力	6.0	12.0	15.0	6.0	15.0	20.0
	内燃	6.0	9.0	12.0	6.0	9.0	15.0

(4)综合国内外经验,日本新干线早期采用的最大坡度均小于20‰,北陆新干线采用了30‰的最大坡度值,九州新干线的最大坡度值为35‰。法国铁路一直采用较大的坡度值,东南线和地中海线采用35‰,其他几条高速铁路为25‰。德国修建科隆—法兰克福线路时,采用了40‰的坡度值。因此我国高速铁路区间正线的最大坡度,不宜大于20‰,困难条件下,经技术经济比较,不应大于30‰。

动车组走行线的最大坡度不应大于35‰。

2. 最小坡度

(1)地铁隧道内和路堑地段的正线最小坡度主要为了满足纵向排水需要,一般情况下线路的坡度与排水沟坡度一致;有些地段会处于地下水位线以下,为保证排水,隧道内线路最小坡度一般宜采用3‰,困难情况下,可采用2‰。地面和高架桥区间正线处在凸形断面时,在具有有效排水措施时,可采用平坡。

(2)铁路限制坡度最小值,《线规》中未作规定,但通常取4‰。这是因为限制坡度若小于4‰,虽然按限制坡度算得的牵引质量很大,但受起动条件和到发线有效长度(一般最长取1050m)的限制而不能实现,而工程投资却可能有所增加。所以一般不采用小于4‰的限制坡度。

3. 车站及配线坡度设计

(1)地铁车站宜布置在纵断面的凸形部位上,可根据具体条件,按节能坡理念,设计合理的进出站坡度和坡段长度。

(2)地铁车站站台范围内的线路应设在一个坡道上,坡度宜采用2‰。当与相邻建筑物合建时,可采用平坡。

(3)对于具有夜间(无司机)停放车辆功能的地铁配线,应布置在面向车挡或区间的下坡道上,隧道内的坡度宜为2‰,地面和高架桥上坡度不应大于1.5‰。

(4)地铁地下车站站台计算长度段线路坡度宜采用2‰,以防止车辆溜车,也便于站内线路排水;在困难条件下,可设在不大于3‰的坡道上。

(5)地铁线路道岔宜设在不大于5‰的坡道上。在困难地段应采用整体道床,尖轨为固定接头的道岔,可设在不大于10‰的坡道上。

(6)地铁车场内的库(棚)线宜设在平坡道上,库外停放车的线路坡度不应大于1.5‰,咽喉区道岔坡度不宜大于3.0‰。

(7)当地铁正线坡度大于24‰,坡段连续高差达16m以上的长大陡坡地段,不宜与平面小半径曲线重叠;并对应列车上下行、不利情况下的运行状态进行分析评价,同时应对道床排水沟断面进行校核。

二、坡段长度

相邻两坡段的坡度变化点称为变坡点。相邻变坡点之间的水平距离称为坡段长度(L_i)。如图2-23所示。

从工程数量上看,采用较短的坡段长度可更好地适应地形起伏,减少路基、桥隧等工程数量。但最短坡段长度应保证坡段两端所设的竖曲线不在坡段中间重叠。从运营角度看,因为列车通过变坡点时,变坡点前后的列车运行阻力不同,车钩间存在游间,将使部分车辆产生局部加速度,影响行车平稳,同时也使车辆间产生冲击作用,增大列车纵向力,坡段长度要保证不致产生断钩事故。

城市轨道交通线路坡段长度不宜小于远期列车长度,并应满足相邻竖曲线间的夹直线长度的要求,其夹直线长度不宜小于50m。如果坡段长度小于列车长度,那么列车就会同时跨越两个或两个以上的变坡点,各个变坡点所产生的附加应力和局部加速度会因叠加而加剧,影响列车的平稳运行、旅客的舒适及线路维修养护。因此,线路坡段长度不宜小于远期列车计算长度。按每节车厢19.1m计算,当列车编组为8节车厢时,约为150m;当列车编组为6节车厢时,约为115m;当列车编组为4节车厢时,约为75m。与城际铁路不同,城市轨道交通线路不要求坡段长度取整为50m的整倍数。

对于地铁高架线路大坡道,由于牵引功率限制,对于坡度60‰的坡段限长500m,坡度50‰的坡道限长1000m,坡度小于50‰的坡道长度不限。

在铁路线路设计中,为了满足较高的舒适度要求,纵断面宜设计为较长的坡段,通常取为50m、100m的整倍数。最小坡段长度应符合表2-13、表2-14的规定。

时速大于或等于160km/h 路段最小坡段长度　　　　　　表2-13

设计行车速度(km/h)	350	300	250	200	160
一般条件(m)	2000	1200	1200	600	400
困难条件(m)	900	900	900	400	400
连续采用要求	不得连续	不得连续	不得连续	不超过2个	不超过2个

时速小于160km/h 路段最小坡段长度　　　　　　表2-14

远期到发线有效长度(m)	1050	850	750	650
最小坡段长度(m)	400	350	300	250

在铁路线路设计中,为了更好地适应地形,减少工程量,在困难情况下,我们通常将坡度减缓或折减而形成的坡段、长路堑内为排水而设置的人字坡坡段、改建既有线和增建第二线的坡段长度将可允许缩短到200m。

三、坡段连接

(一)相邻坡度代数差

在线路纵断面设计中,根据主要技术标准、地形、地质条件,同时为了降低工程数量,将采用不同的坡段长度和设计坡度。相邻坡段之间的设计坡度不同时,其设计坡度的代数差值称为相邻坡度代数差 $\triangle i$,计算公式如下:

$$\triangle i = |i_1 - i_2| \quad (‰) \tag{2-13}$$

在计算中,沿线路方向上坡 i_1 取"+"值,反之取"-"值;i_2 取值方法同 i_1。

列车通过变坡点时,车钩产生附加应力,并致使车辆的局部加速度增加,其值与相邻两坡段的坡度代数差成正比。坡度代数差太大,会影响旅客舒适度,行车的安全。虽然我国《地铁设计规范》(GB 50157—2013)没有对坡度代数差加以限制,但根据国内外传统的经验,如两反向坡段的坡度值均超过5‰时,通常采用一段坡度不大于5‰的坡段连接。

在铁路线路设计中,为了保证不脱钩、不断钩,《线规》规定的最大坡度代数差不应大于表2-15。

相邻坡段最大坡度差 表2-15

远期到发线有效长度(m)		1050	850	750	650
最大坡度差(‰)	一般	8	10	12	15
	困难	10	12	15	18

常规铁路相邻坡段的坡度代数差主要受货物列车制约,而客运专线旅客列车质量远低于货物列车;参考国外高速铁路对相邻坡段的坡度差均未作规定,故我国客运专线相邻坡段的坡度代数差也未作规定。

(二)竖曲线

在线路纵断面的变坡点处设置的竖向圆弧称为竖曲线。

在线路纵断面上,若各坡段直接连接成折线,列车通过变坡点时,产生的车辆振动和局部加速度增大,乘车舒适度降低;当机车车辆重心未达变坡点时,将使前转向架的车轮悬空(图2-24),相邻车辆的连接处于变坡点附近时,车钩要上、下错动(图2-25),所以必须在变坡点处用竖曲线把折线断面平顺地连接起来,以保证行车的安全和平顺,使旅客乘坐舒适。

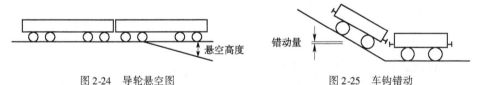

图2-24 导轮悬空图　　　　　　图2-25 车钩错动

常用的竖曲线有两种线形:一种为抛物线形,即用一定变坡率的20m短坡段连接起来的竖曲线;另一种为圆弧形竖曲线。圆弧形竖曲线测设、养护方便,目前国内外已大量采用。

本节以圆弧形竖曲线(图2-26)为例来说明。

1. 竖曲线半径

对于地铁线路,两相邻坡段的坡度代数差等于或大于2‰时,应在变坡点处设圆曲线形(圆弧形)的竖曲线连接。竖曲线的半径不应小于表2-16的规定。

对于轻轨线路,竖曲线半径通常取为2000m,最小半径为1000m。

在铁路线路设计中,为了行车平稳和安全,旅客舒适、改善行车条件,在相应的变坡点处需要设置竖曲线,其最小半径如表2-17所示。

竖曲线半径 表2-16

线 别		一般情况	困难情况
正线	区间	5000	2500
	车站端部	3000	2000
联络线、出入线、车场线		2000	

最小竖曲线半径 表2-17

设计行车速度(km/h)	350	300	250	200	160	≤160
设置条件	$\Delta i \geq 1‰$				$\Delta i > 1‰$	$\Delta i > 3‰$
竖曲线半径(m)	25000	25000	20000	15000	15000	10000

根据《高速铁路设计规范》(TB 10621—2014),最大竖曲线半径不应大于30000m,最小长度不得小于25m。动车组走行线相邻坡段坡度差大于3‰时设置圆曲线形竖曲线,半径一般是5000m,困难条件下为3000m。

2. 竖曲线的几何要素

圆弧形竖曲线,如图2-26所示。

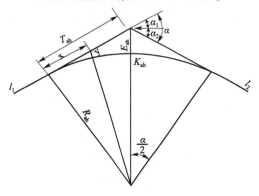

图2-26 圆弧形竖曲线

(1)竖曲线切线长 T_{SH}

$$T_{SH} = \frac{R_{SH} \times \Delta i}{2000} \quad (m) \quad (2-14)$$

式中:R_{SH}——竖曲线半径(m);
Δi——相邻坡段坡度代数差的绝对值(‰)。

(2)竖曲线长度 K_{SH}

$$K_{SH} \approx 2T_{SH} \quad (m) \quad (2-15)$$

(3)竖曲线纵距 y

$$y = \frac{x^2}{2R_{SH}} \quad (m) \quad (2-16)$$

式中:x——切线上计算点至竖曲线起点的距离(m)。

(4)竖曲线外矢距 E_{SH}

变坡点处的纵距称为竖曲线的外矢距 E_{SH},其计算式为:

$$E_{SH} = \frac{T_{SH}^2}{2R_{SH}} \quad (m) \quad (2-17)$$

(5)变坡点处的施工高程 H_{SH}

$$H_{SH} = H \pm y \quad (m) \quad (2-18)$$

式中:H——设计线高程;凸形变坡点取"-";凹形变坡点取"+"。

3. 竖曲线设置规定

(1)在地铁车站站台有效长度内和道岔范围内不得设置竖曲线,竖曲线离开道岔端部的距离应符合表2-18的规定。

(2)地铁线路中的竖曲线与缓和曲线(超高顺坡段)在碎石道床地段不得重叠;在整体道床地段出现上述竖、缓两种曲线重叠时,则每条钢轨的超高最大顺坡率不得大于1.5‰。

道岔与曲线、站台的最小距离　　　　　　　　　　　表 2-18

项　目	至平面曲线端,或竖曲线端		至 站 台 端
	正线	车场线	正线
道岔型号	60kg/m—1/9	60kg/m—1/9	60kg/m—1/9
道岔前端/后端	5/5(m)	3/3(m)	6/(m)(注)

注:道岔后端至站台端位置,应按道岔警冲标位置控制。

(3)下列地段不得设置竖曲线;当路段设计速度大于120km/h 时,不得设置变坡点:
①缓和曲线地段;
②明桥面上;
③正线道岔范围内。
高速铁路线路竖曲线与钢轨伸缩调节器不得重叠设置;与平面圆曲线不宜重叠设置。

【例题2-1】　某地铁正线区间线路,在一般情况下,线路凸形变坡点 A 的地面高程为 476.50m,设计高程为 472.36m,相邻坡段坡度为 $i_1=6‰$,$i_2=-2‰$,求 A 点的挖方高度。

【解】　A 点的坡度差

$$\triangle i = |i_1 - i_2| = |6 - (-2)| = 8‰$$

A 点的竖曲线切线长

$$T_{SH} = \frac{R_{SH} \times \triangle i}{2000} = \frac{5000 \times 8}{2000} = 20\text{m}$$

A 点的竖曲线外矢距

$$E_{SH} = \frac{T_{SH}^2}{2R_{SH}} = \frac{20^2}{2 \times 5000} = 0.04\text{m}$$

A 点的施工高程为

$$472.36 - 0.04 = 472.32\text{m}$$

A 点的挖方高度为

$$476.50 - 472.32 = 4.18\text{m}$$

四、线路纵断面图

线路纵断面图是线路设计的基本文件,在各个设计阶段都要编制要求不同、用途不同的各种平纵面图,其比例尺、项目内容及详细程度均不相同。

线路纵断面图是由图和资料两部分内容组成。详细纵断面图,横向表示线路的长度,竖向表示高程。线路纵断面图,如图2-27所示。

(一)纵断面示意图的部分

此部分内容绘制于上方,表示线路纵断面概貌和沿线主要建筑物特征。图中细实线为地面线,粗实线为设计线。设计线上方数字为路基填方高度,下方为路基挖方深度。

纵断面示意图的左方,应标注线路的主要技术标准。

车站符号的左、右侧,应写上距前、后车站的距离和前、后区间的往返走行时分。

设计线的上方,要求标出线路各主要建筑物的名称、里程、类型和大小,绘出断链标和水准基点标的位置和数据。

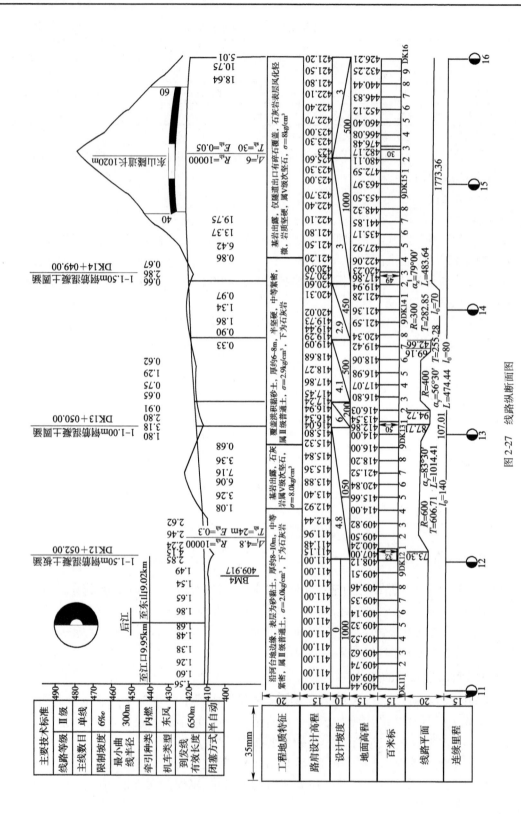

图 2-27 线路纵断面图

(二)线路资料和数据

该部分内容标注在图的下方,自下而上的顺序为:

1. 连续里程

连续里程一般以线路起点车站的旅客站房中心线处为零起算,在整公里处注明里程。

2. 线路平面

线路平面是表示线路平面的示意图。凸起部分表示右转曲线,凹下部分表示左转曲线。凸起与凹下部分的转折点依次为 ZH 点、HY 点、YH 点、HZ 点。在 ZH 点和 HZ 点处要注上距前一百米标的距离。曲线要素注于曲线内侧。两相邻曲线间的水平线为直线段,要标注其长度。

3. 百米标与加标

在整百米标处标注百米标数,加标处应标注距前一百米标的距离。

4. 地面高程

各百米标和加标处应填写地面高程。在地形图上读取高程时,精度为 1/10 的等高线距;外业测得的高程,精度为 0.01m。

5. 设计坡度

向上或向下的斜线表示上坡道或下坡道,水平线表示平道。线上数字表示坡度的千分数(单位:‰),坡度值一般为整数,如遇曲线折减、车站及困难地段可用至小数一位;线下数字表示坡段长度(单位:m)。

6. 路肩设计高程

图上应标出各变坡点、百米标及加标处的路肩设计高程,精度为 0.01m。

7. 工程地质特征

工程地质特征,扼要填写沿线各路段重大不良地质现象、主要地层构造、岩性特征及水文地质等情况。

第四节 轨道交通限界

为了确保机车车辆在轨道交通线路上运行的安全,防止机车车辆撞击邻近线路的建筑物和设备,而对机车车辆和接近线路的建筑物、设备所规定的不允许超越的轮廓尺寸线,称为限界。

限界是确定行车轨道周围构筑物净空大小的依据,是管线和设备安装位置的依据,是各专业间共同遵守的技术规定,它应经济、合理、安全可靠。

限界一般是按平直线路的条件,根据车辆的轮廓尺寸和技术参数、轨道特性、受电方式、施工方法、设备安装等综合因素进行分析计算确定。隧道的大小和桥梁的宽窄,都是根据限界来确定的。限界越大,行车安全度越高,但工程量和工程投资也随之增加。所以,要确定一个既能保证列车运行安全,又不增大桥、隧道空间的经济、合理的断面是制定限界的任务和目的,因此限界在城市轨道交通系统设计施工中占有很重要的地位。

限界就是保障列车安全运行、限制机车车辆断面尺寸、限制沿线设备安装尺寸、确定建筑结构有效尺寸图形。其坐标系为正交于轨道中心线的平面内的直角坐标,通过两钢轨轨顶中心连线的中点引出的水平坐标轴称水平轴,以 x 表示;通过该中点垂直于水平轴的坐标轴称垂直轴,以 y 表示,如图 2-28 所示。

根据不同的功能要求,城市轨道交通的限界分为车辆限界、设备限界、建筑限界。

(一) 车辆限界

车辆限界是车辆在直线上正常运行状态下所形成的最大动态包络线。所谓正常运行状态是指一系悬挂和二系悬挂在正常弹性范围内、易损件磨耗不过限等。直线地段车辆限界分为隧道内车辆限界和高架或地面线车辆限界,高架或地面线车辆限界应在隧道内车辆限界基础上,另加当地最大风荷载引起的横向和竖向偏移量来确定。

(二) 设备限界

设备限界是车辆在故障运行状态下所形成的最大动态包络线,用以限制轨道区的设备安装。列车在故障状态下严禁突破设备限界。

(1) 曲线地段车辆限界或设备限界应在直线地段车辆限界或设备限界基础上加宽和加高。

(2) 曲线地段车辆限界或设备限界应按平面曲线几何偏移量、过超高或欠超高引起的限界加宽和加高量、曲线轨道参数及车辆参数变化引起的限界加宽量计算确定。

(3) 区间应急疏散平台严禁侵入设备限界。

所有固定设备及土木工程(接触轨及站台边缘除外)的任何部分都不得侵入此轮廓线内。因此对设备选型和安装都应分别考虑其制造和安装误差,才能满足设备限界的要求。《地铁设计规范》(GB 50157—2013)的附录中有 A 型、B1 型及 B2 型车辆限界图,包括隧道内、地面及高架直线地段的上部和下部车辆的轮廓线、车辆限界和设备限界,如图 2-28 和图 2-29 所示。

(三) 建筑限界

建筑限界是在设备限界基础上,满足设备和管线安装尺寸后的最小有效断面。建筑限界中不包括测量误差、施工误差、结构沉降和位移变形等因素。

建筑限界分为隧道建筑限界、高架建筑限界、地面建筑限界。

隧道建筑限界按工法分为矩形隧道建筑限界(图 2-30)、马蹄形隧道建筑限界(图 2-31)和圆形隧道建筑限界(图 2-32、图 2-33)。

城市轨道交通建筑限界中的一些基本规定:

1. 隧道内的建筑限界规定

(1) 缓和曲线地段矩形隧道建筑限界加宽方法,按《地铁设计规范》(GB 50157—2013)附录 B 规定计算。

(2) 全线矩形隧道建筑限界高度,宜统一采用曲线地段最大高度。

(3) 单线圆形隧道应按全线盾构施工地段的平面曲线最小半径确定隧道建筑限界。

(4) 单线马蹄形隧道宜按全线采用矿山法施工地段的平面曲线最小半径确定隧道建筑限界。

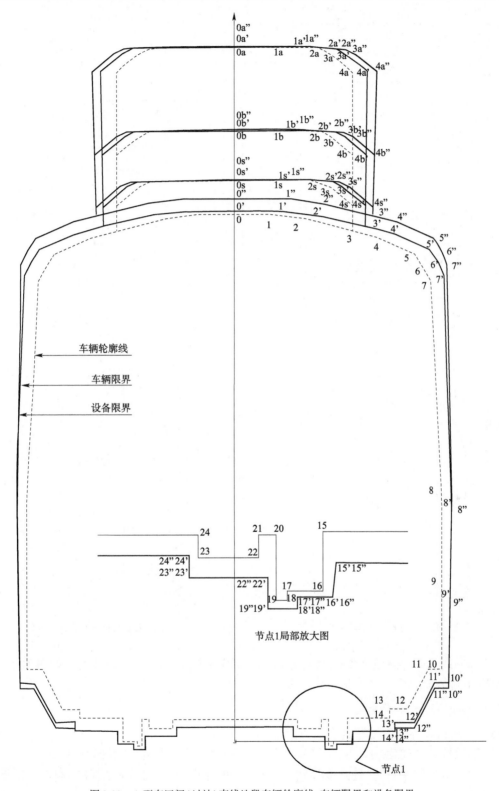

图 2-28　A 型车区间（过站）直线地段车辆轮廓线、车辆限界和设备限界

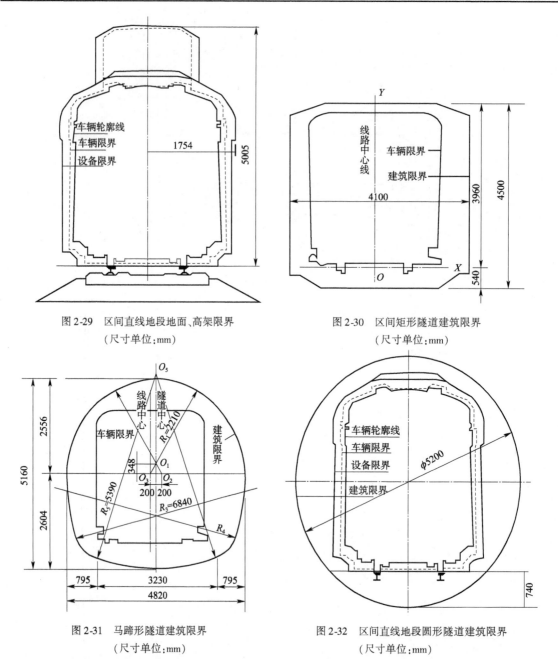

图 2-29 区间直线地段地面、高架限界
（尺寸单位：mm）

图 2-30 区间矩形隧道建筑限界
（尺寸单位：mm）

图 2-31 马蹄形隧道建筑限界
（尺寸单位：mm）

图 2-32 区间直线地段圆形隧道建筑限界
（尺寸单位：mm）

（5）圆形或马蹄形隧道在曲线超高地段，应采用隧道中心向线路基准线内侧偏移的方法解决轨道超高造成的内外侧不均匀位移量。

2. 隧道外的建筑限界规定

隧道外建筑限界的确定应符合下列规定：

（1）隧道外的区间建筑限界，应按隧道外设备限界及设备安装尺寸计算确定。

（2）无应急疏散平台时，建筑限界宽度的计算方法按照矩形隧道建筑限界制定方法确定；有应急疏散平台时，疏散平台和设备限界的安全间隙宜为 20~50mm。

(3)设置接触网支柱或声屏障时,其与设备限界的最小安全间隙不应小于100mm。

(4)建筑限界高度应符合下列规定:

①A型车和B2型车应按受电弓工作高度和接触网系统高度加轨道结构高度确定;

②B1型车应按设备限界高度和轨道结构高度另加不小于200mm安全间隙。

3. 道岔区的建筑限界规定

道岔区的建筑限界,应在直线地段建筑限界的基础上,根据不同类型的道岔和车辆技术参数,分别按欠超高和曲线轨道参数计算合成后进行加宽。

采用接触轨受电的道岔区,当电缆从隧道顶部过轨时,应核查顶部高度,必要时应采取局部加高措施。

4. 车站直线地段建筑限界规定

(1)站台面不应高于车厢地板面。

(2)计算长度内的站台边缘至轨道中心线的距离,应按不侵入车辆限界确定。

(3)车站设置屏蔽门(安全门)时,屏蔽门(安全门)安装尺寸按车辆限界另加25mm安全间隙确定。

(4)计算长度站台外的站台边缘至轨道中心线距离,宜按设备限界另加不小于50mm安全间隙确定。直线地段车站的建筑限界,如图2-34所示。

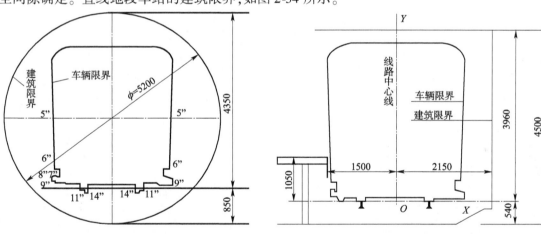

图2-33 圆形隧道建筑限界
(尺寸单位:mm)

图2-34 直线地段车站的建筑限界
(尺寸单位:mm)

在建筑限界以内、设备限界以外的空间,应能满足固定设备和管线安装的需要。在设计隧道及高架桥等结构物断面时,必须分别考虑其施工误差、测量误差、结构变形等因素,才能保证竣工后的隧道及高架桥等结构物的有效净空满足建筑限界的要求,以保证列车安全快速运行。

相邻区间线路,当两线间无墙、柱或设备时,两设备限界之间的安全间隙不应小于100mm;当两线间有墙或柱时,应按建筑限界加上墙或柱的宽度及其施工误差确定。

复习思考题

1. 简述城市轨道交通线路走向选定的基本原则。
2. 简述铁路走向选定的基本原则。

3. 简述城市轨道交通车站站位选择的原则。
4. 简述城市轨道交通线路的分类。
5. 什么是线路平面？什么是线路纵断面？什么是线路横断面？
6. 什么是夹直线、反向曲线、同向曲线？设计夹直线时，应该注意哪些问题？
7. 线路平面设计中，圆曲线半径、缓和曲线长度是如何选用的？并且说明设置缓和曲线的必要性。
8. 简述线路纵断面设计中的坡度设计。
9. 什么是变坡点、坡段长度？在坡段长度设计中有哪些要求？
10. 简述设置竖曲线的意义和基本条件。
11. 简述设置竖曲线的基本规定。
12. 简述城市轨道交通限界及分类。
13. 某地铁正线区间线路，在困难情况下，线路凸形变坡点 A 两侧设计坡度为 $i_1=30‰$，$i_2=-2‰$，A 点的里程为 K100+50，设计线高程为 365.45m，求竖曲线要素及竖曲线上每 20m 的施工高程。

第三章 轨 道

教学目标
1. 掌握轨道构成及基本要求;熟悉钢轨、轨枕和扣件的作用、类型;了解碎石道床和整体道床的基本要求;
2. 了解道岔的基本类型;熟悉普通单开道岔的组成;了解无缝线路类型、温度力、轨温和轨道阻力;
3. 了解轨道附属设备,机车车辆走行部分,曲线段轨道超高加宽原因;
4. 熟悉无砟轨道的类型及组成、直线段轨道的几何形位;
5. 掌握轨道几何形位测量方法;
6. 会进行曲线轨道的超高和缓和曲线的长度的计算。

第一节 轨道结构

轨道是行车的基础。轨道一般由钢轨、扣件、轨枕、道床、中间连接零件、防爬设备和道岔等主要部件构成,如图 3-1 所示。它的主要作用是引导机车车辆运行,直接承受由车轮传来的荷载,并把它传布给路基或桥隧建筑物。轨道必须具有足够的强度、稳定性、耐久性和适量的弹性,保证列车运行安全、平稳、快速和乘坐舒适。

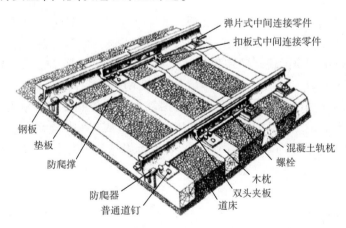

图 3-1 轨道结构图

城市轨道交通列车行车密度大,因而要求运营安全平稳,舒适度好,尽可能地减少养护和

维修工作。城市轨道交通对轨道的要求如下:

(1)结构简单、整体性强,具有坚固性、稳定性、均衡性等特点,确保行车安全、舒适。

(2)具有足够的强度、刚度、稳定性,便于施工、易于管理,可靠性高、寿命长,可减少维修或避免维修,并有利于日常的清洁养护,降低运营成本。

(3)对于扣件,要求强度高、韧性好。

(4)尽可能满足城市景观和美观的要求。

一、钢轨

1.钢轨的功能和要求

钢轨具有引导车辆的车轮前进,承受车轮的压力,并将压力传递到轨下结构的作用。要求钢轨能为车轮提供可连续、平顺地滚动的轨面。为发挥这些功能,既要求钢轨面粗糙,以增加轮轨黏着力,又要求轨面光滑,以减少阻力;既要求钢轨有相当刚度,以抵抗挠曲,又要求它有可挠性,以减轻车轮的冲击力,减少轮轨的伤损;既要求钢轨有足够的强度、硬度,以抵抗磨耗,延长使用寿命,又要求它具有一定的塑性、韧性,以防脆性碎裂和折断。

钢轨还兼作供电接触网的回流线及轨道电路的通道。

我国高速铁路对钢轨的质量要求主要反映在钢质的纯净度、钢轨的表面质量、内部质量、几何尺寸精度的外观平直度等几个方面。

2.钢轨的结构

钢轨可分为轨头、轨腰和轨底三部分(图3-2),其断面形状主要为工字形,不同类型钢轨横截面的各部分尺寸不同(图3-3),类型一般标注在钢轨腰部。轨头应具有足够的表面面积及厚度,并具有与车轮踏面相适应的外形,以改善轮轨的接触条件,从而延缓轨头压溃和磨耗。轨腰主要承受剪力,必须具有足够的厚度和高度,具有较大的承载能力和抗弯能力。轨底的主要功能是分布压力及保持稳定,应具有一定宽度。

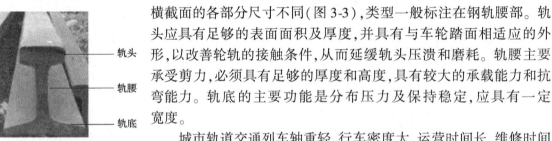

图3-2 钢轨断面形状

城市轨道交通列车轴重轻、行车密度大、运营时间长、维修时间短,因此,城市轨道交通与铁路相比,两者要求不尽相同。其轨道结构除了要求具有足够的强度、稳定性和耐久性等基本特征外,还提出了以下要求:

(1)适应维修时间短的特点,养护工作量要少,使用寿命要长。

(2)具有适量的弹性,使列车运行所引起的振动与噪声控制在容许范围内。

(3)要具有一定的绝缘性,以减少迷散电流对周围金属构件的电腐蚀。

(4)减少轨道结构零部件的非标品种,尽可能选用铁路通用件,以降低工程造价和养护费用。

3.钢轨的类型

(1)按每米质量分类

钢轨的类型通常以每米长度钢轨的质量(kg/m)来表示,如60轨表示每米的重量是60kg。目前,我国铁路的钢轨类型主要有38kg/m、43kg/m、50kg/m、60kg/m和75kg/m等五种。其中

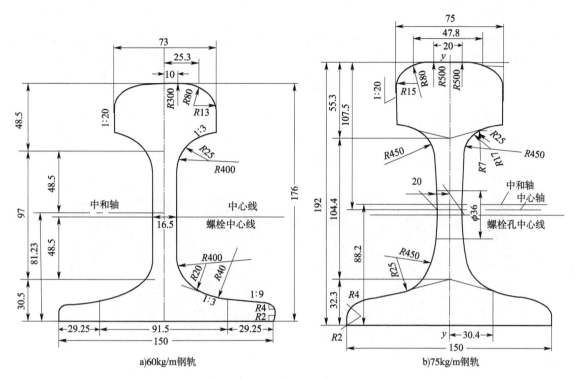

图 3-3 钢轨横截面图(尺寸单位:mm)

城市轨道交通线路正线大多采用 CHN60 钢轨,车场线大多采用 CHN50 钢轨。我国高速铁路正线采用 CHN60kg/h 钢轨。

(2)按单根钢轨的长度分类

我国普通线路钢轨的标准长度为 12.5m 和 25m 这 2 种,对于 75kg/m 的钢轨只有 25m 的 1 种。

在曲线轨道中,由于曲线外股比内股长的原因,通常在曲线内股使用厂制标准缩短轨。其中 12.5m 钢轨的缩短量为 40mm、80mm、120mm,25m 钢轨的缩短量为 40mm、80mm、160mm。

4. 钢轨接头

轨道上钢轨与钢轨之间用夹板和螺栓连接,称为钢轨接头。接头处轮轨作用力大,养护维修工作量大,是轨道结构的薄弱环节之一。

(1)钢轨接头按其在两股轨线上的相互位置,分为相对式和相错式,如图 3-4 所示。我国铁路采用相对式钢轨接头。

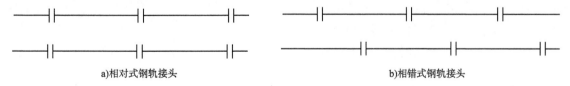

a)相对式钢轨接头　　　　　　　　　　b)相错式钢轨接头

图 3-4 相对式和相错式钢轨接头布置

(2)接头按其相对于轨枕的位置,分为悬空式和承垫式 2 种,如图 3-5 所示。我国一般采用相对悬空式。

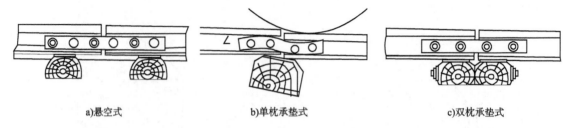

a) 悬空式　　　　　　b) 单枕承垫式　　　　　　c) 双枕承垫式

图 3-5　钢轨接头的承垫方式

(3) 钢轨接头按其用途和性能可分为普通接头、异型接头、绝缘接头(图 3-6)、导电接头、伸缩接头(图 3-7)、冻结接头、胶接接头等。

图 3-6　绝缘接头　　　　　　图 3-7　伸缩接头

5. 轨缝的设置

为了适应钢轨热胀冷缩的需要,在钢轨接头处要设置预留轨缝。设置预留轨缝的条件如下:

(1) 当轨温达到当地最高轨温时轨缝大于或等于零,轨端不受顶力。

(2) 当轨温达到当地最低轨温时轨缝小于或等于构造轨缝,接头螺栓不受剪力。

预留轨缝计算公式:

$$a_0 = \alpha L(t_z - t_0) + \frac{1}{2}a_g \tag{3-1}$$

式中:a_0——更换钢轨或调整轨缝时的预留轨缝(mm);

α——钢的线膨胀系数,为 0.0118(mm/m℃);

L——钢轨长度(m);

t_z——更换钢轨或调整轨缝地区的中间轨温(℃):

$$t_z = \frac{1}{2}(T_{max} + T_{min}) \tag{3-2}$$

式中:T_{max}、T_{min}——当地历史最高和最低轨温(℃);

t_0——更换钢轨或调整轨缝时的轨温(℃);

a_g——构造轨缝,均采用 18mm。

二、轨枕

1. 轨枕的功能

轨枕是轨道结构的重要组成部分,一般横向铺设在钢轨下的道床上,承受着来自钢轨的各向压力,并弹性地传布于道床,同时有效地保持轨道的几何形位,特别是方向和轨距。因此,轨枕应具有必要的坚固性、弹性和耐久性,并能便于固定钢轨,具有抵抗纵向和横向位移的能力。

2. 轨枕的类型

轨枕按照其构造及铺设方式分为横向轨枕、纵向轨枕及短轨枕。横向轨枕与钢轨垂直间隔铺设,是一种最常用的轨枕。纵向轨枕一般仅用于特殊需要的地段。短轨枕是在左右两股钢轨下分开铺设的轨枕,常用于混凝土整体道床。

轨枕按其结构形式可分整体式、组合式、半枕、宽轨枕等。

轨枕按其使用部位可分为用于区间线路的普通轨枕,用于道岔上的岔枕及用于无砟桥上的桥枕。

轨枕按其材料可分为木枕、混凝土轨枕及钢枕。目前我国使用的主要是混凝土轨枕,钢枕在我国很少使用。

(1) 木枕

木枕即为木制轨枕,又称枕木,是铁路最早采用的一种轨枕。主要优点是弹性好,可缓和列车的冲击作用,易加工、运输、铺设、养护维修方便;与钢轨连接比较简单,有较好的绝缘性能等。但木枕要消耗大量优质木材,由于资源有限,其价格较贵,而且木枕易腐朽、磨损,使用寿命短,不同种类木材的木枕弹性也不一致,因此,在我国逐渐地被混凝土枕所代替。

(2) 混凝土轨枕

目前,轨道线路主要使用混凝土轨枕。混凝土轨枕具有来源丰富,并能保证尺寸统一,使轨道弹性均匀,提高轨道的稳定性,混凝土轨枕不受气候、腐朽、虫蛀及火灾的影响,使用寿命长,具有较高的道床阻力,对提高无缝线路的横向稳定性十分有利等优点。混凝土轨枕的缺点是自重大、弹性差、更换困难。为了增加弹性、减缓列车的动力冲击作用,在钢轨和轨枕之间必须加设弹性垫层,以提高线路的抗震能力。

城市轨道交通正线隧道内线路一般采用短轨枕或无轨枕的整体钢筋混凝土道床,车场线采用普通钢筋预应力混凝土轨枕,在道岔范围内少数区段可以采用木枕。

目前,我国混凝土轨枕统一为三个级别:Ⅰ型、Ⅱ型、Ⅲ型预应力混凝土轨枕。Ⅱ型轨枕的长度为 2.5m,Ⅲ型轨枕分为有挡肩(图 3-9)和无挡肩两种形式,有 2.5m 和 2.6m 两种长度。

城市轨道交通线路,地面线路使用得最广泛的 S-2 型预应力混凝土轨枕,如图 3-8 所示。在整体道床线路上,根据其特点,分别采用混凝土短枕、混凝土长枕及混凝土支撑块。隧道内的整体道床路段一般采用预应力钢筋混凝土长枕。高架线宜采用新型轨下基础,这种新型的轨枕结构不同于传统的道砟道床上铺设轨枕,而是以混凝土道床为主的结构形式,如上海地铁 3 号线,采用承轨台、支撑块整体式道床。

客运专线通常采用Ⅲ型有挡肩轨枕与Ⅴ型扣件配套使用或Ⅲ型无挡肩轨枕与Ⅳ型扣件配套使用,都适用于时速 250km/h 的线路,每公里均铺设 1667 根。

(3) 混凝土宽轨枕

混凝土宽轨枕俗称轨枕板,简称宽轨枕,是继我国大量推广混凝土轨枕后发展起来的轨道结构,如图 3-10 所示。其底面积大(宽度约为混凝土轨枕的一倍),能有效地降低道砟应力和变形,加之质量大(每块约 500kg),底部摩擦力增加,轨道变形比木枕或混凝土枕轨道大为减少。宽轨枕采用密铺式,每块间隔约为 2.6cm,枕间缝隙小,道床不易脏污,外观整洁美观,轨道平顺性和稳定性好。其缺点是养护维修较困难。

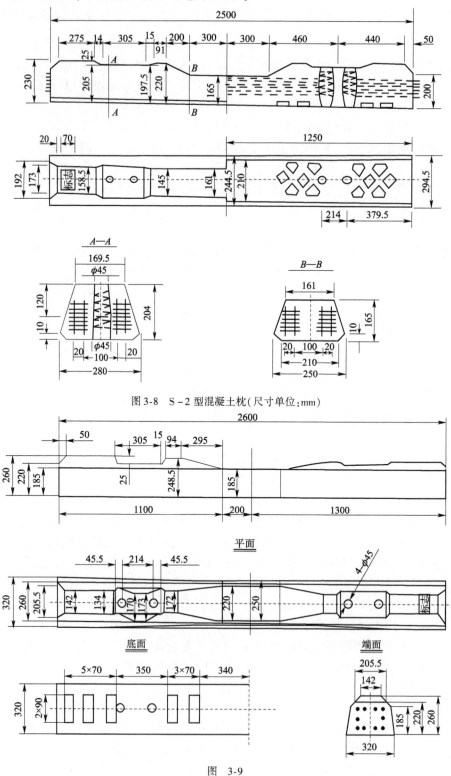

图 3-8　S-2 型混凝土枕(尺寸单位:mm)

图　3-9

图 3-9 Ⅲ型有挡肩混凝土枕(尺寸单位:mm)

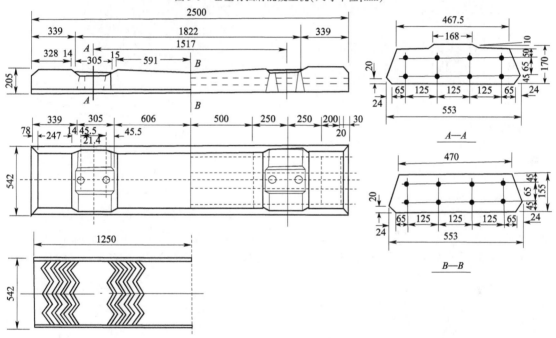

图 3-10 混凝土宽轨枕(尺寸单位:mm)

三、连接零件

连接零件是连接钢轨或连接钢轨与轨枕的部件。前者称为接头连接零件,后者称为中间连接零件。

钢轨与轨枕间的连接是通过中间连接零件实现的。中间连接零件也称扣件,要求具有足够的强度、耐久性和一定的弹性。能长期有效地保持钢轨与轨枕的可靠连接,阻止钢轨相对于轨枕的移动,并能在动力作用下充分发挥其缓冲减振性能,延缓轨道残余变形积累。此外,还应构造简单,便于安装及拆卸。

(一)城市轨道交通扣件

目前,在国内城市轨道交通中使用的扣件大致可分为:传统系列、DT 系列、WJ 系列、弹簧系列和减振系列 5 种。

1. 传统系列扣件

传统系列扣件用于采用碎石道床的地面线路和车场线路。

(1) 木枕扣件

木枕扣件主要有分开式和混合式 2 种。如图 3-11 所示。

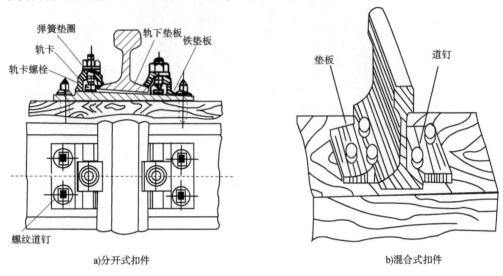

a) 分开式扣件　　b) 混合式扣件

图 3-11　木枕扣件

(2) 混凝土枕扣件

混凝土枕扣件有扣板式扣件和弹条式扣件两种。扣板式扣件在城市轨道交通站场混凝土轨枕线路上使用也较多，如图 3-12 所示，扣板具有既扣压钢轨，又能调整轨距的作用。弹条式扣件分为弹条Ⅰ型、弹条Ⅱ型、弹条Ⅲ型，用于地面线路正线，如图 3-13 和图 3-14 所示。

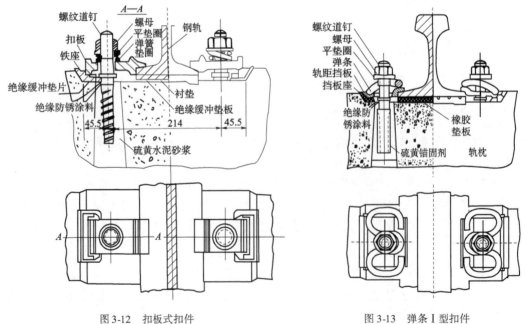

图 3-12　扣板式扣件　　　　　　　　图 3-13　弹条Ⅰ型扣件

2. DT 系列扣件

DT 为地铁的意思，DT 系列扣件就是为城市轨道交通地下线路专门设计的扣件。该系列的扣件有 DT—Ⅰ、DT—Ⅱ、DT—Ⅲ、DT—Ⅳ、DT—Ⅵ、DT—Ⅶ 等形式，还有派生的改良 DT—Ⅲ—2、DT—Ⅶ—2 扣件等。DT 系列扣件已为城市轨道交通地下线路整体道床中大量使用。如图 3-15 所示。

3. WJ 系列扣件

WJ 表示无挡肩的意思，WJ 系列主要有 WJ—1、WJ—2、WJ—3、WJ—4、WJ—5 等类型。它是一种小阻力扣件，主要用于城市轨道交通高架线路。

由于 WJ—1 型扣件螺栓紧固而开孔，在该部位容易出现应力集中，而且弯矩最大处恰恰是截面削弱最大处，所以在线路上没有推广应用。

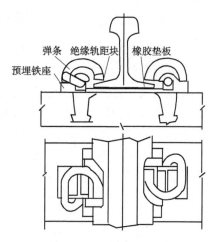

图 3-14　弹条Ⅲ型扣件

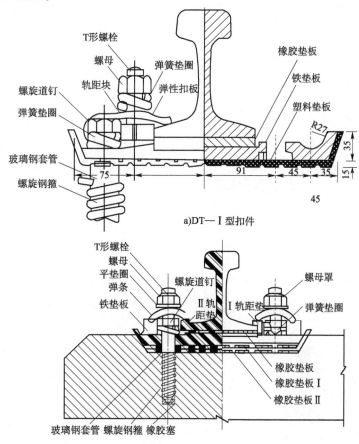

图 3-15　DT 系列扣件

WJ—2 型扣件适用于要求钢轨高低和左右位置调整量大并铺设焊接长钢轨的预应力混凝

土梁上的无砟轨道结构。在城市轨道交通线路上广泛使用。

4. 弹簧系列扣件

弹簧系列扣件有单趾弹簧扣件和双趾弹簧扣件两种。它主要用于城市轨道交通短轨枕整体道床地段。目前在北京、广州等地的城市轨道交通线路中使用。

单趾弹簧扣件以单趾弹簧作为钢轨扣压件,取代传统的螺栓拧紧弹条的扣压方式,扣压力稳定;适用于铺设60kg/m钢轨轨道的直线及半径≥300m的曲线地段。如图3-16所示。

双趾弹簧扣件适用于60kg/m钢轨无砟轨道结构,扣压力稳定,能保持轨距、水平,能提供足够的防爬阻力;具有良好的减振性能和电气绝缘性能;轨距、高低调整量适度,能满足施工及维修的要求;结构简单,养护维修工作量少。其结构如图3-17所示。

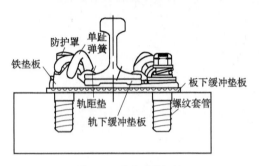 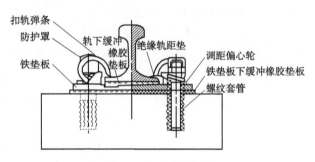

图3-16 单趾弹簧扣件　　　　　　　图3-17 双趾弹簧扣件

5. 减振系列扣件

减振系列扣件也是专为城市轨道交通设计的扣件。它是为了降低城市轨道交通的振动和噪声,减少振动对附近居民、周边建筑及不良地质地段的影响而专门设置的。轨道减振器扣件是一种高弹性扣件,能较充分地利用橡胶的剪切变形,弹性好,较一般扣件的振动减少4~5dB,减振效果良好。

(二)高速铁路扣件

1. 弹条Ⅳ型扣件

弹条Ⅳ型扣件为无螺栓扣件,用于有砟轨道的无挡肩混凝土轨枕。

每套扣件由两件弹条、两件预埋铁座、两件绝缘轨距块和一件橡胶垫板组成,如图3-18所示。

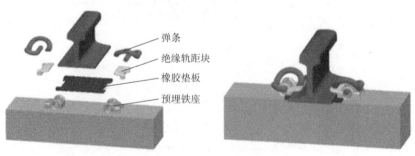

图3-18 弹条Ⅳ型扣件

2. 弹条 V 型扣件

弹条 V 型扣件为螺栓扣件,用于有砟轨道有挡肩混凝土轨枕。它由螺旋道钉、平垫圈、弹条、轨距挡板、轨下垫板和预埋套管组成。此外,为了钢轨高度调整的需要,还包括调高垫板,如图 3-19 所示。

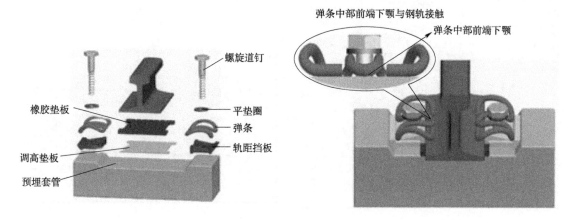

图 3-19　弹条 V 型扣件

3. FC 型扣件

FC 型扣件为无螺栓扣件,用于有砟轨道的无挡肩混凝土轨枕。FC 型扣件由快速弹条、绝缘帽、预埋底座、绝缘轨距挡块和橡胶垫板组成。如图 3-20 所示。

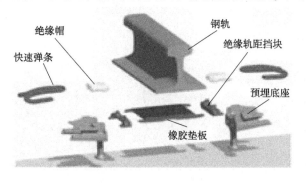

图 3-20　FC 型扣件

4. WJ—7 型扣件

WJ—7 型扣件为无砟轨道扣件,是不带混凝土挡肩的分开式扣件。它由 T 形螺栓、螺母、平垫圈、弹条、绝缘块、铁垫板、轨下垫板、绝缘缓冲垫板、重型弹簧垫圈、平垫块、锚固螺栓和预埋套管组成。此外,为了钢轨高低位置调整的需要,还包括轨下调高垫板和铁垫板下调高垫板。如图 3-21 所示。

5. WJ—8 型扣件

WJ—8 型扣件为无砟轨道扣件,是带混凝土挡肩的不分开式扣件。它由螺旋道钉、平垫圈、弹条、绝缘块、轨距挡板、轨下垫板、铁垫板、铁垫板下弹性垫板和预埋套管组成。此外,为了钢轨高低位置调整的需要,还包括轨下微调垫板和铁垫板下调高垫板。如图 3-22 所示。

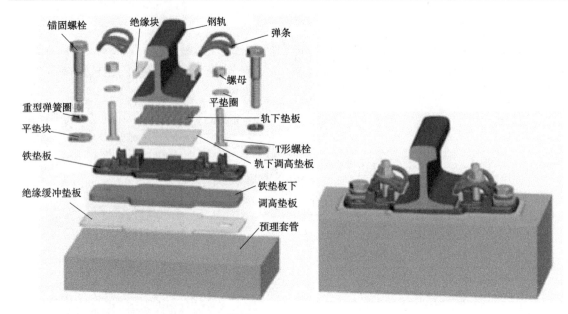

图 3-21 WJ—7 型扣件

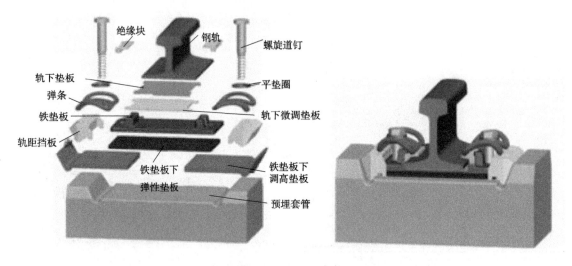

图 3-22 WJ—8 型扣件

6. SFC 型扣件

SFC 型扣件为无砟轨道扣件,是不带混凝土挡肩的分开式扣件。其分直列式和错列式 2 种。错列式 SFC 型扣件由绝缘帽、弹条、铸铁底板、绝缘轨距挡块、橡胶垫板、耦合垫板、锯齿垫片、调高垫板、锚固系统及预埋套管组成,如图 3-23 所示。直列式 SFC 型扣件由弹条、绝缘帽、铸铁底板、绝缘轨距挡块、橡胶垫板、锚固螺栓、贝式垫片、锯齿垫片、耦合垫板和预埋套管组成,如图 3-24 所示。此外,为了钢轨高低位置调整的需要,还包括用在铸铁底板和耦合垫板之间的调高垫板。

7. 300 型扣件

300 型扣件为无砟轨道扣件,是带混凝土挡肩的不分开式扣件。300 型扣件由弹条、绝缘垫片、轨距挡板、轨枕螺栓、绝缘套管、轨垫、铁垫板和弹性垫板组成。此外,为了钢轨的高低调节的需要,还包括调高垫板。如图 3-25 所示。

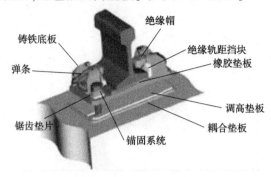

图 3-23　错列式 SFC 型扣件

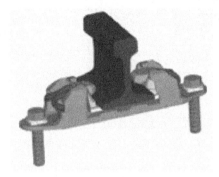

图 3-24　直列式 SFC 型扣件

四、道床

道床铺设于路基之上、轨枕之下,起承受、传布荷载,稳定轨道结构的作用。道床有碎石道床、整体道床两大类型。

(一)碎石道床

碎石道床结构简单,容易施工,减振和减噪性能较好,造价较低,但是轨道建筑高度较高,因此造成结构底板下降,隧道的净空加大,排水设施复杂,养护工作频繁,更换轨枕困难。道床作业时,粉尘较大,影响作业人员的健康。因此城市轨道交通的隧道内不采用碎石道床,而采用整体道床。高架混凝土桥面上的轨道线路也不采用碎石道床,而采用新型的道床形式,以减少桥面荷载和维修工作量;同时还可以避免列车运行时偶然导致石子飞落桥下,伤害行人。

1. 碎石道床的功能及对材质的要求

(1)碎石道床的功能

碎石道床是轨道的重要组成部分,是轨道框架的基础,具有以下功能:

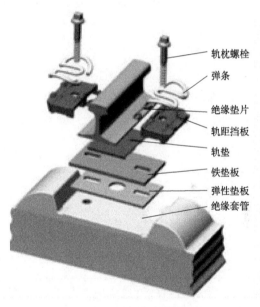

图 3-25　300 型扣件部件组成

①承受来自轨枕的压力并均匀地传递到路基面上,起保护路基的作用;
②提供抵抗轨排纵横向位移的阻力,保持轨道的几何形位;
③提供轨道弹性,减缓和吸收轮轨的冲击和振动;
④提供良好的排水性能,以提高路基的承载能力及减少基床病害;
⑤便于轨道养护维修作业,校正线路的平纵断面。

(2)碎石道床材料的要求

为适应上述道床功能,道砟应具有以下性能:

①质地坚韧,有弹性、不易压碎和捣碎;
②排水性能好,吸水性差;
③不易风化,不易被风吹动或被水冲走。

通常用作道砟的材料有:碎石、天然级配卵石、筛选取卵石、粗砂、中砂及熔炉矿渣等。我国城市轨道交通一般采用碎石道床,也有用粗砂或中砂作为道床垫层。我国铁路干线上基本使用碎石道砟,在次要线路上才使用卵石道砟、炉碴道砟。

2. 碎石道床断面

道床断面包括道床厚度、顶面宽度及边坡坡度3个主要特征。道床断面,如图3-26所示。

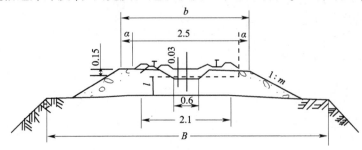

图3-26 道床断面(尺寸单位:m)

(1)道床厚度

道床厚度是指直线上钢轨或曲线上内轨中轴线下轨枕底面至路基顶面的距离。

根据土质情况和地下水源情况的不同,道床有单层和双层两种。单层为石砟层,双层为先铺设黄砂垫层,然后铺设石砟层,其厚度从线路中心线处量取。地铁线路道床厚度,如表3-1所示。

碎石道床最小厚度 表3-1

下部结构类型	道床厚度(mm)		车场线
	正线、辅助线		
非渗水土路基	双层	道砟250	单层250
		底砟200	
岩石、渗水土路基、混凝土结构	单层道砟300		

高速铁路线路上,道床应有足够的厚度,以减少路基面所受的压力和振动,保证路基顶面不发生永久变形。因此一般采用双层道床,枕下道砟厚度为35cm,垫层道砟厚度为20mm。为了使道床的水能够迅速下渗,防止翻浆冒泥,在垫层底部要加设塑料盒沥青等材料制作的各种形式的封闭层。

高速铁路在有砟桥上的道床厚度通常采用35cm,同时为了防止道床粉化,导致道床脏污、弹性降低、影响排水等性能,通常采用道砟下铺设砟下胶垫或采用弹性轨枕等措施。

(2)道床顶面宽度

正线、联络线、出入段/场线和试车线无缝线路地段道砟肩宽不应小于400mm,非无缝线路地段道砟肩宽不应小于300mm。无缝线路半径小于800m、非无缝线路半径小于600m的曲线地段,曲线外侧道砟肩宽应加宽100mm。无缝线路砟肩应堆高150mm。车场线碎石道床道砟肩宽不应小于200mm,半径不大于300m的曲线地段,曲线外侧道砟肩宽应加宽100mm。

高速铁路线路砟肩一般堆高150mm,正线道床边坡应采用1:1.75。

(3) 道床边坡坡度

城市轨道交通正线、联络线、出入段/场线和试车线应采用1:1.75,车场线应采用1:1.5。

(二) 整体道床

混凝土整体式道床,也称无砟道床,是在坚实基底上直接浇筑混凝土以取代松散的碎石道砟层的新型轨下基础,常用于城市轨道交通地下线路、高架线路及库内线路,铁路隧道及客运专线线路。

整体式道床优点是整体性好,结构坚固、稳定、耐久,几何尺寸变化小,外观整洁;轨道建筑高度小,减少隧道净空,节省投资;轨道维修工作量小,适应地铁和轻轨交通运营时间长、维修时间短的特点。但整体道床不可避免地存在一定的缺点:如道床弹性差,列车运行引起的振动、噪声比较大,几何尺寸的调整没有碎石道床方便;一旦发生沉降开裂或变形等病害,整治非常困难;造价高,施工周期长。

目前城市轨道交通采用的整体道床主要有:无轨枕整体道床、轨枕式整体道床、浮置板式整体道床、弹性支承块式整体道床等。

1. 无轨枕整体道床

无轨枕整体道床,也称为整体灌注式道床,有承轨台式、平过道式、坑道式及立柱式4类。无轨枕整体道床施工麻烦、进度慢,施工精度不易保证。目前国内城市轨道交通已基本不采用。

2. 轨枕式整体道床

轨枕式整体道床也称带枕浇筑式整体道床,施工方便,可采用轨排法施工,进度快,精度和质量易保证。

轨枕式整体道床可分为短枕式和长枕式2种。

(1) 短枕式整体道床

这种道床轨道建筑高度一般为500mm左右,道床混凝土强度等级为C30;轨下道床厚度小于160mm,一般设中心排水沟,如图3-27所示。

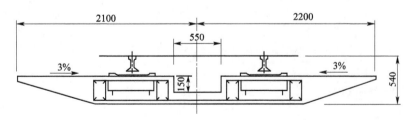

图3-27 短枕式整体道床(尺寸单位:mm)

短轨枕在工厂预制,混凝土强度等级为C50。其横断面为梯形,底部外露钢筋钩,以加强与道床混凝土的连接。这种道床稳定、耐久,结构比较简单、造价较低、施工容易,进度较快。北京地铁一、二期工程近90km单线均铺设这种道床,经过多年运营使用状态良好。天津地铁也铺设这种道床。为了减少振动和噪声,还研制了弹性短枕式道床、塑料短枕式道床、短木枕式道床。

(2) 长枕式整体道床

长枕式整体道床一般设侧向水沟,如图3-28所示。一般长轨枕顶留圆孔,道床用纵向筋穿过,加强了与道床的连接,使道床更加坚固、稳定和整洁美观。这种道床适用于软土地基隧道,可采用轨排法进行施工,进度快,施工精度高,质量容易保证。上海和新加坡地铁铺设了这种道床,使用状况良好。

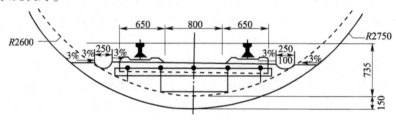

图3-28 长枕式整体道床(尺寸单位:mm)

3. 浮置板式整体道床

浮置板式整体道床是在浮置板下面及两侧设有橡胶垫,如图3-29和图3-30所示,这对隧道外减振降噪效果明显,但地铁车厢内振动和噪声较大,超过了环保的标准,而且铺设需要较大吊装机具,施工进度难以保证,更换底部橡胶垫困难,大修时需中断地铁正常运营。我国广州、香港部分地铁区段铺设了这种道床。

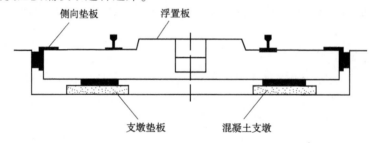

图3-29 浮置板式整体道床

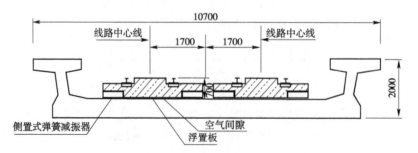

图3-30 高架桥上弹簧浮置板式整体道床(尺寸单位:mm)

4. 弹性支承块式整体道床

弹性支承块整体道床又称承轨台式整体道床,是比较新颖的一种轨下基础,是一种整体灌注式的钢筋混凝土结构,尤其对高架线路适用。先预制支承块,通过扣件与钢轨连接,然后浇筑纵向混凝土承轨台,把支承块与高架桥面上预留的垂直钢筋浇筑为一体。如图3-31所示。

在支承块下加设弹性垫层,支承块的下部及周边加设橡胶靴套,当支承块的高低、水平和轨距调整完毕后,就地灌注道床混凝土将支承块连同橡胶靴套包裹起来。该结构属低振动型轨道结构,其垂向弹性由轨下、铁垫板下、支承块下三层橡胶垫板共同提供,提高了轨道结构的弹性,较一般无砟轨道降低振动及噪声 7~10dB。由于整体道床轨道调整量有限,所以对桥梁徐变及桥墩的不均匀沉降提出了更高的要求。造价较一般轨道结构略高,适用于高架线减振要求较高地段。

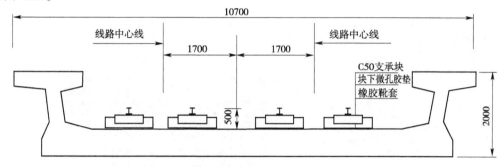

图 3-31 高架桥上弹性支承块式整体道床(尺寸单位:mm)

弹性支承块整体道床是在每股钢轨下面沿纵向铺设条形分段的钢筋混凝土结构。相对于长轨枕式整体道床而言,承轨台结构简单、自重轻(仅为长轨枕式整体道床的一半)、排水性能好、工程造价低、方便施工及养护维修作业。支承块直接支承钢轨及轨道连接部件,并埋设在承轨台中。支承块底部外露钢筋与整体道床的钢筋连接。

五、道岔

把两条或两条以上的轨道在平面上进行相互连接或交叉的设备,统称为道岔。如图3-32所示。道岔的作用是引导车辆由一股道转向另一股道。道岔是轨道线路中的重要组成部分,道岔具有数量多、构造复杂、使用寿命短、行车安全低、养护维修投入大等特点,也是线路的薄弱环节之一。

图 3-32 道岔

(一)道岔的分类

根据道岔的用途和构造形式的不同,道岔可分为连接设备、交叉设备、连接与交叉组合设备。连接设备主要有单式道岔和复式道岔;交叉设备主要有直角交叉和菱形交叉;连接与交叉组合设备主要有交叉渡线道岔和交分道岔。

根据用途和平面形状,道岔有如下几种标准类型:

(1)普通单开道岔

普通单开道岔又称单开道岔,是将一条地铁线路分为两条,其中以直线为主线,侧线向主线的左侧或右侧分支的道岔,如图3-33所示。

(2)对称道岔

对称道岔是把直线轨道分为左右对称的两条轨道的道岔,如图3-34所示。

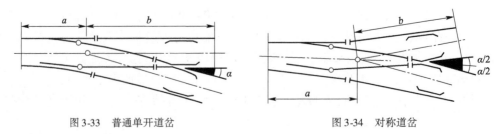

图 3-33　普通单开道岔　　　　　　　图 3-34　对称道岔

(3) 三开道岔

三开道岔又称复式异侧对称道岔，是将一条线分为三条线，其中主线为直线，侧线为向左、右两侧对称分开的道岔，如图 3-35 所示。三开道岔是复式道岔中的一种常见形式。

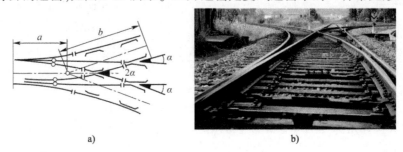

图 3-35　三开道岔

(4) 交分道岔

交分道岔是两条轨道在同一平面相交成菱形的交叉，如图 3-36 所示。

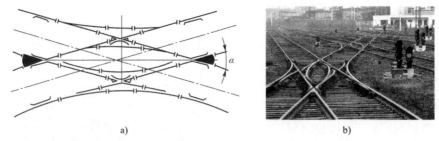

图 3-36　交分道岔

(5) 交叉渡线

交叉渡线由 4 组类型和号数相同的单开道岔和一组菱形交叉，以及连接钢轨组成，用于平行股道之间的连接，仅在个别特殊场合下使用。如图 3-37 所示。

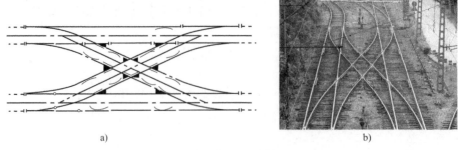

图 3-37　交叉渡线

(二) 普通单开道岔

道岔的种类很多,但在实际应用中以普通单开道岔使用最为普遍。据统计,普通单开道岔铺设数量占各类道岔铺设总数的 90% 以上,同时它具有其他道岔的共有特点和要求,是学习其他类型道岔的基础。因此,掌握普通单开道岔的基本特征,对道岔在运营中的管理、铺设与养护维修具有十分重要的指导意义。

普通单开道岔由转辙器、连接部分、辙叉及护轨组成,如图 3-38 所示。

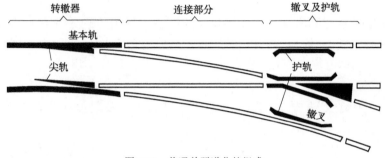

图 3-38 普通单开道岔的组成

尖轨尖端前基本轨端轨缝中心处称道岔始端(或称岔头),辙叉跟端轨缝中心处则称道岔终端(或称岔尾)。

站在道岔始端面向道岔终端,凡侧线位于直线左方的称左开道岔;侧线位于直线右方的称右开道岔。

列车通过道岔时,凡由道岔终端驶向道岔始端时,称顺向通过道岔;由道岔始端驶向道岔终端时,称逆向通过道岔。

(1) 转辙器

转辙器是引导列车进入道岔不同方向的设备。其作用是通过将尖轨扳动到不同的位置,使列车沿直线或侧线行驶。它由尖轨、基本轨、连接零件(有拉杆、连接杆、顶铁、滑床板、轨撑)、跟端结构、辙前垫板、辙后垫板及转辙机械等组成,如图 3-39 所示。

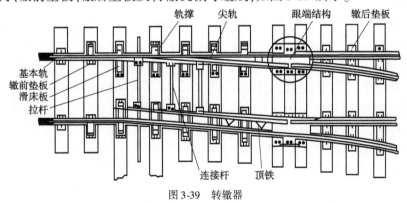

图 3-39 转辙器

① 基本轨

基本轨由 12.5m 或 25.0m 的标准钢轨制成,直线方向的为直基本轨,侧线方向的为曲基本轨。基本轨除承受车轮的垂直压力外,还与尖轨共同承受车轮的横向水平推力,并保持尖轨位置的稳定。

曲基本轨应在工厂事先按要求进行弯折,以保持转辙器轨距、方向的正确以及尖轨和基本轨的密贴。为提高尖轨的耐磨性,基本轨轨头顶面应进行淬火处理。

②尖轨

尖轨是转辙器中的重要组成部分,用与基本轨同类型的标准断面钢轨或特种断面钢轨刨制而成。尖轨的作用是依靠其被刨尖的一端与基本轨紧密贴靠,以引导车轮的运行方向,列车靠它引进直股或侧股线路。

(2)连接部分

连接部分是把转辙器和辙叉部分连接起来的设备,它包括两股直线钢轨和两股曲线钢轨。导曲线即两股曲线钢轨,地铁一般采用的导曲线为圆曲线形,在一般情况下导曲线不设超高、轨底坡及缓和曲线。

(3)辙叉及护轨

辙叉及护轨包括辙叉、护轨、主轨(安装护轨的基本轨)及其他连接零件。辙叉与护轨共同配合发挥作用,如图3-40所示。

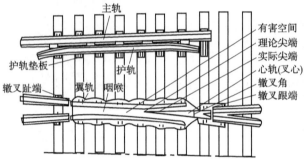

图3-40 辙叉及护轨

辙叉是道岔中两股线路相交处的设备。其作用是使列车能够按确定的行驶方向,跨越线路正常通过道岔。

①辙叉构造

辙叉是由翼轨和心轨(叉心)组成的。翼轨的始端称辙叉趾端;叉心的末端称为辙叉跟端;叉心两个工作边的交点称为辙叉理论中心(理论尖端);由于制造工艺原因,实际上辙叉尖端有6~10mm的宽度,称为辙叉实际尖端;叉心两个工作边的夹角 α 称为辙叉角。

辙叉趾端处两个工作边之间的宽度称为前开口;辙叉跟端两个工作边之间的宽度称为后开口;两根翼轨之间的最窄处称为辙叉咽喉;由咽喉至实际尖端之间的距离,因轨线中断,车轮在此处对钢轨产生剧烈冲击,此空间称为道岔的"有害空间";由辙叉理论尖端至趾端的距离称为辙叉趾长 n,由辙叉理论尖端至跟端距离称为辙叉跟长 m;由趾端至跟端沿一股轨道线量取的长度称为辙叉全长。

②辙叉号数

辙叉号数也称道岔号数,是表示辙叉角大小的一种方法。因为辙叉角是以度、分、秒表示的,运用不方便,故在实际工作中都以辙叉号数 N 表示。

辙叉号数 N 与辙叉角 α 的关系,我国规定是以辙叉角的余切表示辙叉号数的。

直线辙叉,如图3-41所示。

$$N = \cot\alpha = \frac{AC}{BC} \tag{3-3}$$

式中：N——辙叉号数（道岔号数）；
  α——辙叉角；
  BC——叉心工作边任一点 B 至另一工作边的垂直距离；
  AC——由叉心理论尖端至垂足 C 的距离。
  曲线辙叉，如图 3-42 所示。

$$N = \cot\alpha = \frac{BD}{BC} \tag{3-4}$$

式中：D——曲边跟端 C 点的切线与直边工作边的交点；
  BC——跟端 C 至直边工作边的垂直距离。

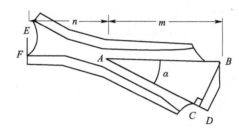
图 3-41　直线辙叉

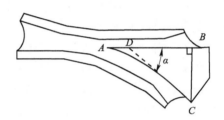
图 3-42　曲线辙叉

辙叉角愈大，道岔号数愈小；反之辙叉角愈小，道岔号数愈大。我国常用的几种道岔号数与辙叉角的对应值，如表 3-2 所示。

道岔号数与辙叉角的对应值　　　　　　　　　　　　表 3-2

道岔号数	7	9	12	18	30
辙叉角	8°07′48″	6°20′25″	4°45′49″	3°10′47″	1°54′33″

③辙叉类型
　按构造材料分类，有锰钢整铸式和钢轨组合式之分；按翼轨与心轨的固定关系分类，有固定式和可动心轨式之分；按平面形状分类，有直线式和曲线式之分。
　由于固定辙叉都存在着"有害空间"，形成轨线断开，当列车通过辙叉时，具有车轮剧烈冲击钢轨，产生车体的振荡，加速辙叉主要部件的磨耗损伤等缺点，限制了过岔速度的提高。而可动心轨式辙叉，则是利用心轨可以摆动并与翼轨紧密贴靠的特点，来达到消灭"有害空间"的一种辙叉，这种辙叉直股可以不设护轨。由于心轨贴靠翼轨使轨线连续不断，不但避免了车轮对翼轨和心轨的冲击，提高了列车运行的平顺性，而且为提高列车过岔速度创造了条件，可延长辙叉使用寿命，减少养护维修工作量。但因其结构复杂，且可动心轨正反位转换需另设转换装置，主要用于高速列车运行的正线上。
④护轨
　护轨设置在辙叉两侧，是固定型辙叉的重要组成部分。其作用是控制车轮运行方向，使之正常通过"有害空间"而不错入轮缘槽，防止轮缘冲击或爬上辙叉心轨尖端，保证行车安全。
　护轨由平直段、缓冲段和开口段组成，如图 3-43 所示。

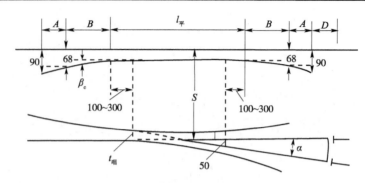

图 3-43 护轨设置图(尺寸单位:mm)

平直段($l_平$)是护轨实际起作用的部分,其长度从咽喉起到心轨宽 50mm 处。根据构造要求,两端还应设 100～300mm 的安全余量,平直段护轨与主轨之间的轮缘槽宽度为 42mm。

缓冲段(B)起着将车轮平稳引入平直段的作用。它是由平直段两端各向轨道内侧弯折的一段。其弯折角(护轨缓冲角)的大小应与列车允许的侧向速度相匹配,一般采用值近似尖轨的冲击角。缓冲段末端轮缘槽宽应为 68mm。

护轨两端的开口段(A)是将车轮导入护轨轮缘槽内的部分,以保证行车安全。其长度一般采用 150mm,如受结构限制时可采用 100mm。开口段外端的轮缘槽宽度为 90mm。

固定辙叉由于存在"有害空间",直、侧向都设护轨。可动心辙叉消灭了"有害空间",直向不设护轨,只在侧向设置护轨,起防磨作用,还可避免轮缘侧线通过由心轨导向产生磨耗而影响直股转换密贴,同时也有利于提高侧向行车的安全可靠性。

道岔的护轨类型主要有钢轨间隔铁型、H 形和槽形 3 种。

六、无缝线路

无缝线路是当今轨道结构的一项重要新技术,在全国乃至世界范围内得到了高速的发展、普遍的应用,它既是轨道结构技术进步的重要标志,也是高速、重载轨道结构的最优选择。所谓无缝线路,就是把标准长度的钢轨焊连而成的长钢轨线路,又称焊接长钢轨线路。

最近几年,我国客运专线铺设了长度为 50m 和 100m 的定尺轨,使钢轨接头数量大幅度减少,提高了线路的平顺性。为了改善钢轨接头的工作状态,曾经从接头的构造上、材质上采取过很多措施,如轨枕的制成形式和尺寸、加宽断面形状、长度、螺栓个数、轨端淬火等,但均未能解决接头的缺陷,接头的病害依然存在。养护线路接头区的费用占养护总经费的 35% 以上;钢轨因轨端损坏而抽换的数量较其他部位大 2～3 倍;重伤钢轨 60% 发生在接头区。

跨区间无缝线路的优点非常明显:长轨条贯通区间,并与车站道岔焊联,取消了缓冲区,彻底地实现了线路的无缝化,全面提高了线路的平顺性与整体强度;取消缓冲区后,轨道部件的损耗和养护维修工作量进一步减少;钢轨接头的消灭,进一步改善了列车运行的条件;伸缩区与固定区交界处因温度循环而产生的温度力峰以及伸缩区过量伸缩不能复位而产生温度力峰,都由于伸缩区的消失而消失,跨区间无缝线路的防爬能力较强,纵向力较强且分布比较均匀,锁定轨温容易保持,线路的安全性和可靠性提高;跨区间无缝线路长轨条温度力升降平起平落,不会形成温度力峰,可适合提高锁定轨温,从而提高轨道的稳定性。鉴于此,我国《铁路"十一五"规划》提出:推广一次性铺设跨区间无缝线路技术。

(一)无缝线路的类型

1. 根据处理钢轨内部温度应力方式分类

无缝线路根据处理钢轨内部温度应力方式的不同,可分为温度应力式和放散温度应力式2种。

(1)温度应力式无缝线路——由一根焊接长钢轨及其两端2~4根标准轨组成(图3-44),并采用普通接头的形式。无缝线路锁定后,焊接长钢轨因受线路纵向阻力的抵抗,两端自由伸缩受到一定的限制,中间部分完全不能伸缩,因而在钢轨内部产生很大的温度力,其值随轨温变化而异。温度应力式无缝线路结构简单,铺设维修方便,因而得到广泛应用。对于直线轨道50kg/m钢轨,每公里设置1760根和1667根混凝土轨枕,铺设温度应力式无缝线路允许轨温差分别为100℃和104℃。目前城市轨道交通和铁路基本上都采用温度应力式无缝线路。城市轨道交通线路正线无缝线路长度一般为1500~2000m,铁路超长无缝线路长度达几十公里至上百公里。

图3-44 温度应力式无缝线路

(2)放散温度应力式无缝线路。根据应力放散方式的不同可分为自动放散式和定期放散式两种,适用于轨温差较大的地区。

自动放散式是为了消除和减少钢轨的温度力,允许长轨条自由伸缩,在长轨条两端设置钢轨伸缩接头。在大桥上、道岔两端为释放温度力,一般铺设自动放散式无缝线路,在长轨条两端设置伸缩调节器。定期放散温度应力式无缝线路在苏联和我国年温差较大的地区使用过,目前已经很少使用。

2. 根据铺设位置、设计要求分类

根据无缝线路铺设位置、设计要求的不同,可分为路基无缝线路(有砟或无砟轨道)、桥上无缝线路、岔区无缝线路等。

3. 根据轨条长度、是否跨越闭塞分区分类

根据无缝线路轨条长度、是否跨越闭塞分区,可分为普通无缝线路和跨区间无缝线路。

4. 根据长钢轨接头的连接形式分类

根据长钢轨接头的连接形式,可分为焊接无缝线路和冻结无缝线路。

(二)钢轨温度力、伸缩位移与轨温变化的关系

无缝线路的特点是轨条很长,当轨温变化时,钢轨要发生伸缩,但由于有扣件或道床阻力的约束作用,不能自由伸缩,在钢轨内部要产生很大的温度力。为保证无缝线路的强度和稳定,必须掌握长钢轨内温度力及其变化规律。因此,首先要分析温度力、伸缩位移与轨温变化及阻力之间的关系。

1. 钢轨的温度应力和温度力

如果当轨温在T_0时将一段长度为L且处于自由状态的钢轨两端完全固定;当轨温相对T_0

上升或下降 Δt 时,相当于把钢轨压缩或伸长了一个对应 Δt 的自由伸缩量 ΔL,于是钢轨内产生了纵向温度力 P_t。钢轨的自由伸缩量 ΔL 为:

$$\Delta L = \alpha \cdot \Delta t \cdot L \tag{3-5}$$

由胡克定律,钢轨的温度应力 σ_t 为

$$\sigma_t = E\varepsilon_t = E \times \frac{\Delta L}{L} = E \cdot \alpha \cdot \Delta t \tag{3-6}$$

$$\Delta t = T - T_0 \tag{3-7}$$

式中:L——钢轨长度(m);

　　ΔL——钢轨的自由伸缩量(mm);

　　Δt——轨温变化幅度(℃);

　　E——钢轨钢的弹性模量,$E = 2.1 \times 10^5$ MPa;

　　α——钢轨的线膨胀系数,$\alpha = 11.8 \times 10^{-6}$/℃,即每米长的钢轨,当轨温变化1℃时,钢轨将伸缩 0.0118mm;

　　ε_t——钢轨的温度应变;

　　T_0——零应力轨温,即长度被固定的钢轨,当温度力为零时的轨温(℃)。

将 E 和 α 的数值代入式(3-6),得

$$\sigma_t = 2.48\Delta t \quad (\text{N/mm}^2) \tag{3-8}$$

由式(3-8)可知钢轨温度力 P_t 为

$$P_t = F \cdot \sigma_t = FE\alpha\Delta t = 2.48 F\Delta t \quad (\text{N}) \tag{3-9}$$

式中:σ_t——钢轨内部产生的温度应力(N/mm^2);

　　F——钢轨的断面积(mm^2)。

根据以上公式可知:

(1)在两端固定的钢轨内所产生的钢轨温度力,仅与轨温变化幅度 Δt 有关,而与钢轨本身的长度无关。因此,从理论上讲,无缝线路上的长轨条可以焊成任意长度,它并不影响钢轨内的温度力,控制温度力大小的关键是如何控制轨温变化幅度 Δt。这也是发展超长无缝线路的理论依据。

(2)不同类型的钢轨在同一轨温变化幅度下所产生的温度力大小不同。如轨温变化1℃所产生的温度力,对于 75kg/m、60kg/m、50kg/m 钢轨分别为 23.6kN、19.2kN、16.3kN。

(3)无缝线路钢轨自由伸缩量与轨温变化幅度 Δt、钢轨长度 L 有关,与钢轨断面积无关。

(4)为了保证无缝线路的稳定,需要控制钢轨的温度力。

2.钢轨温度和锁定轨温

(1)钢轨温度(又称轨温)

为降低长轨条内的温度力,需选择一个适宜的锁定轨温,长钢轨在锁定瞬间时处于自由伸展状态,从理论上讲,此时长钢轨内部的温度应力应为零,因此锁定轨温又称零应力轨温。在铺设无缝线路中,将长轨条始终端落槽就位时的平均轨温称为施工锁定轨温。施工锁定轨温不一定等于设计锁定轨温,但应在设计锁定轨温允许变化范围之内。锁定轨温是决定钢轨温度力水平的基准,因此根据强度、稳定条件确定锁定轨温是无缝线路设计的主要内容。

轨温不同于气温,影响轨温的因素比较复杂,如气候变化、风力大小、日照强度、线路走向

和所取部位等。根据多年观测,最高轨温 T_{max} 要比当地的最高气温高 18~25℃,最低轨温 T_{min} 比当地的最低气温低 2~3℃。设计时通常最高轨温等于当地最高气温加20℃,最低轨温等于最低气温。最高气温与最低气温根据当地有史以来的气象资料确定。

现场实地测量钢轨温度,目前多采用半导体轨温计或吸附式轨温计。要准确地测量轨温,除应有良好的测温计外,还要掌握正确的测温方法。钢轨的温度,在晴天阳光直面与背阴面不同,轨底与轨头不同,钢轨内部与表面也不同。因此,为了测得准确的轨温值,应在钢轨的全断面上选定多点进行测量,然后取其平均值。

(2) 锁定轨温

从前面分析可知,降低钢轨内部的温度应力,保证在最低轨温时长钢轨不被拉断,在最高轨温时轨道不失去稳定的关键,在于适当控制轨温的变化幅度 Δt,而 Δt 的计算依据是无缝线路的锁定轨温。因此,无缝线路的设计锁定轨温,应以最高轨温时轨道不发生胀轨跑道,最低轨温时不拉断钢轨或螺栓为基本条件,经过轨道强度和稳定性检算而设计确定。

根据多年来无缝线路的铺设经验,在日常管理中,一般更侧重于防止胀轨跑道,可取较当地中间轨温略高的轨温作为无缝线路的设计锁定轨温。中间轨温是指当地最高轨温和最低轨温的平均值,即:

$$T_{中} = \frac{T_{max} + T_{min}}{2} \tag{3-10}$$

式中:$T_{中}$——中间轨温(℃);
T_{max}——当地最高轨温(℃);
T_{min}——当地最低轨温(℃)。

(三) 轨道纵向阻力

温度应力式无缝线路长钢轨被锁定以后,钢轨就不能发生自由伸缩。这个锁定线路、阻止长钢轨随轨温变化而发生纵向伸缩的阻力称为轨道纵向阻力。它主要有接头阻力、道床纵向阻力及扣件阻力等。

1. 接头阻力

无缝线路长钢轨两端接头阻止钢轨纵向伸缩的阻力,称为接头阻力。接头阻力由钢轨与夹板接触部分之间的摩擦力和螺栓的抗剪力所提供,为了安全,我国只考虑摩擦力。接头阻力的大小主要取决于接头螺栓的拉力和钢轨与夹板接触面之间的摩擦系数。

2. 道床纵向阻力

道床纵向阻力系指道床抵抗轨道框架纵向拉移的阻力。一般以每根轨枕的阻力 R,或每延厘米分布阻力 r 表示。它是抵抗钢轨伸缩,防止线路爬行的重要参数。

3. 扣件阻力

中间扣件和防爬设备是提供抵抗钢轨沿轨枕面纵向位移的阻力,称扣件阻力。为了防止钢轨爬行,要求扣件阻力必须大于道床纵向阻力;在一些特殊地段,如桥上、钢轨伸缩调节器基本轨的伸缩范围内,为了降低桥梁所受纵向力和保证长钢轨的正常伸缩,要求扣件阻力小于道床阻力。

城市轨道交通的高架桥,往往是各种不同跨度、不同梁型混合布置,小跨度、矮墩梁所受无缝线路的纵向力、横向力的量值较小,地面线路更可增大扣件的纵向阻力,因而宜充分利用小跨度、矮墩桥梁和地面线作为无缝线路的锁定区段。

第二节　轨道附属设备

一、防爬器

(一)轨道的爬行

列车车轮沿钢轨运行时,除产生竖直力和横向力外,还有纵向力。由于纵向力的作用,钢轨基础阻力不足以抵抗这一纵向力时,会引起钢轨纵向位移,在扣件阻力大于道床阻力的条件下,还会带动轨枕一起移动,这种现象称为轨道的爬行,其纵向力称为爬行力。

1. 轨道爬行的原因

轨道爬行的原因非常复杂,其中最基本和起决定性的则是钢轨在动荷载作用下的波浪形挠曲。此外,车轮通过接头时,轨头受到冲击发生振动而降低轨道的纵向阻力,使钢轨因受阻力的影响而未能实现的温度伸缩变形释放出来,也造成轨道的爬行。

轨道爬行存在如下规律:

①在双线地段爬行方向与列车运行方向基本相同,列车运行方向在下坡道时爬行量较大;

②两个方向运量大致相等的单线地段,其两个方向都发生爬行,且易向下坡方向爬行;

③两个方向运量显著不同的单线地段,其运量大的方向爬行量较大,在运量大的下坡方向爬行量更大;

④双线或者单线制动地段,均易发生制动方向爬行。

2. 轨道爬行的危害

线路爬行对钢轨的危害很大。轨道爬行的危害有:形成瞎缝,造成胀轨;拉大轨缝,使接头钢轨和连接零件损伤;拉斜轨枕,引起轨距、轨向不良;使捣固质量不易保持,出现空吊板和暗坑;在桥上爬行引起桥梁的各种病害;道岔爬行会引起转辙部出现病害。

3. 防治轨道爬行的措施

加强道床捣固,提高捣固质量;及时调整轨缝,上紧接头螺栓及扣件;保持道床断面要求,清洁,并夯实;增设防爬设备。

(二)防爬设备

1. 防爬设备的组成

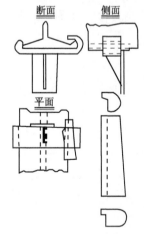

图 3-45　穿销式防爬器

我国广泛使用的是穿销式防爬器,如图 3-45 所示。它是由带挡板的轨卡及穿销组成,轨卡的一边紧密地卡住轨底,另一边用楔形穿销将相应轨底间的空隙楔紧,使之牢固地卡住轨底,而挡板与轨枕之间须设置木制承力板,才能起到抗爬的作用。每对穿销式防爬器的防爬阻力为 40kN,而每根木枕的道床纵向阻力为 7kN,每根混凝土枕的道床纵向阻力为 10kN。如在一根轨枕上产生的爬行力大于轨下道床纵向阻力时,钢轨能带着防爬器和轨枕一起爬行。因此,为了充分发挥防爬器和道床防爬阻力的作用,在碎石道床地段,一般用一对防爬器和三对支撑组成一个防爬组,将四根轨枕连成一个防爬整体,这种形式称为单方向锁定组。

如在反方向也安装一对防爬器时,则称为双方向锁定组。因砂子道床和筛选卵石道床的纵向阻力较低,故规定这两种道床每组防爬设备要比碎石道床增加一对支撑,防爬支撑可用木制,亦可用石料、混凝土制造。

2. 防爬设备的安装

我国铁路规定,对铺设木枕、碎石道床的轨道,安装穿销式防爬设备的办法如下:

(1)单线铁路在12.5m钢轨下配置23根木枕的轨道,两个方向的运量大致相同时,如图3-46a)所示,为双方向锁定组,即2/2。双线线路其两个方向的运量显著不同时,如图3-46b)所示,为单方向锁定组,即3/1。

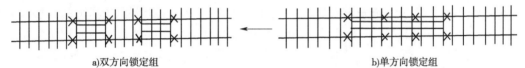

a)双方向锁定组　　　　　　　　　　　b)单方向锁定组

图 3-46　12.5m 钢轨防爬设备的安装示意图

(2)单线铁路在25m钢轨下配置46根木枕的轨道,两个方向的运量大致相同时,如图3-47a)所示,为双方向锁定组,即4/4。双线线路其两个方向的运量显著不同时,如图3-47b)所示,为单方向锁定组,即6/2。

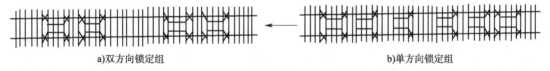

a)双方向锁定组　　　　　　　　　　　b)单方向锁定组

图 3-47　25m 钢轨防爬设备的安装示意图

二、防脱护轨

虽然承轨台结构为保持轨道结构的稳定提供了可靠的保证,但在局部地段,例如在小半径曲线的缓和曲线范围及竖曲线缓和曲线重叠地段因超高顺坡造成轨顶平面的扭曲,不利于轨道的平顺性。当列车通过时,势必加剧车辆某些车轮的减载或悬浮,同时还将使轮轨间产生附加的横向水平力,为确保列车运行安全,在高架轨道的特殊地段设置防脱护轨。如图3-48所示。

a)国铁有砟桥上护轨　　　　　　　　　　b)城市轨道交通防脱护轨

图 3-48　护轨

防脱护轨是新型护轨设备,轮缘槽较小,能消除列车车轮因减载、悬浮而脱轨的隐患;当一侧车轮轮缘将要爬上轨顶面时,同一轮对的另一侧车轮的轮背与护轨接触,促使要爬轨的车轮回复到正常位置,防止列车脱轨。防脱护轨设在基本轨内侧,用支架固定在基本轨轨底,安装拆卸方便。

防脱护轨能可靠地防止列车车轮在小半径曲线轨道上发生爬(或跳、滑)轨脱线事故,能提高小半径曲线轨道整体结构抗横向变形的承载能力,增强其稳定性,可改善轮轨相互作用的横向动力学效应,以减少其线路养护维修工作量。通用性好,护轨不与轨下基础(含轨枕)发生直接连接紧固关系。

1. 高架线上设置防脱护轨的地段

(1)半径小于500m曲线的缓圆(圆缓)点,缓和曲线部分35m、圆曲线部分15m的范围内曲线下股钢轨内侧。

(2)双线高架桥跨越城市干道和铁路地段及其以外各20m范围内,在靠近高架桥中线侧的钢轨内侧;单线高架桥上述地段两股钢轨内侧。

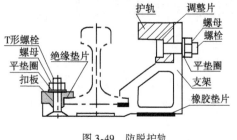

图 3-49 防脱护轨

(3)竖曲线与缓和曲线重叠处,重叠范围内两股钢轨内侧。可根据实际需要增加安装防脱护轨的地段。

2. 防脱护轨的结构

防脱护轨由护轨、护轨支架、扣板、弹性绝缘缓冲垫片和连接紧固部件(螺栓、螺母)等组成,如图 3-49 所示。

三、车挡

车挡是轨道结构辅助设备,主要用于车站尽头线、停车线等处,多以片石浆砌而成,也有以钢轨焊制的(图 3-50)。除安全线和避难线外,车挡处设置带有红色方牌和红灯的表示器。这些统称为终端设备。为了防止作业中发生冲撞车挡事故,近年来广泛推广使用挡车器(图 3-51)。挡车器一般设在距车挡 5~10m 处,它通过弹簧扣件将挡车器卡在钢轨上,当车辆在顶送时或自行溜逸撞上挡车器后,挡车器可以吸收冲击动能,避免爬上车挡造成损失。挡车器一般只容许 15km/h 以下的撞击。

图 3-50 车挡

图 3-51 挡车器

有的线路终端还设置了终端站台,铁路规章要求,在尽头线上调车时,距线路终端应有

10m 的安全距离;遇特殊情况,必须近于10m 时要严格控制速度。

四、轨距杆和轨撑

列车通过曲线时对轨道的横向作用力,能发生钢轨横移和向外倾倒,使轨距扩大。为避免上述弊端,防止轨距扩大,保持曲线轨道的稳定,应安设轨距杆或轨撑。轨距杆能将左右两股钢轨连接固定以保持轨距。轨撑安设在钢轨外侧,能提高钢轨的抗倾覆力。如图 3-52 所示。

轨距杆分为普通轨距杆和绝缘轨距杆;设有轨道电路的线路,应安装绝缘轨距杆。如图 3-53 所示。

图 3-52 轨距杆

图 3-53 轨距杆和轨撑

第三节 无砟轨道

无砟轨道具有轨道稳定性高、刚度均匀性好、结构耐久性强、维修工作量显著减少和技术相对成熟的突出优点。20 世纪 60 年代,世界各国开始研究使用无砟轨道,从室内试验,现场试铺到在高速铁路上的普遍推广,历经 40 余年,形成了具有各国特色的系列化、标准化产品。无砟轨道在铁路线路上的使用,从根本上改善了列车走行的基础条件,实现了旅客列车运行平稳性、安全性、舒适性的要求,并且大大缩短了线路维修时间,降低了维护成本。所以通常应用在城市轨道交通、城际轨道交通、高速铁路等。

由于无砟轨道具有的明显优势,世界各国研究开发了多种结构形式的无砟轨道,如日本新干线的板式,德国高速铁路的雷达(Rheda)型、博格(Bogle)型、旭普林(Zublin)型,英国的 PACT 型、英吉利海峡隧道的弹性支承块(LVT)式,法国的 STEDEF 型等。高速铁路采用无砟轨道结构形式已被很多国家所接受。其中德国和日本在无砟轨道的研发及应用方面处于领先地位,技术相对更成熟。

一、无砟轨道类型

无砟轨道的结构形式种类繁多,技术上也各有特点,目前国际上还没有统一的分类方法,各种无砟轨道结构形式的主要区别在于:

(1)支承扣件方式是有轨枕还是无轨枕。

(2)支承轨枕方式是埋入到道床中、支承在道床板上还是嵌入到道床板中。

(3)道床板材料是混凝土还是沥青。
(4)道床板制作方式是预制还是现浇。

在城市轨道交通、城际轨道交通、高速铁路中,常用的无砟轨道有:板式无砟轨道、双块式无砟轨道和长枕或短枕埋入式无砟轨道。

二、板式无砟轨道

1. CRTSI 型板式无砟轨道

通过引进日本板式无砟轨道技术,对其进行不断消化和吸收的基础上,我国进行大胆的创新,逐步形成了具有中国自有知识品牌的无砟轨道技术及产品,即 CRTSI 型板式无砟轨道。

CRTSI 板式无砟轨道一般分为普通型和减振型 2 种。

普通型板式无砟轨道分为普通 A 型板式无砟轨道和框架型板式无砟轨道,由钢轨、直结 4 型或 8 型扣件、整体轨道板或框架式轨道板(简称轨道板)、乳化沥青水泥砂浆调整层(简称 CA 砂浆层)、混凝土凸形挡台(简称凸形挡台)、混凝土底座(简称底座)等部分组成,如图 3-54 所示。CA 砂浆层作为调整层和弹性层,厚度一般为 50mm。凸形挡台作为限位装置,直径一般为 500mm,高度为 250mm。凸形挡台与轨道板间用树脂材料填充,树脂层厚 40mm。普通 A 型板式无砟轨道,如图 3-55 所示;框架型板式无砟轨道,如图 3-56 所示。

图 3-54 CRTSI 板式无砟轨道

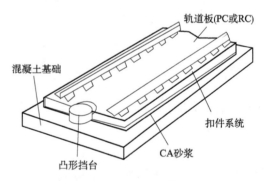

图 3-55 A 型板式无砟轨道

减振型板式无砟轨道是在普通型板式无砟轨道的轨道板下粘贴橡胶材料,线路中部轨道板底设泡沫聚乙烯中空材料,其厚度一般为 20mm,CA 砂浆层一般为 40mm,达到增加轨道弹性,从而达到减振的目的。减振型板式无砟轨道,如图 3-57 所示。

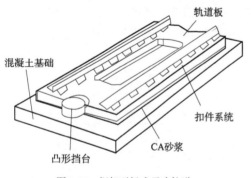

图 3-56 框架型板式无砟轨道

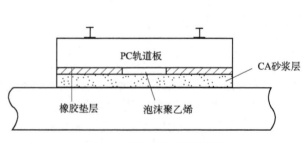

图 3-57 减振型板式无砟轨道

2. CRTS Ⅱ型板式无砟轨道

CRTS Ⅱ型板式无砟轨道系统是经过改进的德国博格板式无砟轨道系统,是我国高速铁路引进、消化、吸收、再创新的成果之一。

CRTS Ⅱ型板式无砟轨道是通过水泥乳化沥青砂浆调整层将预制轨道板铺设在现场摊铺的混凝土支承层或现场浇筑的钢筋混凝土底座上,并适应 ZPW-2000 轨道电路要求的纵连板式无砟轨道结构形式。

CRTS Ⅱ型板式无砟轨道系统构成层次为:级配碎石构成的防冻层(FSS)、30cm 厚的水硬性混凝土支承层(HGT)、3cm 厚的沥青水泥砂浆层、20cm 厚的轨道板,在轨道板上安装扣件。如图 3-58 所示。

图 3-58　CRTS Ⅱ型板式无砟轨道

标准预制轨道板长度为 6.45m,宽度为 2.55m,板厚 200mm 的单向预应力混凝土板,板与板之间有纵向连接,适用于路基、桥梁 25m 及以下的桥梁和隧道。

三、双块式无砟轨道

我国在大力建设客运专线时,从德国引进了雷达 2000 型和旭普林型双块式无砟轨道技术,在消化吸收的基础上进行创新,逐步形成了具有中国自有知识产权的双块式无砟轨道技术及产品。我国双块式无砟轨道有两种结构形式,即 CRTS Ⅰ型双块式无砟轨道和 CRTS Ⅱ型双块式无砟轨道。

1. CRTS Ⅰ型双块式无砟轨道

CRTS Ⅰ型双块式无砟轨道是在德国雷达 2000 型无砟轨道的基础上形成的。其使用范围广泛,路基、桥梁、隧道都可使用,在国际上许多国家和地区得到认可和使用。雷达 2000 型无砟轨道系统是由钢轨、高弹性 300 型扣件、带有桁架的双块式轨枕、现浇混凝土道床板和下部支承体系(支承层或底座)组成。如图 3-59 所示。

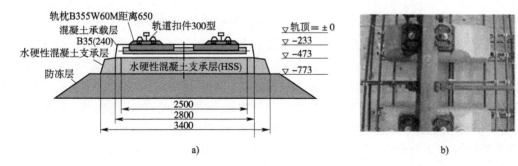

图 3-59　CRTS Ⅰ型双块式无砟轨道(尺寸单位:mm)

雷达 2000 型无砟轨道系统在桥梁上设计为分块式道床板;而在路基和隧道设计为无预应力的连续钢筋混凝土道床板。

2. CRTS Ⅱ型双块式无砟轨道

CRTS Ⅱ型双块式无砟轨道是在1974年开发的旭普林型无砟轨道系统基础上,通过吸收消化发展形成的;CRTS Ⅱ型双块式无砟轨道与CRTS Ⅰ型双块式无砟轨道相似,都是在水硬性混凝土承载层上铺设双块埋入式无砟轨道,但采用的施工工艺不同。其特点是先灌注轨道板混凝土,然后将双块式轨枕安装就位,通过振动法将轨枕嵌入压实的混凝土中直至到达精确的位置。如图3-60所示。

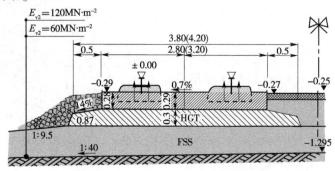

图3-60　路基上CRTS Ⅱ型双块式无砟轨道

第四节　直线轨道几何形位

轨道几何形位是指轨道各部分的几何形状、相对位置和基本尺寸。轨道的几何形位包括轨距、水平、高低、外轨超高和轨底坡。轨道两股钢轨底面应设置一定的轨底坡,使钢轨向内倾斜,以保证锥形踏面车轮荷载作用于钢轨断面的对称轴。钢轨顶面在纵向上应保持一定的平顺度,为行车平稳创造条件。

一、机车车辆走行部分的构造

轨道是机车车辆运行的基础,直接支承机车车辆的车轮,并引导其前进,因而机车车辆走行部分的基本几何形位与轨道的几何形位之间应密切配合。轨道几何形位正确与否,对机车车辆的安全运行、乘客的旅行舒适度、设备的使用寿命和养护费用起着决定性的作用。从轨道几何形位看,影响安全性的因素有轨距、水平、方向、外轨超高等,这些几何形位超限是产生机车车辆掉道、爬轨以及倾覆的直接因素。影响旅行舒适度的因素有轨距、方向、外轨超高顺坡及其变化率、缓和曲线线形、前后高低等,这些几何形位因素直接影响机车车辆的横向及竖向的加速度,产生相应的惯性力,在高速铁道和快速铁路中,随着运行速度的提高,该影响特别显著。影响设备使用寿命和养护费用的几何形位因素包括轨距、轨向、水平、前后高低和外轨超高等,这些因素对钢轨的磨耗和轨道各部件的受力有较大影响,直接影响养护维修的工作量和费用。

机车的走行部分由车架、轮对、轴箱、弹簧装置、转向架及其他部件组成。车辆的走行部分是转向架,由侧架、轴箱、弹性悬挂装置、制动装置、轮对以及其他部件组成。

1. 轮对

轮对是机车车辆走行部分的基本部件,由一根车轴和两个相同的车轮组成,如图3-61所示。轮轴连接部位采用过盈配合,并用轴键固定两轮的相互位置,使轮和轴牢固地结合在一起,轮与轴只能一起转动,绝不允许有任何松动现象发生。

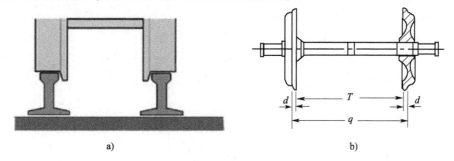

图 3-61 轮对

我国车辆上使用的车轮有整体轮和轮箍轮两种,但绝大多数是整体轮,如图 3-62 所示。轮箍轮的轮箍内径较轮心外径小 1/800~1/1000,将轮箍加热至 300℃左右时,轮箍内径扩大,将轮心镶入,轮箍冷却后即与轮心套死。内燃机车和电力机车动轮的踏面外形和尺寸与车辆轮相同。轮毂是轮与轴互相配合的部分,辐板是连接轮辋与轮毂的部分。

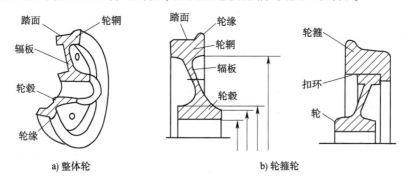

图 3-62 车轮

车轮和钢轨接触的面称为踏面。车轮踏面有锥形踏面和磨耗型踏面两种形式。锥形踏面,如图 3-63 所示。锥形踏面的母线是直线,由 1:20 和 1:10 两段斜坡组成。其中 1:20 的一段经常与钢轨顶面相接触,1:10 的一段仅在小半径曲线上才与钢轨顶面相接触。车轮踏面采用圆锥面,可以减小横向力的影响,增加行车的平稳性,保证踏面磨耗沿宽度方向比较均匀。另外,在直线地段上行驶的车辆,当其偏离轨道中心时,由于左右车轮滚动半径不同,可使轮对自动返回到轨道中线,这样,虽然车轮的轨迹成蛇行运动,但不会在车轮踏面上形成凹槽形磨损;在曲线轨道上行驶的车辆,由于离心力的作用,使轮对靠外轨行驶,外轮以较大的轮径沿外轨滚动,内轮以较小的轮径沿内轨滚动,可以部分弥补内外股钢轨的长度之差,顺利地通过曲线。磨耗型车轮踏面是曲线型踏面,将踏面制成与钢轨顶面基本吻合的曲线形状,增大了轮轨接触面积,可以减轻轮轨磨耗、降低轮轨接触应力并可改善通过曲线的转向性能。

车轮踏面内侧制成的凸缘(如图 3-63 的左侧突起部分),称为轮缘。轮缘可保证车轮沿钢轨滚动时不致脱轨。

车轮内侧的竖直面称为车轮内侧面,车轮外侧的竖直面称为车轮外侧面。车轮内侧面与外侧面之间的距离称为车轮宽度。

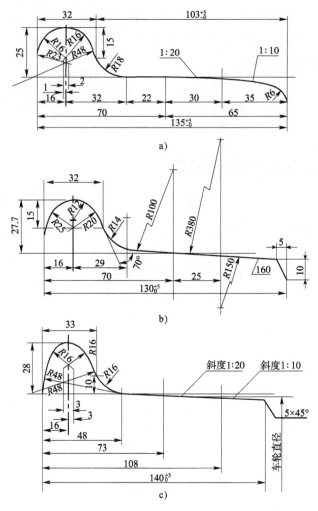

图 3-63 车轮踏面(尺寸单位:mm)

通过踏面上距车轮内侧面一定距离的一点,划一水平线,称为踏面的测量线。由测量线至轮缘顶点的距离称为轮缘高度。由测量线向下 10mm 处量得的轮缘厚度,称为车轮的轮缘厚度。

取踏面上距车轮内侧面一定距离的一点为基点,规定在基点上测量车轮直径及轮箍厚度。

轮对上左右两车轮内侧面之间的距离,称为轮对的轮背内侧距离,这个距离再加上 2 个轮缘厚度称为轮对宽度,如图 3-61 所示。

$$q = T + 2d \tag{3-11}$$

式中:T——轮对的轮背内侧距离(mm);

d——轮缘厚度(mm);

q——轮对宽度(mm)。

2. 转向架

为使车体能顺利通过半径较小的曲线,可把全部车轴分别安装在几个车架上。为防止车轮由于轮对歪斜而陷落于轨道中间,通常将两个或三个轮对用一刚性构架安装在一起,称为转向架(图3-64)。车体放在转向架的心盘上,转向架可相对车体转动。一个转向架上的各个轮对则始终保持平行,不能相对转动。客车与货车的转向架下一般安装两个轮对,称为二轴转向架;内燃、电力机车的转向架下多装有三个轮对,称为三轴转向架;蒸汽机车是将多个动轮固定在一个车架上。

图3-64 转向架示意图

3. 机车车辆轴距

机车车辆的车架或转向架下的车轴数及排列形式称为轴列式。如图3-65所示,同一车体最前位和最后位的车轴中心间的水平距离,称为机车的全轴距($L_{全}$)。为使全轴距较长的机车、车辆顺利通过曲线,将车轴分别安装在几个车架或转向架上。同一车架或转向架上始终保持平行的最前位和最后位车轴中心间的水平距离,称为固定轴距($L_{固}$)。车辆前后两走行部分上车体支承间的距离称为车辆定距($L_{定}$)。应当注意,固定轴距和车辆定距是两个不同的概念;固定轴距是机车车辆能否顺利通过小半径曲线的控制因素,车辆定距是前后两个转向架的中心间距,除长大车外,多在18m之内。

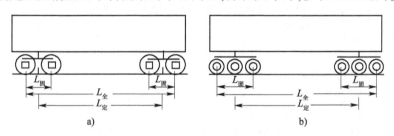

图3-65 全轴距、固定轴距及车辆定距

二、直线轨道的几何形位

轨道的几何形位按照静态与动态2种状况进行管理。静态几何形位是轨道不行车时的状态,采用道尺等工具测量,目前国内外也有现代化静态几何形位采集设备。动态几何形位是行车条件下的轨道状态,采用轨道检查车测量。本书仅介绍轨道几何形位的静态作业验收标准,其余内容可参见《铁路线路维修规则》。

1. 轨距

轨距是钢轨顶面下16mm范围内两股钢轨作用边之间的最小距离。

钢轨头部外形由不同半径的复曲线所组成,钢轨底面设有轨底坡,钢轨向内倾斜,车轮轮缘与钢轨侧面接触点发生在钢轨顶面下10~16mm处。我国《技规》规定轨距测量部位在钢轨顶面下16mm处,如图3-66所示。在此处,轨距一般不受钢轨磨耗和飞边的影响,便于轨道维修工作的实施。

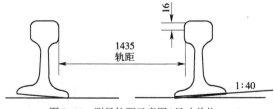

图3-66 测量轨距示意图(尺寸单位:mm)

目前世界上的铁路轨距,分为标准轨距、宽轨距和窄轨距3种。

标准轨距为1435mm。大于标准轨距的称为宽轨距,如 1524mm、1600mm、1670mm,俄罗斯、印度及澳大利亚、蒙古等国采用宽轨距。小于标准轨距的称为窄轨距,如 1000mm、1067mm、762mm、610mm 等,日本既有线(非高速铁路)采用 1067mm 轨距,越南采用 1000mm 轨距。

我国铁路轨距绝大多数为标准轨距,仅在云南省境内尚保留有 1000mm 轨距。台湾省铁路采用 1067mm 轨距。

轨距用道尺或轨检车测量。我国标准轨距容许偏差值为 +6mm 和 -2mm,即宽不能超过 1441mm,窄不能小于 1433mm。轨距变化应和缓平顺,其变化率:正线、到发线不应超过 2‰(规定递减部分除外)。站线和专用线不得超过 3‰,即在 1m 长度内的轨距变化值:正线、到发线不得超过 2mm,站线和专用线不得超过 3mm。因为在短距离内,如轨距有显著变化,即使不超过轨距容许误差,也会使机车车辆发生剧烈摇摆,限制轨距变化率对保证行车平稳是非常重要的。

为使机车车辆能在线路上两股钢轨间顺利通过,机车车辆的轮对宽度应小于轨距。当轮对的一个车轮轮缘紧贴一股钢轨的作用边时,另一个车轮轮缘与另一股钢轨作用边之间便形成一定的间隙,这个间隙称为游间,如图 3-67 所示。游间可由下式确定:

$$\delta = S - q \tag{3-12}$$

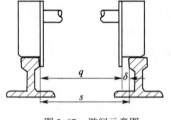

图 3-67 游间示意图

式中:δ——游间(mm);
q——轮对宽度(mm);
S——轨距(mm)。

如果 S_0 是标准轨距,q_0 是正常轮对宽度,那么正常轮轨游间 δ_0 为:

$$\delta_0 = S_0 - q_0 \tag{3-13}$$

轨距和轮对宽度均规定有容许的最大值和最小值。若轨距最大值是 S_{max},最小值是 S_{min},轮对宽度最大值是 q_{max},最小值是 q_{min},那么游间最大值 δ_{max},最小值 δ_{min} 是:

$$\delta_{max} = S_{max} - q_{min} \tag{3-14}$$
$$\delta_{min} = S_{min} - q_{max} \tag{3-15}$$

轮轨游间 δ 的大小,对列车运行的平稳性和轨道的稳定性有重要的影响。如果 δ 太大,则列车运行的蛇行幅度增大,作用于钢轨上的横向力大,动能损失大,会加剧轮轨磨耗和轨道变形,严重时将引起列车脱轨,危及行车安全。如 δ 太小,则增加行车阻力和轮轨磨耗,严重时还可能楔住轮对、挤翻钢轨或导致爬轨事故,危及行车安全。因此,必须对游间值进行限制。我国机车车辆轮轨游间 δ 最大值、正常值及最小值见表 3-3。

轮 轨 游 间 表   表 3-3

车 轮 名 称	轮轨游间 δ 值(mm)		
	最大	正常	最小
机车轮	45	16	11
车辆轮	47	14	9

理论研究与运营实践表明,适当减小轨距,减小 δ 值,会减轻列车的摇摆,减少轮轨磨耗和动能损失,改善行车条件,提高列车运行的平稳性和线路的稳定性。因此,有些国家把轨距适

当减小,如西欧把标准轨距1435mm减小到1433mm或1432mm;苏联也把轨距从1524mm减小为1520mm。根据我国现场测试和养护维修经验,认为减小直线轨距有利。因此,改道时轨距按1434mm或1433mm控制,尽管轨头有少量侧磨发生,但达到轨距超限的时间得以延长,有利于提高行车平稳性,延长维修周期。随着行车速度的日益提高,目前世界上一些国家正致力于通过试验研究的办法以寻求合理的游间值。

2. 水平

水平是指线路左右两股钢轨顶面的相对高差。为保持列车平稳远行,并使两股钢轨均匀受力,直线地段上两股钢轨顶面应保持同一水平。

《铁路线路维修规则》规定:两股钢轨顶面水平的容许偏差,正线及到发线不得大于4mm,其他站线不得大于5mm。

水平用道尺或轨检车测量。线路维修时,两股钢轨顶面水平误差不得超过规定值。两股钢轨顶面的水平偏差值,沿线路方向的变化率不可太大。在1m距离内变化不可超过1mm,否则即使两股钢轨的水平偏差不超过允许范围,也可能引起机车车辆的剧烈摇晃。

实践中有两种性质不同的钢轨水平偏差,对行车的危害程度也不相同。一种偏差是水平差,另一种是三角坑(图3-68)。水平差是指在一段规定的距离内,一股钢轨的顶面始终比另一股高,高差值超过容许偏差值。三角坑是指在一段规定的距离内,先是左股钢轨高于右股,后是右股高于左股,高差值超过容许偏差值,而且两个最大水平误差点之间的距离不足18m。

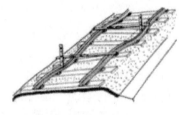

图3-68 三角坑

在一般情况下,超过允许限值的水平差,只是引起车辆摇晃和两股钢轨的不均匀受力,并且导致钢轨不均匀磨耗。但如果在延长不足18m的距离内出现水平差超过4mm的三角坑,将使同一转向架的四个车轮中,只有三个正常压紧钢轨,另一个形成减载或悬空。如果恰好在这个车轮上出现较大的横向力,就可能使悬浮的车轮只能以它的轮缘贴紧钢轨,在最不利条件下甚至可能爬上钢轨,引起脱轨事故。因此,一旦发现三角坑,必须立即消除。

3. 前后高低

轨道沿线路方向的竖向平顺性称为前后高低,新铺或经过大修后的线路,即使其轨面是平顺的,但是经过一段时间列车运行后,由于路基沉陷、道床捣固密实程度、扣件松紧、枕木腐朽和钢轨磨耗的不一致性,也会产生不均匀下沉,造成轨面前后高低不平,这种不平顺,称为静态不平顺。有些地段,从表面上看,轨面是平顺的,但实际上轨底与铁垫板或轨枕之间存在间隙(间隙超过2mm时称为吊板),或轨枕底与道砟之间存在空隙(空隙超过2mm时称为空板或暗坑),或轨道基础的弹性不均匀(路基填筑的不均匀、道床弹性的不均匀等)。当列车通过时,这些地段的轨道下沉不一致,也会产生不平顺。这种不平顺称为动态不平顺。随着高速铁路的发展,动态不平顺已广泛受到关注。

轨道前后高低不平顺,危害很大。列车通过这些地方时,会引起轮轨间的振动和冲击,产生动力增载,即附加动力。这种动力作用加速了道床变形,进而扩大了不平顺,加剧了轮轨的动力作用,形成恶性循环。

一般来说,前后高低不平顺造成的轮轨附加动力,与不平顺的长度成反比,而与其深度成正比。根据试验,连续三个空吊板可以使钢轨受力增加一倍以上。一般来说,长度在 4m 以下的不平顺,将引起机车车辆对轨道产生较大的破坏作用,从而加速道床变形。因此,养护中不允许这种不平顺存在,一旦发现,应在紧急补修中加以消除。

长度在 100~300mm 范围内的轨面不平顺,主要起因于钢轨波浪形磨耗、焊接接头低塌、或轨面擦伤等。通过该处的车轮,形成对轨道的冲击作用,行车速度越高,冲击越大。比如,根据沪宁线混凝土轨枕道床板结地段的一个试验,将钢轨人为地打磨成如图 3-69 所示的不平顺(模拟焊接接头打塌后的形状)。列车以 90km/h 的速度通过时,一个动轮产生的冲击力达到 300kN 左右,接近于 3 倍静轮重。但是,对这种不平顺,往往容易忽视,轨道检查车也不能完全反映出来。

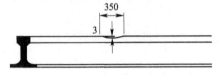

图 3-69 钢轨不平顺(尺寸单位:mm)

经过维修或大修的轨道,要求目视平顺,一股钢轨前后高低偏差用 10m 弦线测量轨面的最大矢度值,正线及到发线不得大于 4mm,其他站线不得大于 5mm。

4. 方向(轨向)

轨道的方向是指轨道中心线在水平面上的平顺性。按照行车的平稳与安全要求,直线应当笔直,曲线应当圆顺。严格地说,经过运营的直线轨道并非直线,而是由许多波长为 10~20m 的曲线所组成,因其曲度很小,偏离中心线不大,故通常不易察觉。若直线不直则必然引起列车的蛇行运动。在行驶快速列车的线路上,线路方向对行车的平稳性具有特别重要的影响。相对轨距来说,轨道方向往往是行车平稳性的控制性因素。只要方向偏差保持在容许范围以内,轨距变化对车辆振动的影响就处于从属地位。

在无缝线路地段,若轨道方向不良,还可能在高温季节引发胀轨跑道事故(轨道发生非常明显的不规则横向位移),严重威胁行车安全。

《铁路线路维修规则》规定:直线方向必须目视平顺,用 10m 弦测量,正线上正矢不超过 4mm;站线及专用线不得超过 5mm。测量方法,如图 3-70 所示。

5. 轨底坡

由于车轮踏面与钢轨顶面主要接触部分是 1:20 的斜坡,为了使钢轨轴心受力,钢轨不应该竖直布设,而应适当向轨道内侧倾斜,因此轨底与轨道平面之间就形成一个横向坡度,称之为轨底坡(图 3-71)。

图 3-70 轨道方向测量示意图

图 3-71 轨底坡示意图

钢轨设置轨底坡,可使其轮轨接触集中于轨顶中部,提高钢轨的横向稳定性,避免或减小钢轨偏载,减小轨腰的弯曲应力,减轻轨头不均匀磨耗,延长钢轨使用寿命。

从理论上讲,轨底坡的大小应与轮踏面的斜度相同,即1:20。我国铁路在1965年以前,轨底坡定为1:20。但在机车车辆的动力作用下,轨道发生弹性挤开,轨枕产生挠曲和弹性压缩,加上垫板与轨枕不密贴,道钉的扣压力不足等因素,实际轨底坡与原设计轨底坡有较大的出入。另外车轮踏面经过一段时间的磨耗后,原来1:20的斜面也接近1:40的坡度。所以1965年以后,我国铁路的轨底坡统一改为1:40。

曲线地段的外轨没有超高,轨枕处于倾斜状态。当其倾斜到一定程度时,内股钢轨中心线将偏离垂直线而外倾,在车轮荷载作用下有可能推翻钢轨。因此,在曲线地段应视其外轨超高值而加大内轨的轨底坡。其调整的范围见表3-4。

内股钢轨轨底坡的调整值 表3-4

外轨超高(mm)	轨枕面最大斜度	铁垫板或承轨槽面倾斜度		
		0	1/20	1/40
0~75	1:20	1:20	0	1:40
80~125	1:12	1:12	1:30	1:17

应当说明,以上所述轨底坡的大小是钢轨在不受列车荷载作用情况下的理论值。在复杂的列车动荷载作用下,轨道各部件将产生不同程度的弹性和塑性变形,静态条件下设置的1:40轨底坡在列车动荷载作用下不一定保持1:40。

轨底坡设置是否正确,可根据钢轨顶面上由车轮碾磨形成的光带位置来判定。如果光带偏离轨顶中心向内,说明轨底坡不足;如果光带偏离轨顶中心向外,说明轨底坡过大;如果光带居中,说明轨底坡合适。线路养护工作中,可根据光带位置调整轨底坡的大小。

第五节 曲线轨道

从轨道平面位置来看,轨道由直线和曲线所组成,一般在直线与圆曲线之间设有一条曲率渐变的缓和曲线相连接。从轨道横断面上来看,直线地段轨道的两股钢轨之间应保持一定的距离,为保证机车车辆顺利通过小半径曲线,曲线轨距应考虑加宽。直线地段轨道两股钢轨的顶面应位于同一水平面。曲线上外轨顶面应高于内轨顶面,形成一定超高度,以使车体重力的向心分力得以抵消其曲线运行的离心力。

一、曲线轨道加宽

机车车辆进入曲线轨道时,仍然存在保持其原有行驶方向的惯性,只是受到外轨的引导作用后才沿着曲线轨道行驶。在小半径曲线,为使机车车辆顺利通过曲线而不致被楔住或挤开轨道,减小轮轨间的横向作用力,以减少轮轨磨耗,轨距要适当加宽。加宽轨距是将曲线轨道内轨向曲线中心方向移动,曲线外轨的位置则保持与轨道中心半个轨距的距离不变。曲线轨距的加宽值与机车车辆转向架在曲线上的几何位置有关。

1. 转向架的内接形式

由于轮轨游间的存在,机车车辆的车架或转向架通过曲线轨道时,可以占有不同的几何位置,即可以有不同的内接形式。随着轨距大小的不同,机车车辆在曲线上可呈现以下四种内接形式:

(1) 斜接

机车车辆车架或转向架的外侧最前位车轮轮缘与外轨作用边接触,内侧最后位车轮轮缘与内轨作用边接触,如图 3-72a)所示。

(2) 自由内接

车辆转向架的外侧最前位车轮轮缘与外轨作用边接触,其他车轮轮缘与钢轨无接触,且转向架后轴位于曲线半径方向,如图 3-72b)所示。

(3) 楔形内接

机车车辆车架或转向架的最前位和最后位外侧车轮轮缘同时与外轨作用边接触,内侧中间车轮的轮缘与内轨作用边接触,如图 3-72c)所示。

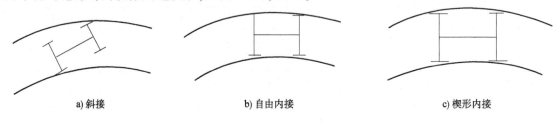

a) 斜接   b) 自由内接   c) 楔形内接

图 3-72 机车车辆通过曲线的内接形式

(4) 正常强制内接

为避免机车车辆以楔形内接形式通过曲线,对楔形内接所需轨距增加 $\delta_{min}/2$,此时转向架在曲线上所处位置称为正常强制内接。

2. 曲线轨距加宽的确定原则

综上所述,机车车辆通过曲线的内接形式,随着轮轨游间大小而定。根据运营经验,以自由内接最为有利,但机车车辆的固定轴距长短不一,不能全部满足自由内接通过。为此,确定轨距加宽必须满足以下原则:

(1) 保证占列车大多数的车辆能以自由内接形式通过曲线;

(2) 保证固定轴距较长的机车通过曲线时,不出现楔形内接,但允许以正常强制内接形式通过;

(3) 保证车轮不掉道,即最大轨距不超过容许限度。

《铁路线路维修规则》规定:新建、改建及线路大修或成段更换轨枕地段,按表 3-5 规定的标准进行曲线轨距加宽。没有按该标准调整前的线路可维持原标准。曲线轨距加宽递减率一般不得大于1‰,特殊条件下,不得大于2‰。

地铁曲线地段轨距加宽值　　　表 3-5

曲线半径 R(m)	加宽值(mm)	
	A 型车	B 型车
250 > R ≥ 200	5	—
200 > R ≥ 150	10	5
150 > R ≥ 100	15	10

3. 曲线轨距加宽递减

曲线轨距加宽的实施是保持外股钢轨的位置与线形不变,里股钢轨向曲线中心内移,以实现其加宽值。

在加宽的曲线轨距与直线轨距之间,需要有一定的过渡段,使轨距递减均匀,能保持较好的轨向。

曲线轨距加宽或递减应采用如下方法:

(1) 曲线轨距加宽应在整个缓和曲线内递减。如无缓和曲线,则在直线上递减,递减率一般不得大于1‰,特殊条件下,不得大于2‰。

(2) 复曲线应在正矢递减范围内,从较大轨距加宽向较小轨距加宽均匀递减。

(3) 两曲线轨距加宽递减,其终点间的直线长度应不短于10m。不足10m时,如直线部分的两轨距加宽相等,则直线部分保留相等的加宽;如不相等,则直线部分从较大轨距加宽向较小轨距加宽均匀递减。

二、曲线轨道外轨超高

机车车辆在曲线上行驶时,由于惯性离心力作用,将机车车辆推向外股钢轨,加大了外股钢轨的压力,使旅客产生不适,货物移位等。因此需要把曲线外轨适当抬高,使机车车辆的自身重力产生一个向心的水平分力,以抵消离心惯性力,达到内外两股钢轨受力均匀和垂直磨耗均匀等,满足旅客舒适感,提高线路的稳定性和安全性。

外轨超高度是指曲线外轨顶面与内轨顶面水平高度之差。在设置外轨超高时,主要有外轨提高法和线路中心高度不变法两种方法。外轨提高法是保持内轨高程不变而只抬高外轨的方法。线路中心高度不变法是内外轨分别各降低和抬高超高值一半而保证线路中心高程不变的方法。前者使用较普遍,后者仅在建筑限界受到限制时才采用。超高示意图,如图3-73所示。

1. 外轨超高度的计算

列车以速度 V 沿半径为 R 的圆曲线运行时,受力如图3-74所示。

图3-73 曲线段轨道平面示意图

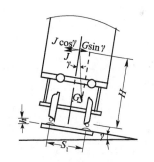

图3-74 外轨超高计算示意图

受力分析如下:

$$J\cos\gamma = G\sin\gamma$$

$$\frac{G}{g}\frac{V^2}{R}\cos\gamma = G\sin\gamma$$

因为 $\gamma \Rightarrow 0$,所以 $\gamma = \sin\gamma = \tan\gamma$

$\tan\gamma = \dfrac{h}{S_1}$,$S_1$ 是钢轨中心线距离,等于1500mm。

所以:
$$h = \frac{S_1 V^2}{gR} = 11.8 \frac{V^2}{R} \tag{3-16}$$

其中 $S_1 = 1500\text{mm}, g = 9.8\text{m/s}^2$。

式中:h——外轨超高值(mm);
$\quad V$——行车速度(km/h);
$\quad R$——曲线半径(m)。

计算结果取 5mm 的整倍数。

公式(3-16)是按某列车以速度 V 通过曲线时推导得到的。实际上,通过曲线的列车种类、列车重量和速度各不相同,为了合理设置超高,公式(3-16)中的列车速度 V 应当采用各次列车的平均速度 V_0,所以有

$$h_0 = 11.8 \frac{V_0^2}{R} \tag{3-17}$$

超高值设置是否合适,在很大程度上取决于平均速度选用是否恰当。平均速度 V_0 按以下方式计算:

(1)既有线:考虑速度和质量的加权平均速度 $V_0 = \sqrt{\dfrac{\sum N_i G_i V_i^2}{\sum N_i G_i}}$

式中:N_i——每昼夜通过的相同速度和牵引质量的列车次数;
$\quad G_i$——各类列车质量;
$\quad V_i$——实测各类列车速度(km/h)。

(2)在客货共线铁路新线设计与施工时,平均速度采用最高设计行车速度的 80% 来计算:

$$V_0 = 0.8 V_{\max} \tag{3-18}$$

代入式(3-17)得:

$$h_0 = 7.6 \frac{V_{\max}^2}{R} \tag{3-19}$$

2. 欠超高

任何一条曲线轨道,均按一定的平均速度设置超高。超高一经设置,便成为一种固定设施。当行驶速度 V 和平均速度 V_0 不一致的列车通过时,实际设置的外轨超高和实际需要的外轨超高不可能完全适应。如果实际需要的外轨超高大于实际设置的外轨超高($V > V_0$),我们说曲线外轨有"欠超高"。此时,离心力 F 大于实际设置超高所提供的向心力,外轨承受偏载,离心力未被平衡,使旅客感觉不舒适。

3. 过超高

任何一条曲线轨道,均按一定的平均速度设置超高。超高一经设置,便成为一种固定设施。当行驶速度 V 和平均速度 V_c 不一致的列车通过时,如果实际需要的外轨超高小于实际设置的外轨超高($V < V_0$),我们说曲线外轨有"过超高"。此时,离心力 F 小于实际设置超高所提供的向心力,内轨承受偏载,向心力在平衡离心力后有多余,使乘客不适。

4. 未被平衡的超高计算

我们将"欠超高"和"过超高",统称为未被平衡的超高。为保证行车安全和乘客舒适,延

长钢轨使用寿命,未被平衡的超高不能超过一定的允许值。当列车以最高速度 V_{max} 通过超高为 h 的曲线时,其最大未被平衡欠超高为:

$$h_{qmax} = h - \frac{S_1}{g}\frac{V_{max}^2}{R} = \frac{S_1}{g}\frac{V_0^2}{R} - \frac{S_1}{g}\frac{V_{max}^2}{R} = \frac{S_1}{g}(a_0 - a_{max}) = -153\Delta a \quad (3-20)$$

式中,右边的负号表示欠超高。同理可得最大的过超高为:

$$h_{gmax} = h - \frac{S_1}{g}\frac{V_{min}^2}{R} = \frac{S_1}{g}\frac{V_0^2}{R} - \frac{S_1}{g}\frac{V_{min}^2}{R} = \frac{S_1}{g}(a_0 - a_{min}) = \frac{S_1}{g}\Delta a = 153\Delta a \quad (3-21)$$

式中:$h_{qmax}(h_{gmax})$——最大欠(过)超高(mm);

a_{max}——最大离心加速度(m/s^2);

a_{min}——最小离心加速度(m/s^2);

a_0——列车以平均速度通过曲线时的离心加速度(m/s^2);

Δa——未被平衡的离心加速度(m/s^2)。

由试验可知,未被平衡的离心加速度与旅客乘车舒适度之间的关系大致如表3-6所示。

未被平衡的离心加速度与旅客乘车舒适度 表3-6

$\Delta a(m/s^2)$	多数旅客乘车舒适度
0.40	基本感觉不出来,意识不到在曲线上运行
0.50	有感觉,但能适应
0.60	感觉有横向力,比较容易克服
0.73	明显感觉有横向力,但还能克服
0.87	感觉有较大横向力,需有意识才能保持平衡
1.00	感觉有很大横向力,站立不稳,不能行走

当 Δa 取 $0.4m/s^2$ 时能满足旅客舒适度的要求,此时 $\Delta h_{max} = 61mm$,各城市地铁由于行车速度不同,允许最大未被平衡的超高度不完全一致,以北京地铁为例:允许最大未被平衡的超高度为60mm。《地铁设计规范》(GB 50157—2013)规定未被平衡超高允许值不宜大于61mm,困难时不应大于75mm。

《铁路线路修理规则》规定:未被平衡欠超高一般不应大于75mm,困难情况下不应大于90mm;但允许速度大于120km/h线路个别特殊情况下已设置的90~110mm的欠超高可暂时保留,但应逐步改造。未被平衡的过超高不得大于30mm,困难情况下不应大于50mm;允许速度大于160km/h的线路个别情况下不应大于70mm。

客运专线的未被平衡的离心加速度容许值为 a 取 $0.3 \sim 0.45 m/s^2$,相应的未被平衡超高值为40~70mm。

根据上述允许最大未被平衡的超高度 Δh 的规定,通过超高为 h 曲线的最高允许行车速度 V_{max},可按下式进行检算:

$$V_{max} = \sqrt{\frac{(h + \Delta h)R}{11.8}} \quad (3-22)$$

式中:V_{max}——通过曲线的最高行车速度(km/h);

h——按平均速度设置的超高度(mm);

Δh——允许最大未被平衡超高度(mm);

R——曲线半径(m)。

【例题 3-1】 已知地铁某线路曲线半径为 800m,测得通过该段线路列车的速度分别为 67km/h、58km/h、63km/h、62km/h、70km/h。

计算:(1)所需的外轨超高度为多少?

(2)该线路允许通过的最大行车速度是多少?

【解】（1）平均速度:

$$V_0 = \frac{67+58+63+62+70}{5} = 64\text{km/h}$$

超高:

$$h = \frac{11.8V_0^2}{R} = 60.4\text{mm} \text{ 取 } h = 60\text{mm}$$

外轨超高检算:

$$h_{高} = \frac{11.8 \times 70^2}{800} = 72.3\text{mm}$$

未被平衡的超高为

$$\Delta h = 72.3 - 60 = 12.3\text{mm} < 61\text{mm}$$

$$h_{低} = \frac{11.8 \times 58^2}{800} = 49.6\text{mm}$$

$$\Delta h = 60 - 49.6 = 10.4\text{mm} < 61\text{mm}$$

所以,外轨超高值 $h = 60$mm 满足要求。

(2)允许通过的最大行车速度:

$$V_{max} = \sqrt{\frac{(h+\Delta h)R}{11.8}} = \sqrt{\frac{(60+61) \times 800}{11.8}} = 91\text{km/h}$$

5. 按安全条件限制最大超高

《地铁设计规范》(GB 50157—2013)规定曲线地段超高的最大限度不得超过 120mm。

《铁路线路修理规则》规定:实设最大超高,在单线上不得大于 125mm,在双线上不得大于 150mm。

客运专线铁路行车速度高,且列车多采用动车组,车辆平稳性和舒适性较普通列车要高,因此我国目前在制定高速客运专线相关标准时,实设超高允许值取 170~180mm。

三、超高顺坡

在纵断面上,外轨超高顺坡的形状有 2 种形式(图 3-75):(1)直线形;(2)曲线形。

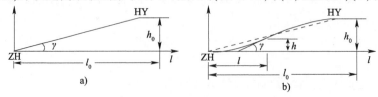

图 3-75 2 种类型超高顺坡示意图

1. 直线形超高顺坡

列车经过直线顺坡的缓和曲线始点和终点时,由于存在折角,对外轨都会产生冲击。在行车速度不高,超高顺坡相对平缓时,列车对外轨的冲击不大,可以采用直线形超高顺坡。直线形超高顺坡的缓和曲线,在始点处 $\rho = \infty$,终点处 $\rho = R$,即可满足曲率与超高相配合的要求。

2. 曲线形超高顺坡

当行车速度较高时,为了消除列车对外轨的冲击作用,应采用曲线形超高顺坡。其几何特征是缓和曲线始点及终点处的超高顺坡倾角 $\gamma = 0$。

四、缓和曲线长度

缓和曲线的长度影响行车安全和旅客乘车的舒适度,因此缓和曲线长度的确定常从保证行车安全和保证旅客乘坐的舒适两个方面来考虑,一般情况下后者是控制因素。

(1) 按安全条件确定缓和曲线长度

曲线外轨超高沿缓和曲线顺坡,因而内外轨不在一个平面上,缓和曲线上的轨道平面发生了扭曲,顺坡坡度越大,扭曲越厉害。转向架的各个轮对,内侧车轮走在平面上,外侧车轮走在斜面上,如图 3-76 所示。但由于转向架的约束,各个车轮只能位于同一平面上,若后端轮对的内外两轮都紧贴轨面,前端轮对的外轮也紧贴轨面,则前轮对的内轮就会悬浮在轨面上,这个悬浮高度不应大于最小轮缘高度。为保证安全,应使车轮轮缘不爬越内轨顶面。

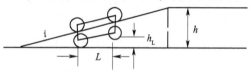

图 3-76 转向架在缓和曲线上的示意图

设外轨超高顺坡坡度为 i,最大固定轴距为 L_{max},则车轮离开内轨顶面的高度为 iL_{max}。当悬空高度大于轮缘最小高度 K_{min} 时,车轮就有脱轨的危险。因此必须保证:

$$iL_{max} \leq K_{min}$$
$$i \leq \frac{K_{min}}{L_{max}} \tag{3-23}$$

式中:i——外轨超高顺坡坡度。

由于车轮悬浮时,只有轮缘侧面与钢轨侧面接触,若考虑轨道变形、轮轨接触面斜度的变化及横向力的作用,推算出的车轮悬浮高度应不大于 6.71mm。如客车"202"转向架固定轴距 $L = 2.4$m,则超高顺坡的坡度 i 为:

$$i = \frac{6.71}{2400} = 2.8‰$$

考虑必要的安全系数,一般超高顺坡坡度应不大于 $i_0 = 2‰$。由外轨超高顺坡坡度 i_0 及圆曲线外轨超高 h_0,可算出必需的缓和曲线长度 l_0 应为:

$$l_0 \geq \frac{h_0}{i_0} \tag{3-24}$$

(2) 按舒适条件确定缓和曲线的长度

舒适条件是指外轮升高(或降低)的速度和未被平衡的加速度的变化率对旅客乘坐舒适度的影响。

①外轮升高(或降低)速度的限制条件

行驶在缓和曲线上的车辆,其外轮一边前进,一边升高(或降低),车体发生扭转,使乘客感到不适应。所以外轮的升高速度 μ(或称超高时变率),不应超过某一规定值 u_0。当车辆以曲线上容许的最高速度 V_{max} 行驶时,外轮升高速度 μ 应满足下式:

$$u = \frac{h_0}{t} = \frac{h_0 V_{max}}{3.6 l_0} \leq u_0$$

$$l_0 \geq \frac{h_0}{3.6 u_0} V_{max} \tag{3-25}$$

式中:V_{max}——通过曲线的最高行车速度(km/h);
h_0——圆曲线外轨超高(mm);
l_0——缓和曲线长度,相当于直线形顺坡缓和曲线长度(m);
u_0——容许的升高(或降低)速度(mm/s)。

我国根据长期运营实践,u_0 值在一般情况下采用 32mm/s;困难地段采用 40mm/s。由于式(3-25)计算结果偏差大,故《铁路线路设备大修规则》规定:缓和曲线长度 l_0 一般地段:

$$l_0 \geq 9 h_0 V_{max} \tag{3-26}$$

特别困难地段:

$$l_0 \geq 7 h_0 V_{max} \tag{3-27}$$

式中:l_0——缓和曲线长度(m);
h_0——圆曲线外轨超高(m);
V_{max}——容许最高行车速度(km/h)。

②未被平衡的离心加速度变化率(或称加速度的时变率)的限制条件

缓和曲线上未被平衡的离心加速度为 a,a 不仅与实际行车速度和设置超高时所用的平均速度的差异有关,而且与曲率的改变有关。从直线进入缓和曲线后,曲率半径越来越小,未被平衡的加速度越来越大,加速度随时间的变化率 γ(时变率)应不大于某一规定值,以满足旅客舒适的要求,即:

$$\gamma = \frac{a}{t} = \frac{a}{3.6 l_0} = \frac{a V_{max}}{3.6 l_0} \leq \gamma_0$$

$$l_0 \geq \frac{a V_{max}}{3.6 \gamma_0} \tag{3-28}$$

式中:a——缓和曲线上未被平衡的离心加速度(m/s²);
V_{max}——通过曲线的最高行车速度(km/h);
γ_0——容许的未被平衡离心加速度的时变率(m/s³);
l_0——缓和曲线长度(m)。

欠超高 Δh 与未被平衡的加速度 a 的关系为:

$$\Delta h = 153 \Delta a$$

将上式代入式(3-28)得:

$$l_0 \geq \frac{\Delta h V_{max}}{153 \times 3.6 \gamma_0} \tag{3-29}$$

据铁道科学研究院研究,γ_0 的值一般取 0.29m/s^3;困难时取 0.34m/s^3。

(3)线路设计规范对缓和曲线长度的规定

公式(3-29)所限制的条件,只对高速铁路缓和曲线的长度起作用。因此,在我国铁路上,客货混跑线路常以前两个条件进行讨论,在公式(3-27)和公式(3-28)计算出的值中取较大者。若为高速铁路,则应考虑全部 3 个条件,缓和曲线长度应取公式(3-27)和公式(3-28)和公式(3-29)的最大值。为铺设和维修的方便,将计算结果取 10m 的整数倍。若运营线上原设缓和曲线比计算选用的长度还要长,则采用原来的长度;若原长度不足则应予以延长。

复习思考题

1. 铁路轨道主要是由哪几部分组成的?
2. 钢轨类型是怎样表示的?我国铁路钢轨标准类型有哪几种?钢轨标准长度是多少?
3. 钢轨接头连接零件有哪些?常用的接头连接形式有哪几种?
4. 使用接头螺栓有什么要求?
5. 某地区最高轨温为 50℃,最低轨温为 -10℃,铺设 60kg/m、25m 标准轨;若施工时轨温为 28℃,试确定预留轨缝的大小。
6. 道床断面有哪几个主要特征?对道床材料有什么要求?
7. 轨道爬行的原因有哪些?轨道的爬行会产生什么危害?如何防止轨道的爬行?
8. 防爬设备的安装有什么规定?对防爬支撑有什么要求?
9. 普通单开道岔由哪几部分组成?其功用是什么?
10. 普通单开道岔的尖轨有哪几种类型?
11. 简述直线轨道几何形位及其特征。
12. 简述轨道超高设置的目的和方法。
13. 如何限制未被平衡的加速度?
14. 如何确定缓和曲线的长度?
15. 已知地铁某线路曲线半径为 800m,测得通过该段线路列车的速度分别为 67km/h、58km/h、63km/h、62km/h、70km/h。

    计算:(1)所需的外轨超高度为多少?

    (2)该线路允许通过的最大行车速度是多少?
16. 某曲线轨道,设曲线半径为 300m,超高为 125mm,最高行车速度为 72km/h,曲线上设置三次抛物线缓和曲线,已知缓和曲线外轨超高顺坡率为 2‰,车轮在外轨上的提升速度为:$\mu = 32\text{mm/s}$。试计算缓和曲线长度。

第四章 轨道交通车站

> **教学目标**
> 1. 了解车站组成；
> 2. 了解车站文化形成因素；
> 3. 熟悉车站各部分的功能；
> 4. 熟悉城市轨道交通换乘方式；
> 5. 掌握车站的类型。

第一节 城市轨道交通车站概述

车站是城市轨道交通路网中一种重要的建筑物。它是供旅客乘降、换乘和候车的场所，应保证旅客使用方便、安全、迅速地进出站，并有良好的通风、照明、卫生、防灾设备等，给旅客提供舒适、清洁的环境。车站应容纳主要的技术设备和运营管理系统，从而保证城市轨道交通的安全运行。

车站又是城市建筑艺术整体的一个有机部分，一条线上各车站在结构和建筑艺术上，应既要有共性，又要有各自的个性。

城市轨道交通运营的社会效益、经济效益的高低，在很大程度上取决于车站位置的选择、设计得合理与否及设备的配置。轨道交通车站设计时，首先是确定车站在现有城市轨道交通路网中的确切位置，这涉及城市规划和线路总体方案设计；车站位置确定后，根据客流量及其站位特点确定车站规模、平面布置、合理的站内客流流线、地面客流吸引、交通方式间的换乘便捷等综合考虑。

一、车站组成和功能

车站一般包括车站主体、出入口及通道、通风道及风亭(地下)和其他附属建筑物，如图 4-1 所示。

(一)车站主体

车站主体根据功能的不同，可分为乘客使用空间和车站用房 2 大部分。

1. 乘客使用空间

乘客使用空间又可分为非付费区和付费区，如图 4-2 所示。

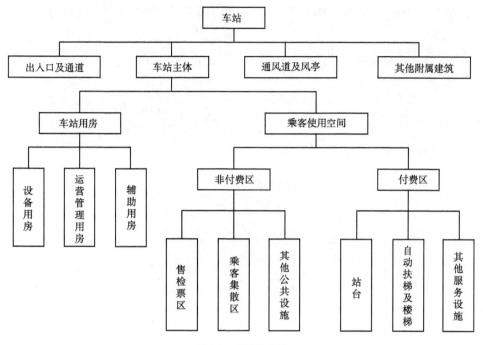

图 4-1 车站的组成

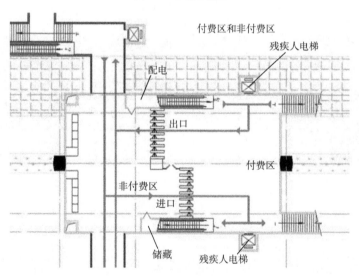

图 4-2 车站非付费区和付费区平面布置

非付费区是乘客购票未正式进入站台前的流动区域。它一般应有一定的空间,供设售检票设施。根据需要还可设银行、公用电话、小卖部等设施(图4-3)。非付费区的最小面积一般可以参照能容纳高峰小时5min内可能聚集的客流量的水平来推算。

付费区包括部分站厅、站台、楼梯和自动扶梯等,它是为停车和乘客乘降提供服务的设施,如图4-4所示。

乘客使用空间是车站设计的重点,它对车站类型、总平面布局、车站平面、结构横断面形式、功能是否合理、面积利用率、客流路线组织等设计有较大的影响,设计时要注意客流流线的

图 4-3　车站非付费区

图 4-4　车站付费区

合理性，以保证乘客方便、快捷地出入车站。

（1）站厅

站厅的作用是将从车站出入口进入的乘客迅速、安全、方便地引导到站台上乘车，或将下车的乘客同样引导至车站出入口，离开车站。对乘客来说，站厅是上、下车的过渡空间。乘客一般要在站厅内办理上、下车手续，因此，站厅内需要设置售票、检票、问询等为乘客服务的各种设施。同时，站厅层内设有地铁运营设备、管理用房和升降设备，起到组织和分配客流的作用。

站厅的位置与车站埋深、客流集散情况、所处环境条件等因素有关。站厅设计得合理与否，将会直接影响到车站使用效果及站内的管理和秩序。站厅的布置与车站类型、站台形式及布置关系密切。

站厅的布置有以下 4 种方式（图 4-5）：

①站厅位于车站一端——这种布置方式常用于终点站,且车站一端靠近城市主要道路的地面车站,如图4-5a)所示。

②站厅位于车站两侧——这种布置方式常用于侧式车站,一般用于客流量不大的车站,如图4-5b)所示。

③站厅位于车站两端的上层或下层——这种布置方式常用于地下岛式车站及侧式车站站台的上层,高架车站站台的下层。客流量较大者多采用,如图4-5c)所示。

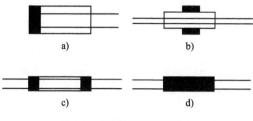

图4-5　车站站厅布置示意

④站厅位于车站上层——这种布置方式常用于地下岛式车站及侧式车站。常运用于客流量很大的车站,如图4-5d)所示。

站厅设计时,按照车站运营和合理组织客流的需要,一般将站厅划分为付费区和非付费区两大区域。其中付费区是指乘客需经购票、检票后方可进入的区域;非付费区也称免费区或公用区,乘客可以在本区内自由通行。

付费区内设有通往站台层的楼梯、自动扶梯、补票处,在换乘车站,尚须设有通向另一车站的换乘通道。非付费区内设有售票、问询、公用电话等,必要时,可增设金融、邮电、服务业等机构。其中,售票口和自动售票机设置的位置与站内客流路线组织、出入口位置、楼梯及自动扶梯的布置有密切关系,一般应沿客流进站方向纵向设置,布设在便于购票、比较宽敞的地方,尽量减少与客流路线的交叉和干扰。

进、出站检票口(机)应分设在付费区与非付费区之间的分界线上,且应垂直于客流方向。为了分散进、出站客流,避免相互干扰拥挤,通常进站检票口(机)布置在通往站台下行客流方向的一侧;出站检票口(机)布置在站台层上行客流方向的一侧,宜靠近出入口。检票口(机)处宜设监票亭,便于对乘客进行监督和检查。需要补票的乘客可到设在付费区内的补票处办理补票手续。如站厅位于整个车站上层时,应沿站厅一侧留一条通道,使站厅两端非付费区之间便于联系。

站厅面积一般除考虑正常所需购票、检票及通行面积外,还需考虑乘客作短暂停留及特殊情况下紧急疏散等,并留有适当余地。

站厅内车站用房宜集中设置,便于联系与管理,与乘客有联系的房间如售票、问询、站长室、公安室等应面向或临近非付费区。

(2)站台

站台是乘客乘车及上、下车的地方。

①站台形式

站台形式有岛式站台、侧式站台和岛、侧混合式站台3类。

岛式站台的站台位于上下行线的中间,如图4-6所示。

侧式站台的站台位于线路两侧,如图4-7所示。

岛、侧混合式站台是岛式站台和侧式站台的组合,如图4-8所示。

②站台长度

站台长度分为站台总长度和站台有效长度2种。

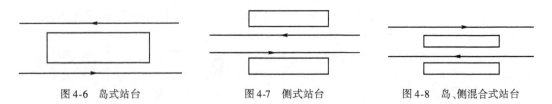

图 4-6　岛式站台　　　　图 4-7　侧式站台　　　　图 4-8　岛、侧混合式站台

站台总长度是包含了站台有效长度和所设置的设备、管理用房及迂回风道(指采用闭式系统时)等总的长度,即车站规模长度。

站台有效长度即站台计算长度,其量值为远期列车编组有效使用长度加停车误差。

站台有效使用长度:无屏蔽门的站台指首末两节列车驾驶室门之间长度;有屏蔽门的站台为首末两节列车不包括驾驶室门的屏蔽门所围长度。

停车误差:允许列车停车的理论位置与实际位置的偏差。目前我国地铁设计范围中规定为 1~2m。当采用屏蔽门时须控制在 ±0.3m 范围内。

③站台宽度

站台宽度根据车站远期预测高峰小时客流量、列车运行间隔时间、结构横断面形式、站台形式、楼梯及自动扶梯位置等因素计算确定。我国目前现行的规范和标准对站台宽度尚无统一计算方法。

岛式站台宽度(最小 8m)包含了沿站台纵向布置的楼梯(自动扶梯)的宽度、结构立柱(或墙)的宽度和侧站台宽度(最小 2.5m)。

侧式站台宽度,可分为 2 种情况:

a. 沿站台纵向布设楼梯(自动扶梯)时,则站台总宽度由楼(扶)梯的宽度、设备和管理用房所占的宽度(移出站台外侧则不计宽度)、结构立柱(或墙)的宽度和侧站台宽度等组成(最小 2.5m)。

b. 通道垂直于站台长度方向布置时,楼梯(自动扶梯)均布置在通道内,则站台总宽度包含设备和管理用房所占的宽度、结构立柱(或墙)的宽度和侧站台宽度等组成(最小 3.5m)。

④站台高度

站台高度是指沿线路走行轨顶面至站台地面的高度,与车型有关。站台实际高度是指线路走行轨下面底板面至站台地面的高度。站台与车厢底板面同高,称为高站台;站台比车厢地板面低 1~2 个台阶,称为低站台。

2. 车站用房

车站用房包括运营管理用房、设备用房和辅助用房 3 部分。

(1)运营管理用房是车站运营管理人员使用的办公用房,主要包括站长室、行车值班室、业务室、广播室、会议室和公安保卫室等。

(2)设备用房是为保证列车正常运行、保证车站内良好环境条件和在灾害情况下乘客安全所需要的设备用房,主要包括通风与空调用房、变电所、综合控制室、防灾中心、通信机械室、信号机械室、自动售检票室、冷冻站、配电室、公共区用房等。

(3)辅助用房是为保证车站内部工作人员正常工作和生活所设置的用房,主要包括卫生间、更衣室、休息室、茶水间等。

车站用房应根据运营管理需要设置,在不同车站只配置必要房间,尽可能减少用房面积,以降低车站投资。表 4-1 所示为车站行车、管理、技术用房面积参考表。

车站行车、管理、技术用房面积参考表　　　表 4-1

房间名称	参考面积（m²）	位　置
站长室	10～15	站厅层、靠近控制室
车站控制室	25～35	站厅层客流大的一端
站务室	10～15	站厅层
会计室	20～30	站厅层
会议室	15～30	站长室附近
行车主值班室	15～20	不设车站控制室时设在站厅层
行车副值班室	8～10	站台层
安全保卫室	10～20	站厅层客流量大的一端
工作人员休息室	2×15	无要求
更衣室	2×15	无要求
清扫员室	8	站厅层
清扫工具间	2×6	站厅、站台各一处
开水间	10～15	站台层
厕所	2×8	站台层
售票处	2×6	站厅层
问讯	2×3	靠近售票处
补票处	2×3	站厅层付费区内
乘务员休息室	10～15	无要求
工区	10～15	按需要设置
牵引变电所	320～460	设在站台层
牵引变电所	130～210	一般在站台层
环控及通风机室	1300～2000	站厅层两端或站台层
通信机械室	30～35	靠近车站控制室
信号机械室	30～35	靠近车站控制室
防灾控制室	15～20	靠近车站控制室或与它合并
消防泵房	50	设在方便消防人员使用处
污水泵房	20	厕所附近
废水泵房	20	站台端部

（二）出入口及通道

1. 地面出入口位置选择

地面出入口是乘客由地面进入车站或由车站上到地面的通道。选择的位置应满足城市规划及交通的要求，应选择人流集中的地点，出入口尽量与城市过街地道相结合，与地下商场、公共建筑楼群相连通，并且标志醒目；出入口可以是单独的建筑（图 4-9），也可以与其他公共建筑物合并使用出入口（图 4-10），以方便乘客和过街行人。

图 4-9　单独地铁车站出入口

图 4-10　地铁车站与公共建筑共用出入口

2. 出入口布置方式

出入口布置方式有"T"形,"L"形和"—"形,如图 4-11 所示。

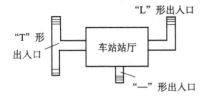
图 4-11　出入口布置方式示意图

3. 出入口通道数目及宽度

地面出入口通道数目视客运量与地面条件而定,但应满足出入口通过能力总和大于该站远期高峰流量的要求。一般情况下每一车站出入口不宜少于 4 处,分期修建和规模小的车站不得少于 2 处。站厅与站台的联络通道一般不少于两处(岛式站台每端各一处,侧式站台每侧各一处)。

出入口和通道的宽度由所需通过的客流量计算确定,单个通道或出入口宽度不小于 2m,通道净空高度在 2.5m 左右。

(三) 通风道及风亭

轨道交通车站由于四周封闭,客流量大,机电设备多,站内湿度较大,空气较污浊,为了及时排除车站内的污浊空气,给乘客创造一个舒适的环境,需在轨道交通车站内设置环控系统即通风与空调系统。

早期国内外修建的地铁工程,大多采用自然通风方式即利用地面风、列车活塞风、站内外温差等来与地面空气进行交换,但这种通风方式效率比较有限,通风效果不好。随着社会的发展和科学技术的进步,在近期国内外修建的轨道交通车站中,逐步采用了以机械通风为主的通风方式,普遍采用了环控设备,车站内温度、湿度得到了控制,地下环境得到了很大的改善。但环控设备的增加,势必会导致增大车站规模。为了控制车站规模,缩短轨道交通车站的总长度,节约投资,部分环控设备可设在通风道内。

车站通风道的数量取决于当地条件、车站规模、温湿度标准等因素,按环控要求计算确定。轨道交通车站一般设 2 个通风道,如轨道交通车站附设有地下商场等公用设施,应根据具体情况增设通风道。

车站通风道的平面形式及断面尺寸应根据环控要求、车站所在地的环境条件、道路及建筑物设置情况等因素综合考虑决定。站内通风管道位置一般设在车站吊顶内或站台层站台板下的空间内。车站附属用房设局部通风。

地面风亭是通风道在地面口处的建筑物,作用是新鲜空气采集及排风。地面通风亭一般均设有顶盖及围护墙体,墙上设一道门,供运送设备使用。通风亭上部设通风口,风口外面设金属百叶窗(图4-12)。通风口下缘距地面的高度一般不小于2m,特殊情况下通风口可酌情降低,但不宜小于0.5m。位于低洼及临近水面的通风亭应考虑防水淹设施。

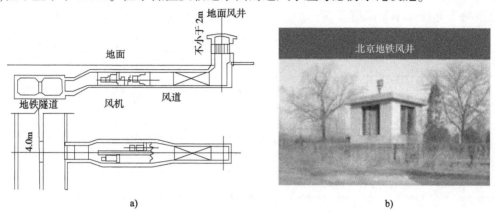

图4-12 通风道及风亭布置示意图

地面通风亭的大小主要根据通风量及风口数量决定。地面通风亭位置应选在空气良好无污染的地方,可设计成独建式或合建式,并尽量与周围环境相协调。城市道路旁边的地面通风亭,一般应设在建筑红线以内。地面通风亭与周围建筑物的距离应符合防火间距的规定,其间距不应小于6m。进风口和排风口之间应保持一定距离,如果进风口和排风口之间水平距离小于5m,其高差不应小于3m;如果进风口和排风口之间的水平距离大于5m,高差可不作规定。

(四)人行楼梯、自动扶梯、电梯、屏蔽门

1. 人行楼梯、自动扶梯

乘客使用的人行楼梯采用26°34′倾角比较适宜。其宽度单向通行时不小于1.8m,双向通行时不小于2.4m。当宽度大于3.6m时,应考虑设置中间扶手。设计楼梯宽度时,应尽量采用550cm和600cm建筑模数。

2. 电梯

目前用于车站内的电梯有"无机房曳引电梯和有机房液压电梯"2种。考虑到液压电梯其机房占用一定的车站面积,故往往优先采用无机房曳引电梯。

3. 屏蔽门

《地铁设计规范》(GB 50157—2013)规定,若夏季当地最热月平均温度超过25℃,且地铁高峰时间内每小时行车对数和列车编组节数的乘积大于180时,可采用空调系统。空调系统可选择闭式系统或屏蔽门系统。由于屏蔽门系统除了能起到缩小车站规模、节能外,尚能改善车站环境(减少噪声、尘埃),同时能提高乘客在站台上候车时的安全性。

二、车站的规模

车站规模主要指车站站台外轮廓尺寸、层数及用房面积的大小等。在进行车站总体布局之前,一般要确定车站规模,而车站规模主要根据本站远期预测高峰客流量、所处位置的重要性、站内设备和管理用房面积及该地区远期发展规划等因素综合考虑确定。其中客流量大小是一个重要因素。

车站规模一般分为3个等级,在大城市中,车站规模按3个等级设置;在中等城市中,其规模可以设两个等级。车站规模等级适用范围见表4-2。

车站规模等级适用范围　　　　　　　　　　　　　　　表4-2

车站规模	适用范围
大型站(甲级站)	通用于客流量大,地处市中心区的大型商贸中心、大型交通枢纽中心、大型集会广场、大型工业区及位置重要的政治中心地区
中型站(乙级站)	适用于客流量较大,地处较繁华的商业区、中型交通枢纽中心、大中型文体中心、大型公园及游乐场、较大的居住区及工业区
小型站(丙级站)	适用于客流量不大的地区

第二节　轨道交通车站的类型

一、城市轨道交通车站的类型

城市轨道交通车站按其所处位置、埋深、运营性质、结构横断面形式、站台形式和换乘方式的不同可进行不同分类。

(一)按车站与地面的相对位置分类

按车站与地面的相对位置,可以分为地下车站、地面车站和高架车站,如图4-13所示。

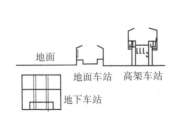

a)示意图

b)地面车站

c)地下车站

d)高架车站

图4-13　车站与地面相对位置

(二)地下车站按车站埋深分类

地下车站按车站埋深,可以分为浅埋车站、中埋车站和深埋车站。

1. 浅埋车站

浅埋车站,轨顶至地表距离小于15m,一般采用明挖法或盖挖法施工。

2. 中埋车站

中埋车站,轨顶至地表距离为15~25m,采用暗挖法施工。

3. 深埋车站

深埋车站,轨顶至地表距离大于25m,采用暗挖法施工。

(三)高架车站按站桥结构形式分类

高架车站,按车站与高架桥的结构是否合一而造,可以分为如图4-14所示的2种类型。

(1)站桥合一结构车站:高架车站的结构和站内轨道结构是做在一起的。

(2)站桥分离结构车站:站内轨道结构和线路高架桥的结构是连通的。

a)上海二号线站桥合一结构方案　　　b)上海五号线站桥分离结构方案

图4-14　高架车站结构

(四)按车站运营性质分类

按车站运营性质,可以分为中间站、区域站、换乘站、枢纽站、联运站、终点站(图4-15)。

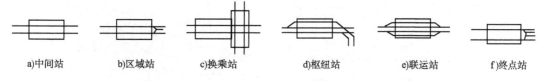

a)中间站　　b)区域站　　c)换乘站　　d)枢纽站　　e)联运站　　f)终点站

图4-15　车站分类示意图

(1)中间站(即一般站):仅供乘客上、下车之用,功能单一,是地铁路网中数量最多的车站。

(2)区域站(即折返站):是设在两种不同行车密度交界处的车站,设有折返线和设备。区域站兼有中间站的功能。

(3)换乘站:是位于两条及两条以上线路交叉点上的车站。它除了具有中间站的功能外,更主要的是它还可以从一条线上的车站通过换乘设施转换到另一条线路上的车站。

(4)枢纽站:是由此站分出另一条线路的车站,该站可接、送两条线路上的乘客。

(5)联运站:是指车站内设有两种不同性质的列车线路进行联运及客流换乘。联运站具有中间站及换乘站的双重功能。

(6)终点站:是设在线路两端的车站,就列车上、下行而言,终点站也是起点站(或称始发站);终点站设有可供列车全部折返的折返线和设备,也可供列车临时停留检修。如线路远期延长后,则此终点站即变为中间站。

(五)按车站结构形式分类

高架车站的结构基本上是以框架结构为主。地下车站结构横断面形式主要根据车站埋深、工程水文地质条件、施工方法、建筑艺术效果等因素确定。在选定结构横断面形式时,应考虑到结构的合理性、经济性、施工技术和设备条件。

车站结构横断面形式,主要有矩形、拱形、圆形、马蹄形和椭圆形等。

1. 矩形断面

矩形断面是车站中常选用的形式,一般用于浅埋车站。车站可设计成单层、双层或多层;跨度可选用单跨、双跨、三跨及多跨的形式(图4-16)。

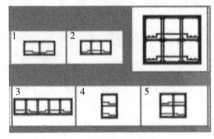 

a)矩形断面示意图　　b)巴黎市政府站——矩形断面

图4-16　矩形断面

2. 拱形断面

拱形断面多用于深埋车站,有单拱和多跨连拱等形式。单拱断面由于中部起拱,高度较高,两侧拱脚处相对较低,中间无柱,因此建筑空间显得高大宽阔,如建筑处理得当,常会得到理想的建筑艺术效果(图4-17)。

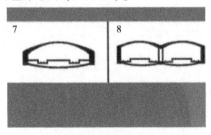 

a)拱形断面示意图　　b)巴黎大学站——拱形断面

图4-17　拱形断面

3. 圆形断面

圆形断面用于深埋盾构法施工的车站,如图4-18所示。

4. 其他类型断面

其他类型断面有马蹄形、椭圆形等,如图4-19所示。

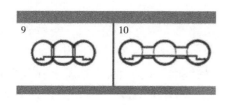 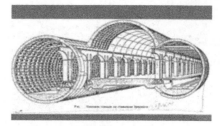

a)圆形断面示意图　　　　　　　　b)圆形断面车站

图 4-18　圆形断面

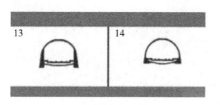 

a)其他类型断面示意图　　　　　b)广州越秀公园站——马蹄形断面

图 4-19　马蹄形、椭圆形断面

(六)按车站站台形式分类

按车站的站台形式,可将车站分为岛式车站、侧式车站和岛、侧混合式车站3类,如图4-20所示。

a)岛式车站　　　b)侧式车站　　　c)岛、侧混合式车站

图 4-20　按车站的站台形式分类

1.岛式站台

站台位于上、下行行车线路之间,这种站台布置形式称为岛式站台。具有岛式站台的车站称为岛式站台车站(简称岛式车站),如图4-21所示。岛式车站是常用的一种车站形式。岛式车站具有站台面积利用率高、能灵活调剂客流、乘客中途改变乘车方向方便、车站管理集中、站台空间宽阔等优点,因此,一般常用于客流量较大的车站。

 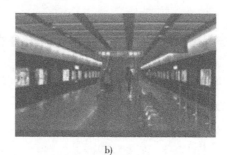

a)　　　　　　　　　　　　　　b)

图 4-21　岛式车站

2. 侧式站台

站台位于上、下行行车线路的两侧,这种站台布置形式称为侧式站台。具有侧式站台的车站称为侧式站台车站(简称侧式车站),如图 4-22 所示。侧式车站也是常用的一种车站形式。侧式车站站台上下行乘客可避免相互干扰,正线和站线间不设喇叭口,造价低,改建容易,但是站台面积利用率低,不可调剂客流,中途改变乘车方向须经地道或天桥,车站管理分散,站台空间不及岛式宽阔,因此,侧式站台多用于两个方向客流量较均匀(或流量不大)的车站及高架车站。

a) b)

图 4-22 侧式车站

3. 岛、侧混合式站台

岛、侧混合式站台是将岛式站台及侧式站台同设在一个车站内,具有这种站台形式的车站称为岛、侧混合式站台车站(简称岛、侧混合式车站)。岛、侧混合式车站主要用于两侧站台换乘或列车折返。岛、侧混合式站台可布置成一岛一侧式或一岛两侧式。

二、铁路车站的类型

(一)根据车站所担负的客货运任务大小和车站在铁路运输中的地位进行分类

根据铁路车站所担负的客货运任务大小和车站在铁路运输中的地位,客运专线铁路车站可分为特大、大、中、小型站;客货共线铁路车站可以分为特等站、Ⅰ等站、Ⅱ等站、Ⅲ等站、Ⅳ等站、Ⅴ等站。

(二)按其技术作业及作业性质的不同进行分类

按照铁路车站技术作业及作业性质的不同,客运专线铁路车站可分为越行站、中间站、始发站;客货共线铁路车站可分为越行站、会让站、中间站、区段站和编组站。

1. 越行站

利用越行站可以使同一线路上的快车超过慢车。越行站设置在双线铁路上,主要办理同方向列车的越行;必要时办理反方向列车的转线,也办理少量客、货运业务。因此越行站应有到发线、旅客乘降设备、信号及通信设备、技术办公用房等,如图 4-23a)所示。

2. 会让站

会让站设在单线铁路上,主要办理列车的到发和会让,也办理少量的客货运业务。因此,会让站应铺设到发线、旅客乘降设备,并设置信号及通信设备、技术办公用房,但没有专门的货运设备。在会让站上,既可以实现会车,也可以实现越行。先到的列车在本站停车,等待反方向的列车到达本站,如图4-23b)所示。

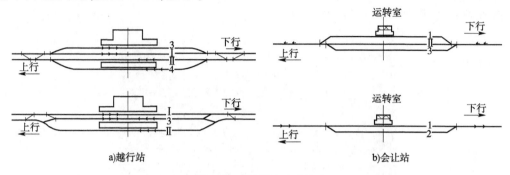

图4-23 越行站与会让站

3. 中间站

中间站是为沿线城乡人民及工农业生产服务,提高铁路区段通过能力,保证行车安全而设的车站。

中间站主要办理列车的通过、会让和越行,在双线铁路上还办理调整反方向运行列车的转线作业;旅客的乘降和行李、包裹的承运,交付和保管;货物的承运、交付、装卸和保管;摘挂列车、甩挂车辆的调车作业。如图4-24所示。

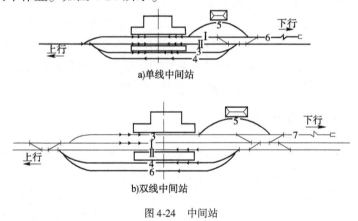

图4-24 中间站

4. 区段站

区段站是指设在铁路网上牵引区段分界处的车站。一般除办理无调中转列车外,还解体和编组区段、沿零摘挂列车、换挂机车或更换乘务组,对货物列车中的车辆进行技术检修和货运检查整理作业。区段站设有接发列车、调车、机车整备和车辆检修等设备。与中间站办理的客、货运业务基本相同,只是数量和作业量较大。

5. 编组站

编组站是指在枢纽内,办理大量货物列车解体和编组作业的车站。它在路网中是组织车流的据点,有"列车工厂"之称。如图4-25所示。

编组站和区段站在作业的数量和性质以及设备的种类和规模上均有明显区别。区段站以办理无改编中转货物列车的作业为主,并办理少量的区段、摘挂列车的改编作业。而编组站以办理改编中转货物列车的作业为主,编解包括小运转列车的各种货物列车,负责路网上和枢纽内的车流的组织,同时还供应列车动力,对机车进行整备和检修,并对车辆进行日常维修和定期检修,作业数量和设备规模均较大。

图 4-25　编组站

第三节　城市轨道交通车站的文化

世界地铁建设已有 100 多年的历史,从 1863 年伦敦第一条地铁线路开通那天起,目前已有 39 个国家和地区的 135 个城市建成了地铁,同时地铁文化的概念也深入人心,人们不仅仅把地铁作为一种方便出行的交通工具,而且融进了更多的文化内涵,成为一个城市经济实力、人们生活水平及现代化、城市文化的重要标志。如何使乘坐地铁变得更加舒适,心情更加愉快,如何让南来北往的人迅速地了解一个城市的特色,解读一个城市的文化精髓,品味这个城市里的人们拥有的精神风貌,是每个城市地铁建设中必须思考的问题。

一、车站建筑展示民族的精粹文化

从地铁诞生那天起,地铁就不仅是被当成交通工具,而是与国家的发展、城市的文化、民族的特色紧密联系在一起,成为文化的载体,成为民族精粹文化的展台。

法国巴黎地铁已有 100 多年的历史,它的总长度已经达到 211km,有 380 个地铁站。每个地铁站的设计都各有特色,如巴士底站的墙壁上贴满了攻占巴士底监狱的图片;罗浮宫站陈列着许多文物,俨然就是一个小博物馆。此外,地铁站的广告和海报都很精美。地铁隧道的墙壁涂满了符号与形象,几乎没有空白之处,其中大多数是些很随意的涂鸦之作,天长日久,便积累形成了巴黎独有的涂鸦文化。这是法兰西民族追求自由的生活和艺术浪漫的天性的体现(图 4-26)。

俄罗斯是世界上最早建设地铁的国家之一,地铁文化非常成熟。如莫斯科地铁,民族特色非常突出。莫斯科地铁系统拥有 133 个车站,早期建成的车站均有其独特的民族风貌,经过建筑师和艺术家的精心设计,以不同的历史事件或人物为主题;有的以十月革命胜利为主题,有的以苏联红军反法西斯战争为主题,有的以著名文学家为主题,配上各种人物的雕塑和历史题材的浮雕画面,在明亮的灯光照耀下,既展示了历史画卷,又显得富丽堂皇,使人们既获得艺术上的享受,又从中获得精神上的教益(图 4-27)。

我国深圳是一座移民城市,历史文化不是很深厚,地域文化也不是很明显,但深圳地铁文化建设以体现民族文化为特点,成为地铁文化的成功范例。深圳地铁把深圳人的民族认同感

第四章　轨道交通车站

a)巴黎罗浮宫站

b)巴黎新桥站

c)巴黎巴斯德站

d)巴黎市政府站

图 4-26　法国巴黎地铁车站

a)

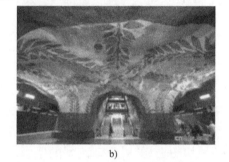
b)

图 4-27　俄罗斯地铁车站

和 21 世纪先进文化发展方向交融在一起；把城市文化的定位，置身于人类进步和中华民族先进文化的大视野中来设定。深圳地铁反映了深圳人对个性自由、知识智慧的追求和尊重，使自己的城市保持着一种永远向上的魅力。步入深圳地铁，那种宽容开放、创新拼搏、自由平等的精神在每个站台、每个通道中都会有着充分的体现。

二、车站建筑展示地域特色的文化

地铁的建设按照国际标准设计是毫无疑义的。但地铁文化如果一味模仿，就失去了自己的特点。世界地铁文化体现地域特色的表现也十分明显。世界许多城市的地铁都突出城市所在地的地域文化。

英国伦敦是世界上建设地铁最早的城市，伦敦地铁的城市文化也很突出。英国人喜欢乘地铁看报纸，每个地铁站出口处都有卖报纸的摊位，报纸一般 35 便士一份。车站内的墙壁上大多是广告海报，也有漫画和诗歌；有现代诗歌，也有古典诗歌，如雪莱的《西风颂》等。伦敦地铁各个车站体现了不同年代的建筑风格，从早期的砖石拱形结构，到后期的纯钢铁结构，再到现代的钢化玻璃站台，让人体会到英国 100 多年地铁建筑发展史的巨大成就。地铁建造者将伦敦的历史和文化细致入微地刻画到每条线路上。而地铁隧道中、电梯旁张贴的五颜六色的广告招贴画,或商业,或公益,都传递着日常生活的重要信息。地铁通道也是艺人们在这座城市里最大最长的舞台。2003年,伦敦地铁公司调查发现,85%的乘客愿意在地铁站里听到音乐。行走在涌动的人流中,耳边忽然传来琴声,提醒乘客生活不应只是赶路,生活还有更多的思考(图4-28)。

图4-28　伦敦地铁车站

我国南京地铁建设也突出了地域文化的特点。地铁内的墙壁堪称是"黄金地段"。南京地铁却选择将9个站12块近60m² 的墙壁用来作壁画,每个地铁站的壁画都是根据所处的地理位置选择贴切的选题。如:南京站的壁画主要反映南京城区总貌;玄武湖站壁画以水为主题;中华门站壁画则是有着厚重历史感的南京明城墙。在中华门站文化墙上,可以看到毛泽东"钟山风雨起苍黄,百万雄师过大江"的诗词,还有麒麟、中华门、文枢院等图案,充分展示了古城南京的文化底蕴;鼓楼站文化墙上是凸在一块大型浮雕上的6块红色大印章,上面分别用甲骨文、小篆等6种字体写下了"东吴、东晋、宋、齐、梁、陈"六朝古都的朝代名称;三山街车站文化墙则以夫子庙灯会为主题;中胜站文化墙上画的是南京特产云锦。南京利用丰富的历史文化资源,打造了地铁地域特色文化。如图4-29所示。

图4-29　南京地铁车站文化

由此,我们可以看到,城市的地铁也是城市发展的历史,它蕴含城市的文化底蕴,体现城市的地域特色。文化作用力是可以辐射的,地铁文化也是以地铁为中心影响城市的发展。地铁文化的发展也是以城市地域文化作为起点的。

三、展示个性鲜明的主题文化

经济与文化历来是不可分割的,文化和经济是互动的。一个充满生机与活力的局部文化环境,会成为唤起并满足新需求、促进经济良性循环的强大力量。在各国地铁文化建设中,文化资源往往通过特色鲜明的主体文化展现出来。一些发达国家,地铁不仅仅是现代化交通系统,更是展示城市乃至国家文化的窗口,地铁展示出来的文化个性甚至使它成为一个旅游观光的景点。一些国家的地铁文化就以旅游为主题,如,莫斯科地铁,强烈的俄罗斯文化艺术绝对让你流连忘返;斯德哥尔摩地铁充满现代艺术设计,会给你很多灵感;巴黎地铁会让你领略艺术的宝库。国际上地铁交通历史悠久的城市,地铁内宛如艺术殿堂,除了精美的雕塑、壁画等表现国家历史文化的艺术品之外,自由艺术家也将地铁视为一个展示才华的舞台。进入新世纪,人们越发重视地铁"文化交流"的用途,柏林已将电影节"开"进地铁,巴黎则将"建城纪念"办进了地铁。

我国上海的地铁也是以主题文化为特色的。漕宝路站的"电子之歌"、上海体育馆站的"生命的旋律"、人民广场站的"万国建筑博览"、上海火车站的"车轮滚滚"等大型壁画,将一个钢筋水泥铸成的地下宫殿,装饰得温馨典雅,令来来往往的过客们,在匆忙进出时不禁都要举头瞥上一眼。静安寺站的"静安八景",以静安寺历传八景为主题,用传统单线刻画在形状不同的大理石上,再镶挂在金黄色的毛面花岗岩上,将现代与古朴融为一体。中山公园站的"今日交通",以金属流线象征现代交通,毛面花岗岩浮雕象征现代大都市,两者有机结合,成为今日上海城市交通的一个缩影,整幅壁画气势宏伟。地铁站展示的主题文化实际上是城市本身的特色,城市精神的物化,同时也是城市实力的一种展示。这种主题文化就是城市的符号,就是城市的底色,就是提高城市吸引力和创造力的载体。不论是建筑还是音乐,不论是雕塑还是文字,文化的精品,能够唤起和振奋人的精神,并创造出不可估量的社会效益(图4-30)。

图4-30 上海地铁车站文化

四、展示传统与时尚交融的文化

在国内外新建的地铁中,到处都能感受到与时代同步的、鲜活的文化气息。在站台上、车厢内人们正在看的各种报纸杂志,在站台上一幅幅精美的国画、壁画,这些都向人们展示着浓郁的地铁文化气息。而大幅光鲜精美的灯箱广告,将文化导引商业、激活市场的功能发挥得淋漓尽致。一方面地铁文化建设时把城市文化和人文精神纳入其中,另一方面充分体现了在现代科技和文化上的追求。如北京的地铁月台设计中充分体现古都文化的底蕴,把艺术瑰宝呈现在世人面前(图4-31)。

上海则是把国际金融中心、现代化大都市的特色表现出来,使历史与现实有机地结合。地铁不但要以文化产品、服务来满足现代人的文化需求,而且还在经济活动中注入文化价值,如

a)北京东四十条站

b)北京东直门站

图4-31 北京地铁车站文化

地铁纪念票、地铁艺术展等。巴黎地铁不仅四通八达,充满艺术魅力,还犹如一个"地下超市"。据资料显示,巴黎的地铁站中设有"商业点"(利用人工销售的商店)800家,包括百货店、饮食店、音像中心、书店、服装店等,还有一些名牌商品专卖店。除此之外,地铁内还有数以千计的各类自动售货机。"巴黎独立运输公司"专门成立一家名为"地铁营销"的公司,对这些地铁商业点进行统一管理。在巴黎地铁还有民间艺术家在表演,虽然这些艺术家未必是专业人员,但很受欢迎。东京的地铁公司为了增加收益,也充分利用空间从事经营活动。地铁站内摆放着很多投币式物品保管箱,使用一次300日元。地铁公司还向电话公司、银行、旅行社、销售商等提供场地,在站内设有公用电话、自动取款机、旅行服务窗口、自动贩卖机等。稍大一点的车站站台上设有简易售货亭,出售报纸、杂志、香烟、饮料、点心,以及雨伞等应急物品,地铁公司从中收取场地租金。

而纽约地铁有的车站上边就是繁华的商业大楼,从地铁里面出来,就直接可以购物了。华盛顿地铁的五角大楼城车站,乘客从出口通道往左拐可以直接走进五角大楼商城,购物非常方便。传统与时尚交融的地铁文化实际上是保存了传统文化的精髓,又具有融入现代经济、审美、时尚文化的特点,更好地满足人们对物质和精神的需求。

世界地铁文化的基本走向和人类文化的发展方向是一致的。世界文化的发展体现了文明的共性,地铁文化的发展也是如此。如东京地铁的建设就借鉴了西方地铁建设的成功经验。地铁文化建设在符合文化发展规律的同时,突出了所在国家、城市、民族的文化特色,体现了世界地铁文化发展的基本走向。

第四节 城市轨道交通的换乘

一、站台直接换乘

乘客在站台通过楼梯、自动扶梯等设施换乘到另一车站的站台。这种换乘方式线路短,换乘高度小,换乘方便,节约换乘时间。

根据站台的布置形式,换乘可分为以下几种方式。

1. 平行换乘

两个车站站台可平面平行或上下重叠。平面平行设置,两个站台一般通过天桥或通道连接;上下重叠设置一般构成"一"字形组合,站台上下对应,便于布置楼梯、自动扶梯,换乘方便。如图4-32中的a)、b)所示。香港地铁在组织换乘方面的设计是值得借鉴的。如

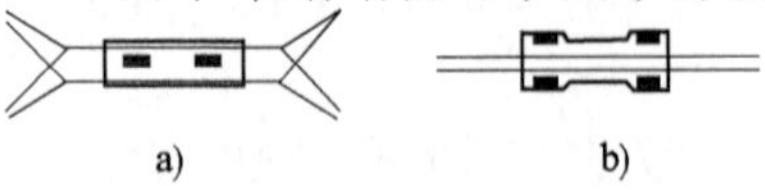

a)   b)

图4-32 "一"字形换乘

图 4-33 荃湾线和观塘线两线四个方向的换乘,香港地铁采用了在太子、旺角两个车站来进行,乘客下车后到岛式站台的另一侧上车即可,非常方便。巴黎地铁东站有多条平行站台,乘客换乘则通过天桥来完成。

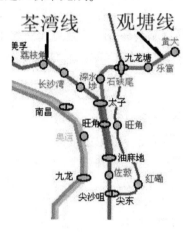
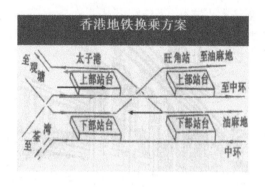

图 4-33　荃湾线与观塘线换乘

2. "T"形站台换乘

两个车站上下立交,其中一个车站的端部与另一个车站的中部相连接,在平面上构成"T"形组合,可采用站台换乘;两个车站也可相互拉开一段距离,以减小下层车站的埋深。如图 4-34 所示。

3. "十"字形站台换乘

两个车站中部相立交,在平面上构成"十"字形组合。"十"字形换乘车站采用站台直接换乘的方式,如图 4-35 所示。

北京地铁环线与一号线在复兴门车站、建国门车站十字相交,一号线车站位于环线车站之下,两条线在复兴门车站均为岛式站台,一号线建设时已预留接口。环线乘客换乘一号线,仅需走楼梯或电梯下到下面站台就可换乘一号线两个方向的地铁。"十"字形站台相重叠部位的面积有限,组织全部的换乘有困难。如果换乘的车站是侧式站台,则方案实施难度更大。

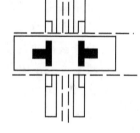

图 4-34　"T"形站台

图 4-35　"十"字形站台换乘

二、站厅换乘

乘客由某层车站站台经楼梯、自动扶梯到达另一车站站厅付费区,再经楼梯、自动扶梯到达站台。这种换乘方式线路较长,换乘高度大,换乘时间长。站厅换乘一般采用"L"形布置,即两个车站上下立交,车站端部相互连接,在平面上构成"L"形组合。在车站端部连接处一般设站厅或换乘厅。有时也可将两个车站相互拉开一段距离,使其在区间立交,这样可减小两站间的高差,减小下层车站的埋深。

三、通道换乘

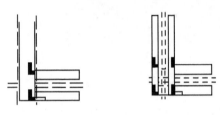

图4-36 "L"形换乘示意图

两个车站不直接相交,相互之间可采用单独设置的换乘通道进行换乘。这种换乘方式换乘线路较长,换乘时间也长,对老弱病残人士使用不便,且增加通道,又增加投资。通道换乘一般呈"工"字形或"L"形布置,即两个车站在同一水平面平行设置,通过天桥或地道换乘,在平面上构成"工"字形或"L"形组合,如图4-36所示。

复习思考题

1. 地铁车站由哪几部分组成?
2. 城市轨道交通车站的功能是什么?
3. 按运营性质,车站分为哪几种类型?
4. 为什么要建设换乘车站?
5. 换乘车站有哪几种换乘形式?
6. 岛式车站、侧式车站各有哪些优缺点?
7. 乘客使用的车站空间有哪些?

第五章　路基与桥隧建筑物

教学目标
1. 掌握路基的组成和断面形式；
2. 熟悉路基的标准横断面图、路基排水与防护；
3. 掌握桥梁组成和地下铁道的施工方法；
4. 熟悉桥梁分类、城市轨道交通高架桥的要求。

路基和桥隧建筑物都是轨道的基础，它们直接承受轨道的重量，以及机车车辆和荷载的压力。路基和桥隧建筑物的状态与线路质量的关系极为密切，所以，路基面应当平顺，其高程以路肩高程表示。路基面应有足够的强度，符合规定的铺设、附属构筑物设置和线路养护维修的需要。

第一节　路　　基

路基(图 5-1)是为满足轨道铺设和运营条件而修建的土工构筑物。它是轨道的基础，承受着轨道及机车车辆的静荷载和动荷载，并将荷载向地基深处传递扩散。在纵断面上，路基必须保证轨顶需要的高程；在平面上，路基与桥梁、隧道连接组成完整贯通的轨道线路。在轨道工程的发展过程中，路基为轨道结构的不断更新、改善和轨道定型化提供了必要的条件。

图 5-1　路基

一、路基工程的组成及要求

为了保证路基正常工作，路基工程主要由如下 3 部分建筑物组成。

1. 路基本体

路基本体是直接铺设轨道结构并承受列车荷载的部分，例如路堤、路堑等。它是路基工程中的主体建筑物，通常由路基面、路肩、基床、边坡、基底等几部分组成，如图 5-2 和图 5-3 所示。

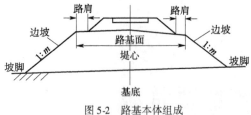

图 5-2　路基本体组成

（1）路基面是由直接在其上面铺设轨道的部分及路肩组成，称为路基顶面或简称路基面。在路堑中为堑体开挖后形成的构造面。

（2）路肩是路基顶面中道床覆盖以外的部分。

2. 路基防护和加固建筑物

路基防护和加固建筑物属路基的附属建筑物，例如挡土墙、护坡等，如图 5-4 所示。

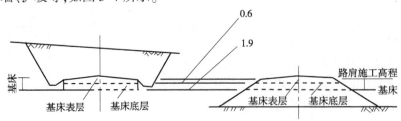

图 5-3　基床结构（尺寸单位：m）

3. 路基排水设施

排水设施也属于路基的附属建筑物，例如排除地面水的排水沟、侧沟、天沟和排除地下水的排水槽、渗水暗沟、渗水隧洞等，如图 5-5 所示。

图 5-4　路基防护和加固建筑物

图 5-5　路基排水

为了使路基正常工作，应满足如下 3 点要求：(1) 路基必须平顺，路基面有足够宽度和上方限界；(2) 路基必须坚固与稳定，减少运营期的下沉量；(3) 路基设计和施工应满足技术经济要求。

二、路基横断面的基本形式

路基横断面是指垂直于线路中心线截取的断面，简称为路基断面。依其所处的地形条件不同，主要有路堤和路堑 2 种基本形式。

1. 路堤

当铺设轨道的路基面高于天然地面时，路基以填筑方式构成，这种路基称为路堤，如图 5-6 所示。

2. 路堑

当铺设轨道的路基面低于天然地面时，路基以开挖方式构成，这种路基称为路堑，如图 5-7

所示。

图 5-6　路堤　　　　　　　　图 5-7　路堑

此外,还有半路堤、半路堑、半路堤半路堑、不填不挖路基,如图 5-8 所示。

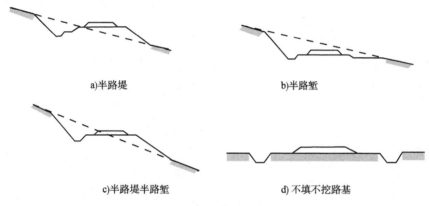

a)半路堤　　　　　　　　　　b)半路堑

c)半路堤半路堑　　　　　　　d)不填不挖路基

图 5-8　路基横断面的其他形式

三、路基标准横断面

在路基设计工作中对具有普遍意义的设计内容,编制成全国性的标准设计和地区性的通用设计,是简化设计工作、加快设计速度、保障设计质量的重要措施,也是计算机辅助设计的技术依据之一。

路基标准横断面是按照《铁路路基设计规范》(TB 10001—2005)对路基边坡的高度与坡度、地面排水设施、路堤基底的处理(例如基底横坡较陡的处理等)、路堤的取土坑、路堑的弃土堆位置等的要求,进行系统考虑后确定的,仅适用于一般水文、地质条件且填挖高度不大的普通土质路基,并制成标准设计横断面图集,便于一般路基设计时套用。

1. 路堤标准横断面图

直线地段、普通土质路堤标准横断面图,如图 5-9 和图 5-10 所示。

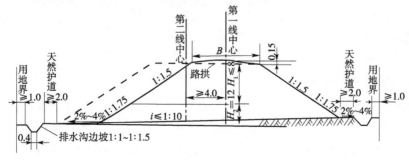

图 5-9　路堤标准横断面图(有排水沟)(尺寸单位:m)

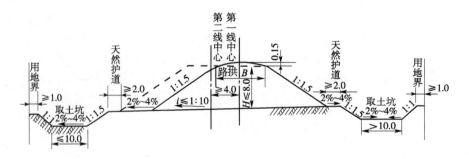

图 5-10　路堤标准横断面图(有取土坑)(尺寸单位:m)

2. 路堑标准横断面图

路堑标准横断面图分为有弃土堆和无弃土堆两种,如图 5-11 和图 5-12 所示。

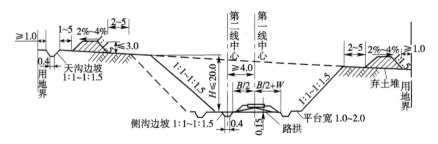

图 5-11　曲线地段一般黏性土路堑标准横断面图(尺寸单位:m)

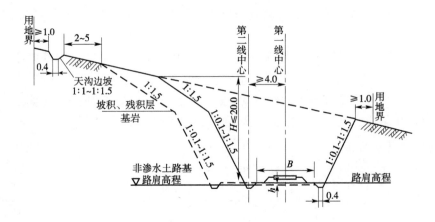

图 5-12　直线地段岩石路堑标准横断面图(尺寸单位:m)

3. 高速铁路路基标准横断面

路基横断面宽度和布置形式应考虑路基稳定的需要、线间距、轨道结构形式、曲线超高设置、路肩宽度、通信信号和电力电缆布置、接触网立柱基础位置、声屏障基础等因素的影响,并应综合考虑路基防排水问题。我国《高速铁路设计规范》(TB 10621—2014)中规定,直线地段路基面宽度应符合表 5-1 的要求。

路基面标准宽度 表5-1

轨 道 类 型	设计最高速度(km/h)	双线线间距(m)	路基面宽度	
			单线(m)	双线(m)
无砟轨道	250	4.6	8.6	13.2
	300	4.8		13.4
	350	5.0		13.6
有砟轨道	250	4.6	8.8	13.4
	300	4.8		13.6
	350	5.0		13.8

高速铁路路基标准横断面,如图5-13~图5-20所示。

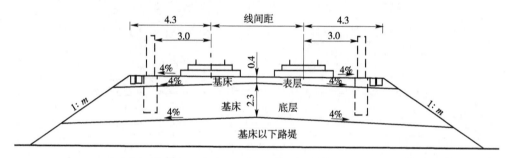

图5-13 无砟轨道双线路堤标准横断面示意图(尺寸单位:m)

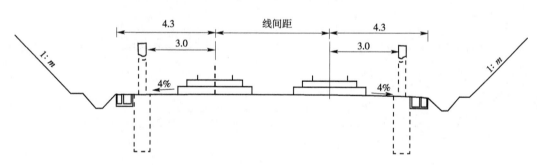

图5-14 无砟轨道双线硬质岩路堑标准横断面示意图(尺寸单位:m)

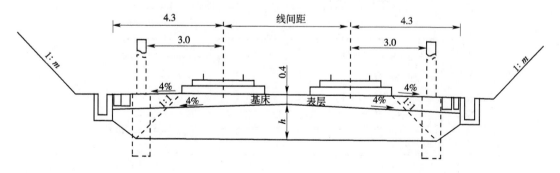

图5-15 无砟轨道双线非硬质岩路堑标准横断面示意图(尺寸单位:m)

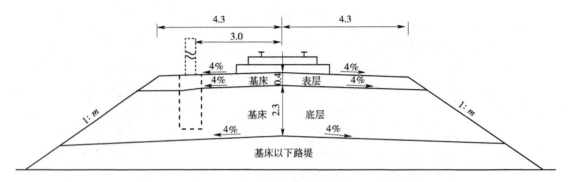

图 5-16 无砟轨道单线路堤标准横断面示意图(尺寸单位:m)

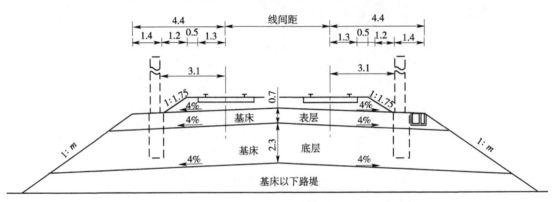

图 5-17 有砟轨道双线路堤标准横断面示意图(尺寸单位:m)

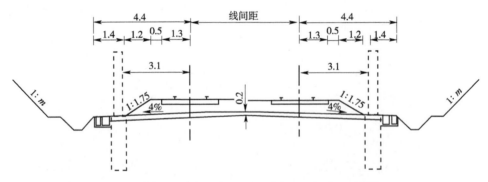

图 5-18 有砟轨道双线硬质岩路堑标准横断面示意图(尺寸单位:m)

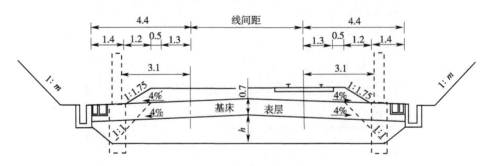

图 5-19 有砟轨道双线非硬质岩路堑标准横断面示意图(尺寸单位:m)

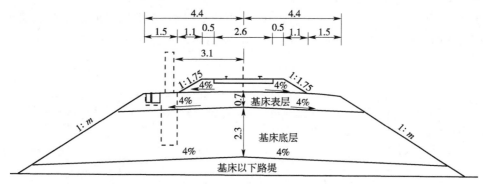

图 5-20 有砟轨道单线路基标准横断面示意图(尺寸单位:m)

四、路基的排水和防护措施

(一)路基排水

路基各种病害和变形的产生,都与地面水和地下水的浸湿和冲刷等破坏作用有关。要保证路基的稳定,提高路基的抗变形能力,必须采取相应的排水措施,以消除或减轻地面水和地下水的危害,使路基处于干燥状态。

路基排水根据排水设施的不同作用,可分为地面排水和地下排水两大类。

1. 地面排水

路基地面排水设施包括排水沟、侧沟、天沟、截水沟、跌水及急流槽等,如图 5-21 所示。

2. 地下排水

常用的地下排水设施主要有明沟与排水槽(图 5-22)、渗水暗沟、边坡渗沟(图 5-23)、支撑渗沟、渗水隧洞(图 5-24)、水平钻孔、立式集水渗井(渗管)等类型。

(二)路基防护

路基防护通常情况下分为坡面防护和冲刷防护 2 种类型。

1. 坡面防护

坡面防护主要是保护路基边坡表面免受雨水冲刷,减小温度及湿度变化的影响,防止或延缓软弱岩土表面的风化、剥落等演变过程,从而保护路基边坡的整体稳定性。坡面防

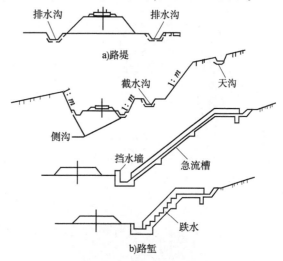

图 5-21 地面排水设施示意图

护应根据路基边坡的土质、岩性、水文地质条件、边坡坡度与高度等,选用适宜的防护措施。

路基坡面防护常用的措施有:植物防护、喷护、挂网喷护、干砌片石护坡、浆砌片石护坡、浆砌片石或混凝土骨架护坡、浆砌片石护墙等类型,如图 5-25 所示。

2. 冲刷防护

路基冲刷防护工程,分为直接防护和间接防护 2 种。直接防护类型有植物防护(铺草皮、

种植防水林、挂柳)、抛石防护、干砌片石护坡、浆砌片石护坡、石笼防护和浸水挡土墙等；间接防护类型有丁坝(又称挑水坝)和顺坝等,如图 5-26 所示。

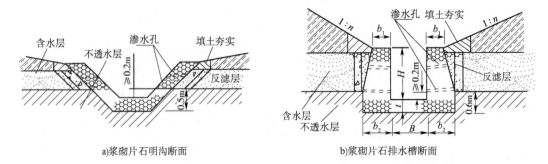

a)浆砌片石明沟断面　　　　b)浆砌片石排水槽断面

图 5-22　明沟与排水槽(尺寸单位:m)

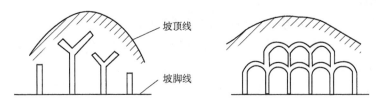

图 5-23　边坡渗沟

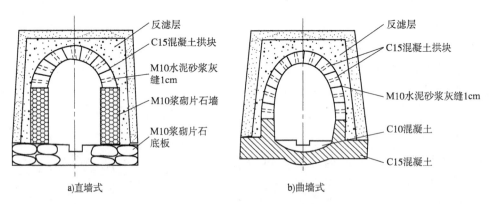

a)直墙式　　　　b)曲墙式

图 5-24　渗水隧洞断面示意图

图 5-25　坡面防护

图 5-26　冲刷防护

第二节 桥隧建筑物

路基、桥梁与隧道是轨道的基础,又称线路的下部建筑。在线路的修建过程中,总是在路基、桥梁和隧道修筑之后才铺设轨道。一般来说,为了减少占地以及不与其他交通发生干扰,城市轨道交通线路在市区多采用桥梁及隧道的下部建筑形式来修建,而在郊区为了减少工程量、降低工程造价(如果没有必须要穿越或跨越的障碍)则多采用路基的形式来修建。

当铁路线路要通过江河、溪沟、谷地以及山岭等天然障碍,或要跨越公路、铁路时,就需要修建桥隧建筑物,以使铁路线路得以继续向前延伸。桥隧建筑物包括桥梁、涵洞、明渠、隧道等。在修建铁路时,桥隧建筑物的工程量一般占相当大的比重,而大桥和长隧道的施工工期,有时还成为新建铁路能否按时通车的关键。

一、桥梁

城市轨道交通系统进入城区后,可以随着城市地势的变化或城区建筑群的不同,或从空中走,形成高架,或进入地下,形成隧道,也可在地面上。在轨道交通线路设计时,在如下地段考虑选择高架形式是比较适宜的:城市繁华地区以外的城近郊区,周围建筑较少,道路宽阔,线路可选择在道路一侧或道路中间;连接城市中心区与周围卫星城、开发区、机场等;中等规模及以下城市,规划预留出城市轨道交通专属用地。

(一)桥梁的组成

桥梁主要由桥面、桥跨结构、墩台与基础三大部分组成,如图5-27所示。

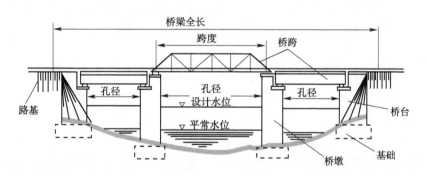

图5-27 桥梁的组成

桥面是指在桥梁上铺设的轨道、修建的人行道和护栏部分;桥跨结构就是桥梁承受荷载、跨越障碍的部分;墩台与基础则是桥梁的支撑体,其中设于桥梁中部的支撑体被称为桥墩,设于桥梁两端的支撑体被称为桥台。为了确保桥梁的稳固避免下沉,在墩台之下往往还需设置基础,通常的修筑方式有开挖浇筑混凝土和打桩等。

两个相邻墩台之间的空间称为桥孔。每个桥孔在设计水位处的距离称为孔径。从桥跨结构底部到设计水位的高度以及相邻两墩台之间的界限空间,称为桥下净空。桥梁的孔径和桥下净空应能满足排泄洪水、泥石流、流水或船舶通航的要求。每一桥跨两端支座间的距离,称为跨度。整个桥梁包括墩台在内的总长度,是桥梁的全长。

(二)桥梁的分类

桥梁的种类很多、形式多样,一般可按桥梁的建造材料、桥梁长度、桥梁外形以及桥梁跨越障碍等加以区分。

1. 按照建造材料进行分类

按建造材料分:有钢桥、钢筋混凝土桥、石桥等。

钢梁的质量轻、强度大、安装较方便,适合于建造跨度较大的桥梁。钢筋混凝土梁具有造价低、节省钢材、坚固耐用、养护工作量和噪声小等优点,因而得到了广泛的采用;在跨度为20m以下的桥梁中,世界各国大量采用钢筋混凝土结构的桥梁。石拱桥亦有造价低、经久耐用、养护费用省,可就地取材,节省大量的钢材和水泥等优点,但它的适用范围比钢筋混凝土桥小得多。

2. 按照桥梁的长度进行分类

按照桥梁的长度,可分为小桥、中桥、大桥和特大桥。

(1)小桥:长度在20m及以下的桥梁称为小桥。
(2)中桥:长度在20m以上至100m的桥梁称为中桥。
(3)大桥:长度在100m以上至500m的桥梁称为大桥。
(4)特大桥:长度在500m以上的桥梁称为特大桥。

3. 按照桥梁所跨越障碍物进行分类

桥梁按其所跨越障碍物的不同,主要可分为跨河桥、立交桥和高架桥等。

跨河桥的作用在于跨越江河、湖泊等天然障碍。这类桥梁的孔径大小和桥下净空高度,不但要考虑泄洪排水的需要,还要满足桥下通航的要求。如图5-28所示。

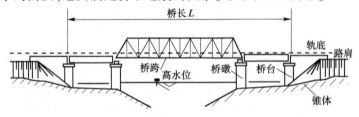

图5-28 跨河桥

立交桥的作用在于跨越公路、铁路等有关道路,使各种交通相互独立,互不干扰。如图5-29所示。

高架桥的作用在于跨越山谷、洼地以代替高路堤,或者跨越不可拆的建筑物以及在城市内实现立体交通。城市轨道交通中的高架线路正是使用高架桥作为轨道铺设载体的,这种桥梁既降低了城市轨道交通的造价,同时也较大限度地节约了有限的城市用地。如图5-30所示。

4. 按照构造形式进行分类

桥梁按其造型的不同有很多种类,尤其是在现代化建桥技术高度发展的今天,人们在追求桥梁实用的同时,还要追求桥梁造型与环境的完美结合。

虽说桥梁造型种类繁多,但依据桥梁的基本结构来看,桥梁的类型大致可分为梁桥、拱桥和索桥等。如图5-31所示。

图 5-29　立交桥　　　　　图 5-30　地铁高架桥

a) 梁桥　　　　　b) 斜拉桥

c) 拱桥　　　　　d) 吊桥

图 5-31　各式桥梁

(三) 城市轨道交通高架桥

高架结构工程是城市永久性建筑的一部分,结构寿命应按 50 年以上考虑,因而城区高架结构可以作为城市景观的一部分,与城市的其他建筑相协调。另外在城区施工,必须达到速度快、对现有的交通干扰小等要求。

城市轨道交通高架桥的造型与城市景观相协调。站间高架桥的高跨比既要考虑到经济因素,又要考虑到美观要求;高架车站的造型要有地区特色,简明大方而不追求豪华。站间高架桥还要注意防排水、伸缩缝、栏杆、灯柱、防撞墙等配套设施的功能完善和外观鲜明。高架桥在必要地段还要设置声屏障以减轻车辆运行的噪声扰民,桥上应设置养护、维修人员及疏散旅客的安全通道。

1. 梁的形状

在城市轨道交通线路中的桥梁结构主要为梁式桥,其形状主要有槽形梁、脊梁和板梁等。

(1) 槽形梁结构

槽形梁一般是预应力混凝土结构,属于下承式桥梁,基本结构包括车道板、主梁和端横梁 3 大部分 (图 5-32);各部分的横截面组成,如图 5-33 所示。

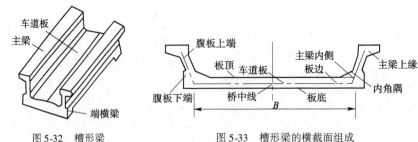

图 5-32 槽形梁　　　　　图 5-33 槽形梁的横截面组成

槽形梁的优点建筑高度低,两侧的主梁还可提供音屏作用,而且预拱度很小,收缩、徐变影响不大。但是存在工程数量大,现场浇筑和张拉预应力工作量大,施工复杂、进度慢等缺点。槽形梁的装配方案有纵向分块和横向分块两种。

(2)脊梁结构

脊梁式结构分上承式和下承式两种。上承式是在单箱梁的上部带大悬臂挑臂结构;下承式是在脊梁的下底板位置带大悬臂挑臂结构,如图 5-34 所示。一般城市轨道交通大多采用后者。下承式脊梁翼板式结构的横断面是由脊梁、大挑臂翼板和挡板(边梁)三部分组成。这种结构主要靠脊梁来承受纵向弯矩,挑臂板作为行车道板,同时将列车荷载传到脊梁上,挡板主要是防止噪声和作为防护车辆倾覆的保护体,也可以作为结构的一部分,起边梁作用,改善挑臂的受力。

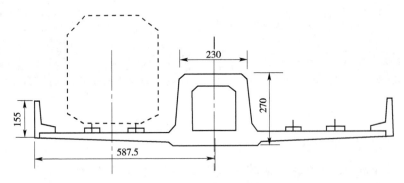

图 5-34 脊梁式结构(尺寸单位:mm)

下承式脊梁式结构具有如下优点:建筑高度低,有利于城市高架结构的线形布置和施工;通常采用预制构件拼装的方法,施工速度快、方便;结构上需要的部分能够满足检修人员、旅客疏散、电杆位置的设置等需要;脊梁式结构自身就是一个防噪体系,减少左右相向行驶车辆的相互干扰,同时减少车辆噪声对周围环境的影响;外形美观,融入周围自然景色,美化了环境。

(3)板梁式结构

板梁式结构为上承式桥梁,其截面形状(图 5-35)应在满足结构强度、刚度的要求下尽量压低板高、减轻板重,从而降低桥高、减少混凝土和钢材的用料,同时还可满足造型要求。

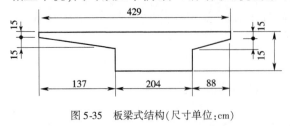

图 5-35 板梁式结构(尺寸单位:cm)

2.墩台形状

高架桥的墩台除具有足够的强度和稳定性以承受荷载外,还需要考虑美观;合理选型能使上下部结构协调一致,轻巧美观,并与城市环境和谐、匀称、协调,使行人有一种愉快的感觉。同时由于交通立交,要求桥墩位置和形状要尽量多透空,保证行车有较好的视线。墩台一般有如下几种形式:

(1) T形墩台

T形桥墩自重小,节省圬工材料,能减少占地面积,是城市轻轨高架桥最常用的桥墩形式。墩身可做成圆柱、矩形、六角形等,具有较大的强度和刚度,其与上部结构的轮廓线过渡平顺,受力合理。如图5-36和图5-37所示。

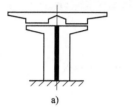
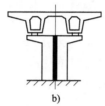
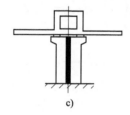

图5-36 T形墩台的形式

(2) 倒梯形桥墩

倒梯形桥墩构造简单,施工方便,受力合理,具有较大的强度、刚度和稳定性,对于单箱单室箱梁和脊梁来说,选用倒梯形桥墩在外观和受力上均较合理。如图5-38所示。

图5-37 T形墩台

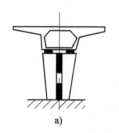
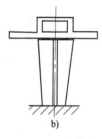

图5-38 倒梯形桥墩

(3) 双柱式桥墩

双柱式桥墩重量较轻,体积小,圬工省,透空空间大,稳定性好,结构轻巧,所适用的上部结构较灵活,此种桥墩适用各种结构的梁。如图5-39和图5-40所示。

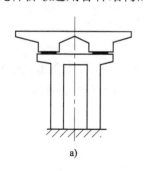
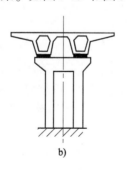
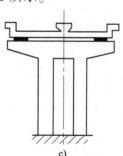

图5-39 双柱式桥墩形式

(4) Y形桥墩

Y形桥墩结合了T形桥墩和双柱式桥墩的优点,下部呈单柱式,占地面积小,有利于桥下

图 5-40 双柱式桥墩

交通,通透性好;而上部呈双柱式,对盖梁工作条件有利,无须施加预应力,造型轻巧,比较美观,施工虽然比较复杂但是无太大困难。如图 5-41 所示。

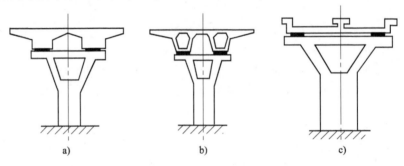

图 5-41 Y 形桥墩

(四)高速铁路桥梁结构

高速铁路桥梁的特点有如下几个方面:

(1)桥梁所占比例大,高架长桥多

高速铁路由于采用全封闭行车模式,线路平纵断面参数限制严格以及要求轨道高平顺性,导致桥梁建筑物数量要大于普通铁路。尤其是在人口稠密地区和地质不良地段,为了跨越既有线交通路网,节省农田,避免高大路基阻挡视线和路基不均匀沉降,大量采用高架线路。例如,京津城际铁路桥梁工程占线路总长的 87%;京沪高速铁路桥梁工程长度约有 1140km,占正线长度的 86.5% 左右。

(2)桥梁以中小跨度为主

由于高速铁路对线路、桥梁、隧道等土建工程的刚度要求严格,因此高速铁路桥梁的跨度不宜过大,应以中小跨为主简支梁。但是,为了跨越主要交通干线或通航河流,也会采用钢混结合梁、连续梁、斜拉桥、钢桁拱桥等特殊结构的大跨度桥梁。

(3)刚度大、整体性好

为了保证列车高速、舒适、安全行驶,高速铁路桥梁必须具有足够大的竖向和横向刚度以及良好的整体性,以防止桥梁出现较大挠度和振幅;同时,还必须限制桥梁的预应力徐变上拱和不均匀温差引起的结构变形,以保证轨道的高平顺性。

(4)限制纵向力作用下结构产生的位移,避免桥上无缝线路钢轨的受力出现过大的附加应力。

由于高速铁路桥上无缝线路钢轨的受力状态不同于路基结构上的无缝线路;温度变化、列车制动、桥梁挠曲都会使桥梁在纵向产生一定的位移,引起桥上钢轨的附加应力;过大的附加应力会造成桥上无缝线路失稳,影响行车安全。因此,墩台基础要有足够的纵向刚度,以尽量减少钢轨附加应力和梁轨间的相对位移。

(5)重视改善结构耐久性,便于检查、维修

高速铁路行车都是高密度运行,任何中断行车都会造成很大的经济损失和社会影响。为此,桥梁结构物应尽量做到少维修或免维修,这就需要在设计时将改善结构物耐久性作为主要设计原则,统一考虑合理的结构布局和构造细节,并在施工中严格控制,保证质量。另一方面,高速铁路运营繁忙,列车速度高,维修时间都放在夜间"天窗"时间进行,一般为4h。因此,桥梁结构构造应易于检查与维修。

(6)强调结构与环境的协调

高速铁路作为重要的现代交通运输方式,应强调结构与环境的协调,重视生态环境保护。由于行车时的轮轨动力作用,高速铁路需要考虑轮轨振动与噪声问题,特别是针对居民点附近的桥梁。另外,桥梁造型要与周围环境相一致并注重结构外观和色彩,并且避免桥面污水损害生态环境等。

(7)桥梁上部结构多采用混凝土材料

各国已建成的高速铁路中,预应力混凝土桥梁的数量占有绝对优势,这是因为与其他混凝土建桥材料相比,预应力结构具有一系列适合高速铁路要求的特性,如刚度大、噪声低,由温度变化引起的结构位移对线路结构的影响小,运营期间养护工作量少等,而且造价也较为经济,所以要求高速铁路桥梁上部结构必须优先选用预应力混凝土结构。

(8)技术复杂、施工难度大

我国高速铁路大量采用了32m跨度的双线简支箱梁,其制造、运输、架设均需专门的大型施工设施与装备。

二、隧道

隧道是线路在翻越山岭时,为了避免开挖深路堑或修建很长的迂回线而常常用于穿越山岭的建筑物。隧道的功能除了穿越山岭,还能穿越江河、湖泊甚至穿越海峡,帮助许多城市建立立体交通——地下铁道。

在城市轨道交通中占有较大比重的应为地下铁道。地下铁道由于在地下运行,对地面上的其他交通工具无干扰,其运输能力不受气候影响,也避免了地面轻轨和高架交通所产生的噪声对城市的污染,在战争期间还可作为民用防空设施,所以地下铁道的优点非常明显,但是地下铁道造价昂贵,应充分进行技术经济比较后,分区段确定线路方案。

地下铁道的区间隧道与铁路隧道基本相同,包括行车隧道、渡线、折返线、地下存车线、联络线以及其他附属建筑物。地层的工程地质、水文地质资料是隧道设计的重要依据,因此必须收集和积累沿线的有关技术资料,包括勘探和试验资料、数据等。

隧道衬砌结构与构造主要取决于隧道的用途、沿线地形、地物、水文地质、工程地质条件、施工方法、环境要求、维修管理、工期要求及投资高低等因素。

地层情况的变化直接影响到施工方法的确定,不同的施工方法对应的投资差别较大。区间隧道的开挖大多沿闹市区的街道下面,开挖必然引起地面沉降;如何控制地面沉降量,不致影响既有建筑物的安全,是城市地下铁道施工所面临的一大课题。区间隧道结构按施工方法可归纳为明挖法、矿山法、新奥法、盾构法等。

1. 明挖法

先从地面向下开挖基坑至设计高程,然后在基坑内的预定位置由下而上地建造主体结构及其防水措施,最后回填土并恢复路面的方法称为明挖法。明挖法通常在场地开阔、地面建筑物稀少、埋设深度较浅、交通及环境允许的地段使用。明挖法施工速度快、造价较低,工程质量易于保证,所以在条件合适的情况下通常采用明挖法修建。

明挖修建的隧道通常采用矩形截面(图 5-42),其内轮廓与地铁限界接近,能充分利用内部净空。由于埋设深度较浅,矩形截面的衬砌结构受力合理,其顶板上方还便于铺设城市地下管网设施。

衬砌结构因具体的施工方法不同,又有整体浇筑结构和预制件装配结构之分。其结构形式还有单跨、双跨和多跨等。

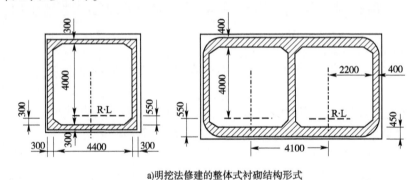

a)明挖法修建的整体式衬砌结构形式

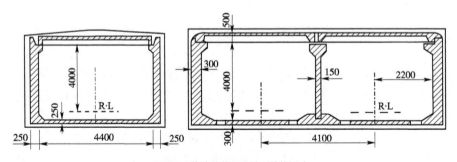

b)明挖法修建的装配式衬砌结构形式

图 5-42　隧道矩形截面图(尺寸单位:mm)

2. 矿山法

矿山法施工主要包括:全断面法、台阶法、下导坑漏斗棚架法及上下导坑先拱后墙法等。我国现有的铁路隧道大部分采用矿山法修筑而成。

由于矿山法施工的理论基础是传统的结构力学,其基本假定与实际隧道的工作状态相差甚远;另外在施工中需要大量的钢和木材作为临时支撑,工人的劳动强度大,施工环境差,因而近年来已逐渐被新奥法所取代。

3. 新奥法

新奥法是新奥地利隧道施工法的简称。它的基本观点是：围岩既是隧道结构的荷载，又是承受岩体压力的承载体一部分，即围岩本身具有承载能力；围岩自承能力只有通过围岩的变形才能发挥出来，因而隧道开挖后允许围岩发生变形，同时也要限制围岩的变形量，不致由于变形过大而使岩体松弛甚至坍塌，所以最理想的支护结构应当是能随围岩共同变形的柔性支护；在实践中证明这种柔性支护为喷混凝土和锚杆支护；由于允许围岩发生变形，为了掌握围岩和支护的实际工作情况，在施工的各个阶段，应进行现场测量监护，及时反馈位移或应力等信息，以指导施工和修改设计。

铁路部门将新奥法的基本原则扼要概括为："少扰动、早喷锚、勤测量、紧封闭"。新奥法施工的理论基础建立在现代岩体力学的基础上。

新奥法施工按其开挖断面的大小及位置，基本上可以分为：全断面法、台阶法、分部开挖法3大类及若干变化方法。地下铁道区间隧道采用新奥法施工时，一般采用拱形结构，其基本断面形式为单拱、双拱和多跨连拱。

4. 盾构法

盾构是松软地层中修建隧道的专门机具，盾构沿其长度可分为三部分：前部称为切口环，中部称为支撑环，后部称为盾尾。其断面形式有：圆形或椭圆形、半圆形、马蹄形、箱形。大多数盾构为圆形，如图5-43所示。

盾构既是一种施工机具，又是一种强有力的临时支撑结构，其开挖和衬砌工作均在盾壳保护下进行。切口环是为了保护开挖面的稳定和作业空间的安全而设置的。支撑环连接着切口环和盾尾使盾构构成整体，是盾构结构的重要组成部分；在其周边内装有一组盾构千斤顶，在盾尾中设有组装机，主要用于组装预制衬砌管片。

图5-43 盾构机的组成

盾构法是目前地下铁道常用的施工方法，具有振动小、施工速度快、安全可靠，对沿线居民生活、地下和地面构筑物及建筑物影响小等优点。

盾构法修建的区间隧道衬砌，有预制装配式衬砌和模筑钢筋混凝土整体式衬砌相结合的双层衬砌，以及挤压混凝土整体式衬砌三大类。如图5-44所示。

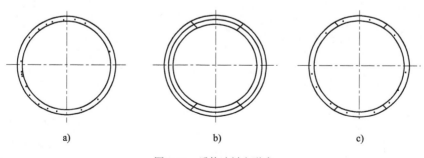

图5-44 盾构法衬砌形式

5. 高速铁路隧道的特点及要求

高速铁路隧道与普通铁路隧道最大的区别就是当列车以高速通过隧道时,会产生极强的空气动力效应,即瞬间压力、洞口微气压和行车阻力,对形成安全性、旅客舒适度及洞口环境等均产生不利影响。

高速铁路隧道结构设计不仅要满足空气动力学特性的要求,还要满足净空有效面积(表5-2)、安全空间、救援通道、工程技术作业空间的大小,具备运营通风、照明、防灾救援等设备。

我国高速铁路隧道净空有效面积标准　　表5-2

序　号	不同类型的列车最高速度	隧道有效净空面积(m^2)	
		单线	双线
1	200km/h 客运专线兼顾货物运输	52(63.6)	80(85)
2	250km/h 高速铁路	58(60)	92
3	300~350km/h 高速铁路	70	100

注:括号内的数值为客运专线兼顾双层集装箱运输条件下,考虑特定接触网高度等因素的面积。

复习思考题

1. 简述路基的作用、组成及横断面的形式。
2. 试绘制铁路路基标准横断面图。
3. 简述路基排水的设备和防护办法。
4. 简述桥梁的组成和类型。
5. 简述城市轨道交通高架桥设计的要求。
6. 简述城市轨道交通高架桥最常用的梁形和墩台形式。
7. 简述城市轨道交通地下铁道线路常用的施工方法。

第六章 轨道检测与维修

> **教学目标**
> 1. 掌握线路检测的方法;
> 2. 掌握线路静态检查的传统方法;
> 3. 熟悉轨道线路维修的主要内容和基本作业及验收评定;
> 4. 熟悉轨道线路大修的周期和类型。

第一节 轨道检测

铁路线路设备是铁路运输业的基础设备,它常年裸露在大自然中,经受着风雨、冻融和列车荷载的作用,轨道几何尺寸不断变化,路基及道床不断产生变形,钢轨、连接零件及轨枕不断磨损,从而使线路设备技术状态不断地发生变化。根据线路设备技术状态变化的规律,我国铁路线路的维修,划分为线路维修和设备大修两种修程。因此,工务部门掌握线路设备的变化规律,及时掌握线路状态,加强线路检测管理成为确保线路质量、保证运输安全的重要的基础性工作。

轨道检测从内容上可分为轨道部件状态检测、轨道几何形位检测及行车平稳性检测;从检查方式上可分为静态检测和动态检测。轨道检测是轨道科学维护管理的基础,同时也能为轨道结构设计、病害原因分析及维护标准制定等提供试验依据。

一、静态检测

静态检测指在没有车轮荷载作用时,用人工或轻型测量小车对线路进行的检查。线路检查主要项目包括:轨距、水平、高低、方向、空吊板、钢轨接头、防爬设备、连接零件、轨枕及道口设备等。道岔检查项目主要有:道岔各部分轨距、水平、高低、导曲线支距、查照间距、尖轨与基本轨的密贴程度等。目前采用的主要手段有两种:一种是用轨距尺、支距尺等传统量具进行的检查;另一种是用轨道检查仪进行的检查。

线路静态检查是各工务段、车间、工区对线路进行检查的主要方式之一,工务段段长、副段长、指导主任、检查监控车间主任、线路车间主任和线路工长应定期检查线路、道岔和其他线路设备,并重点检查薄弱处所。

(一)线路设备静态检查的要求

正线线路和道岔,每月应检查 2 次(当月有轨检车检查的线路可减少 1 次)。其中 1 次为

"三全"检查(全员、全线、全面),1 次为重点检查。其他线路和道岔,每月应检查 1 次。轨距、水平、三角坑应全面检查,轨向、高低及设备其他状态应全面查看、重点检查,对伤损钢轨、夹板和焊缝应同时检查。曲线正矢,每季应至少全面检查 1 次。对无缝线路轨条位移,每月应观测 1 次。对钢轨焊接接头的表面质量及平直度,每半年应检查 1 次。对严重线路病害地段和薄弱处所,应经常检查。对检查结果应做好相应的记录。

(二)线路静态检查传统工具

线路静态检查所用传统工具如下:
(1)传统量具:铁路轨距尺(图 6-1)、支距尺、高度板、木折尺和弦线(图 6-2)。
(2)轨道检查仪。

图 6-1 铁路轨距尺

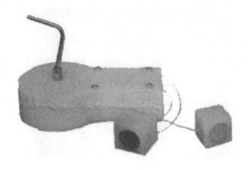

图 6-2 弦线

(三)线路静态检查的传统方法

1.检查轨道几何尺寸

(1)检查要求:检查轨距、水平时,一般每 6.25 m 检查一处,要全面检查、全面记录;对轨向、高低及设备其他状态,应全面检查、重点记录,对伤损钢轨、夹板和焊缝应同时检查。

(2)轨距、水平测量数值准确,误差不大于 1 mm;超限勾画准确,符号符合规定,无漏勾错划。

(3)检查轨向、高低位置准确,测量方法正确。

(4)记录正确、清楚、完整。

(5)超限统计符合规定。

2.检查程序和方法

(1)校定检查工具。轨距尺、支距尺应经鉴定合格,并有鉴定合格标记,绝缘良好,水平测量值正反两方向偏差不得大于 1 mm。弦线要结实,不能打结使用。

(2)轨距、水平检查。

①一般每 6.25 m 检查 1 处。12.5 m 钢轨的接头及中间各检查 1 处,每节钢轨检查 2 处;25 m 钢轨的接头、长度的 1/4、1/2、3/4 处,每节钢轨检查 4 处。非标准长度的钢轨可比照办理。无缝线路每公里检查 160 处(也按每 6.25 m 检查 1 处)。

②检查轨距时,道尺必须与线路中线垂直,现场操作时道尺垂直于任一钢轨均可。测量时,不论钢轨头部有无肥边和磨耗,也不论轨顶有无坡度,均以标准轨距尺测得的数据为准。

③水平检查时,水平差的符号,在直线地段,以顺计算里程方向,以左股钢轨为基本股,对

面股低于基本股时的水平差符号为"正号",反之为"负号";曲线地段以曲线内股钢轨为基本股,外股钢轨顶面与内股钢轨顶面的高差比曲线超高大时用"正号",反之为"负号"。

④水平检查与轨距检查同步进行,在钢轨长度的同一处所,按先轨距后水平的顺序检查,口述与标准尺寸的偏差,如+3、-5,即轨距与标准值偏差为+3mm,水平与标准值偏差为-5mm。

⑤记录。在线路检查记录簿上,按线路里程(股道)、轨号、检查部位,记录轨距、水平的偏差值。

3. 三角坑勾画

(1)线路几何尺寸检查中未用仪器对三角坑进行检查,而是以线路一定范围内(18m)相邻两点或三点的水平正负偏差值的代数差的绝对值来表示三角坑值。

(2)三角坑的勾画应注意,在18m范围内,水平偏差为同符号(同为"正号"或同为"负号")时,只勾画水平超限。如:正线直线地段作业验收时,检查出连续四点水平偏差为:+6、+4、+3、+5,只对水平偏差值为+6、+5的两处进行水平超限的勾画,而不存在三角坑。在18m范围内,有呈正负相反符号的应勾画三角坑超限,如同时存在水平超限,也应予以勾画。如正线直线地段作业验收时,检查出连续四点水平偏差为:+6、-2、0、-1,应勾画三角坑,其偏差则为:+6-(-2)=8mm,同时勾画+6处水平超限;又如:连续四点水平偏差为:+5、0、-3、-1,水平偏差+5与-3仍在18m范围内,依旧构成三角坑,三角坑偏差值为+5-(-3)=8mm,同时勾画+5处水平超限。

(3)有的水平偏差,构成同向双三角坑,此时勾画三角坑应画大不画小,画远不画近;如果画大不画小和画远不画近的原则相矛盾时,应以画大不画小的原则为先。同向双三角坑只统计为1处三角坑。例如:连续四点水平偏差为:+5、-3、-4、-1,则+5和-3、+5和-4构成同向双三角坑,这时,按照画远不画近的原则,应勾画+5和-4,三角坑偏差值为:+5-(-4)=9mm;如连续四点水平偏差为:+5、-5、-4、-1,则+5和-5、+5和-4构成同向双三角坑,按照画大不画小的原则,应勾画+5和-5,三角坑偏差值为+5-(-5)=10mm。

(4)有的水平偏差,构成交叉双三角坑,应画出双三角坑,按两处三角坑统计,同时存在水平偏差超限,仍应进行勾画和统计。例如:连续四点水平偏差为:+5、+4、-6、-7,那么,+5和-6、+4和-7构成交叉双三角坑,应分别予以勾画,三角坑偏差值为+5-(-6)=11mm,+4-(-7)=11mm,统计为2处三角坑超限,并勾画水平偏差+5、-6、-7这3处超限。

(5)在检查直线与曲线连接地段时,面向线路计算里程终端方向,如直线前面连接的曲线为左向曲线,检查及记录上均显示水平偏差符号相同,但事实上已构成三角坑。例如:在ZH(ZY)处,前后18m范围内,连续三点水平偏差为:+7、+6、+4,前水平差+7为左轨高7mm,后水平差+6或+4在曲线上为右股钢轨高6mm或4mm。这时,由于基本股选择的不同,虽然水平偏差符号相同,但实为正负号相反,已经构成三角坑。这种情况应注意勾画,防止三角坑的漏勾,同时在基本股选择变化处(ZH或ZY)以符号注明。

4. 轨向、高低检查

目测线路轨向和高低。在检查轨距、水平的同时,每隔100~150m目测前后轨向和高低,全面查看、重点检查。对超限的轨向和高低记录在"紧急工作量及其他"栏中。

轨向检查时,目测找出两股钢轨的轨向不良处,用石笔做出标记,将 10m 弦绳两端贴靠在钢轨内侧踏面下 16mm 处,测量弦绳至轨向不良处钢轨作用边的最大矢度值。若轨向是向轨道内侧凹入的,则应在 10m 弦绳的两端垫以同样高度的垫墩,使弦绳两端垫离轨头内侧,量取弦绳至轨向不良处钢轨作用边的最小矢度值。用垫墩高度减量取的最小矢度的差,即为该处轨向的最大凹矢度值。这种情况下,也可以检查相对股钢轨的外凸矢度值。

高低检查时,先俯身目测下颚圆弧的延长线,从纵向上找出线路高低不良的位置,用石笔做出标记。在钢轨顶面垫以同样高度的垫墩,将 10m 弦绳拉紧后两端紧贴垫墩上表面,量取弦绳至轨顶面的矢度。用垫墩高度减量取的矢度之差,即为该处线路的高低偏差值。偏差值大于零,符号为"+",线路向上凸起;偏差值小于零,符号为"-",线路向下凹陷。

轨向、高低偏差值的确定,是以检查出的超限偏差值作为该线路单位长度(每千米或每股道)的偏差值,并在记录上标注超限偏差值出现的处所。

5. 勾画超限及完善记录

(1)超限处所的勾画,必须严格按照《铁路线路修理规则》的规定标准进行。轨距、水平超限处用红色的"√"勾画在超限数字的下方,三角坑用红色的"△"标在两数字间下方。轨向、高低不良处所,伤损钢轨,夹板和焊缝的伤损情况也需记录在"紧急工作量及其他"栏中。

(2)记录每页要填写里程(股道)、曲线半径、加宽、超高、轨号及检查日期等项目。曲线要素(ZH、HY、YH、HZ 或 ZY、YZ)标在对应轨号左上角。

(3)站线应在每股道的每页上方标明站线类别(有曲线时也应标明曲线要素)。

(4)正线每千米或站线每股道要有小计,每旬(次)要有合计,并统计出检查的长度、超限处数及最大超限程度。如:检查××km,轨距超限××处,最大超限××mm,最小超限××mm;水平超限××处,最大超限××mm;三角坑超限××处,最大超限××mm。

(四)检查线路爬行

检查线路爬行,其检查要求、程序和方法如下:

(1)检查要求:对无缝线路长轨条位移情况,每月观测 1 次,并填写记录。发现观测桩处累计位移量大于 10mm 时(不含长轨条两端观测桩),应及时上报工务段查明原因,采取相应的措施。对普通线路爬行情况,每季至少应检查 1 次,爬行量大于 20mm 时,应安排整正。检查线路爬行位置正确,测量数值准确;记录正确、完整;数值的正负号和观测桩编号无误。

(2)检查程序和方法:确定观测桩标记及两钢轨外侧轨底位移标记。在两观测桩标记间拉紧弦绳,弦绳处于两钢轨底面下,并向上贴靠轨底。分别测量两钢轨外侧轨底位移标记至弦绳与外侧轨底边缘交点的距离,所得长度即为线路的爬行量。爬行量符号,顺爬行观测桩编号方向爬行为"+",反之为"-"(即钢轨位移标记符号在弦绳靠顺公里方向侧为"+",反之为"-")。

以观察为主的静态检查其他内容(零配件松动缺损等),同时记入检查记录簿。

(五)轨道检查仪

轨道检查仪是测量轨道几何尺寸且轨道参数随着仪器在线路上推行而实时显示并记录在内存中的手推车式静态检查仪器。操作人员在检查时可通过显示屏幕看见轨距、超高度及实际里程测量数值。在发现轨道缺陷后,可以实时在大号触摸键盘上输入资料,如断裂焊口或断轨、需更换轨枕、缺少螺钉等的位置。与用轨距尺检查几何尺寸相比较,轨道检查仪具有速度快、易于统计查询等优点。轨道检查仪类型主要有 GJY—I—1、GJY—H—1、GJY—H—2、GJY—H—3、GJY—H—EBJ—5、GJY—T—4 等,如图6-3 和图6-4 所示。

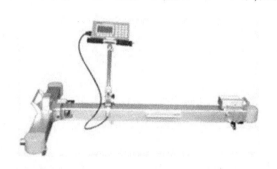

图6-3　GJY—T—4 型轨道检查仪

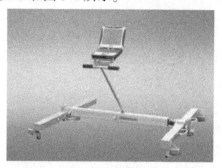

图6-4　GJY—H—EBJ—5 轨道检查仪

二、动态检测

轨道几何形位动态检测的主要设备是轨检车、车载式线路检查仪和添乘仪。

轨道车检查结果为轨道动态几何尺寸误差、走行部振动情况和行车平稳性情况。我国 XGJ—1 型准高速(140~160km/h)轨检车可检测 13 项内容,包括:左右轨的前后高低、左右轨的轨向、水平、曲线外轨超高、曲线半径、轨距、线路扭曲、车体水平和垂直振动加速度、左右轴箱垂直振动加速度等。除检测轨道几何形位外,还可以从轮轨相互作用和行车平稳性等方面对轨道几何状态做出综合评价。

轨检车由检测装置和数据处理系统两大部分组成。检测装置包括:惯性基准轨道不平顺测量装置、光电轨距测量装置和多功能振动测量装置等。数据处理系统包括:模数转换器、计算机、打印机等组成。

轨距检测采用光电式轨距测量装置,应用电学、磁学和光学原理,通过不同的传感器,把轨距几何量值的变化转换成电容、电感和电流或电压等电气参数的变化,实现动态条件下轨距的无接触测量。这种测量方法不仅适用于常速轨检车,在高速轨检车上也普遍适用。测量前后高低和左右水平时,采用惯性基准轨道不平顺测量装置。该装置应用质量—弹簧—阻尼系统构成惯性基准,对轨道不平顺和水平进行测量。车体和轴箱振动加速度检查,采用多功能振动测量装置。

轨检车的车载数据处理系统,能对测试结果进行实时处理。由各检测装置测得的模拟信号通过模数转换器转化为数字信号,输入计算机进行分析和处理,处理结果打印成图表;给出某段线路上各检测项目的平均值、标准差、各级超限峰值及最大超限值、累计超限罚分值等。同时,模拟信号还被记录在波形记录仪或模拟磁带机上,供进一步分析和处理用。

第二节　轨道线路维修

轨道线路维修工作的基本任务是:经常保持线路设备完整和质量均衡,使列车能以规定速度安全、平稳和不间断地运行,并尽量延长设备使用寿命。

轨道线路维修工作,应贯彻"预防为主、防治结合、修养并重"的原则,按线路设备技术状态的变化规律和程度,相应地进行综合维修、经常保养和临时补修,有效地预防和整治线路病害,有计划地补偿线路设备损耗,以取得较好的技术经济效益。

一、轨道线路维修的主要内容

轨道线路维修按工作内容和目的,分为综合维修、经常保养和临时补修。

(一)综合维修

综合维修是根据线路变化规律和特点,以全面改善轨道弹性、调整轨道几何尺寸和更换、整修失效零部件为重点,以大型养路机械为主要作业手段,按周期、有计划地对线路进行的综合性维修,以恢复线路完好技术状态。

(1)根据线路、道岔状态起道、拨道和改道,全面捣固。混凝土枕地段,捣固前撤除所有调高垫板;混凝土宽枕地段,垫砟与垫板相结合。

(2)调整线路、道岔各部尺寸,拨正曲线。

(3)清筛枕盒不洁道床和边坡,整治道床翻浆冒泥,补充道砟,整理道床。

(4)更换、方正和修理轨枕。

(5)调整轨缝,整修、更换和补充轨道加强设备(防爬设备),整治线路爬行,锁定线路、道岔。

(6)矫直、焊补、打磨钢轨,综合整治接头病害。

(7)有计划地采用打磨列车对钢轨、道岔进行预防性或修理性打磨。

(8)整修、更换和补充连接零件,并有计划地涂油。

(9)整修路肩,疏通排水设备,清除道床和路肩上的杂草。

(10)修理、补充和刷新线路标志,整修道口及其排水设备,收集旧料。

(11)其他病害的预防和整治。

(二)经常保养

经常保养是根据线路变化情况,以养路机械为主要作业手段,在全年度对全线进行有计划、有重点的经常性养护,以保持线路质量经常处于均衡状态。

(1)根据轨道几何尺寸超过经常保养容许偏差管理值的状态,成段整修线路。

(2)整治处理道床翻浆冒泥,均匀道砟,整理道床。

(3)更换和修理轨枕。

(4)调整轨缝,锁定线路。

(5)焊补、打磨钢轨,整治接头病害。

(6)有计划地成段整修扣件,进行扣件和接头螺栓涂油。

(7)无缝线路应力放散或调整。

(8)更换伤损钢轨,断轨焊复。

(9)整修防沙、防雪设备,整治冻害。

(10)整修道口,疏通排水设备,清除道床和路肩上的杂草。

(11)季节性工作、周期短于综合维修的其他单项工作。

(三)临时补修

临时补修是以小型养路机械为主要作业手段,及时对线路几何尺寸超过临时补修容许偏差管理值及其他不良处所进行的临时性整修,以保证行车安全和平稳。临时补修应做到消灭临时补修容许偏差管理值处所的时间不过夜。

(1)整修轨道几何尺寸超过临时补修容许偏差管理值的处所。

(2)更换(或处理)折断、重伤钢轨及桥上、隧道内轻伤钢轨。

(3)更换达到更换标准的伤损夹板,更换折断的接头螺栓、道岔护轨螺栓、可动心轨凸缘与接头铁连接螺栓、可动心轨咽喉和叉后间隔铁螺栓、长心轨与短心轨连接螺栓、钢枕立柱螺栓等。

(4)调整严重不良轨缝。

(5)疏通严重淤塞的排水设备,处理严重冲刷的路肩和道床。

(6)整修严重不良的道口设备。

(7)其他需要临时补修的工作。

二、线路维修的基本作业

1. 起道、捣固及垫板作业

矫正线路纵断面高程的工作称为起道,主要工作包括:扒砟、起道、方正轨枕、回填石砟及捣固等,如图 6-5 所示。捣固作业是人工或利用捣固机械将道床石砟振捣密实的过程,如图 6-6 所示。

图 6-5 起道、捣固

图 6-6 机械捣固

根据轨道静态和动态检测结果,如线路状态较好,基床稳定,可采取重点起道。如线路坑洼较多,积累的下沉量较大,应有计划地适当地全面起道,并结合线路坡度和变坡点情况,合理地确定全面起道地段的长度和起道量。

全面起道、全面捣固的目的是增加枕下道床厚度,消灭较多的线路坑洼和消除积累较大的下沉量。重点起道、全面捣固(重点捣固或垫板)主要是消灭线路个别坑洼,整治高低、水平及三角坑超限,消灭轨枕吊板。

起道、捣固及垫板作业过程中必须注意如下事项:

(1)无砟轨道、隧道内和高架桥面上的整体道床线路都不进行起道项目。

(2)混凝土轨枕地段,在综合维修中,应将调高垫板全部撤除,对起道地段进行全面捣固,非起道地段可视空吊板多少进行全面捣固或重点捣固。在经常保养和临时补修中,可采取捣固和垫板相结合的方法。

(3)对于混凝土宽轨枕,不便起道捣固,可以用粒径 8~12mm 的小碎石直接垫入枕底进行调节。

(4)起道量为 40mm 及以下时,用作业标防护;起道量为 41~100mm 时,用减速信号防护,列车以小于 25km/h 的速度慢行通过;起道量超过 100mm 时,应当设置停车信号进行防护。

2. 拨道作业

矫正线路平面位置的工作称为拨道,如图 6-7 所示。其主要作业包括:挖开枕端道砟(必要时)、拨道、回填并夯实道砟。检查线路方向及拨道时,曲线地段以外股钢轨为基准股,拨道量的计算通常采用绳正法进行计算;直线地段以方向较好的一股为基准股,拨道量通常采用目测的方法确定(图 6-8)。当拨道量小于 20mm 时,应一次拨好;当拨道量大于 20mm 时,应先进行一次粗拨,捣固道床后再细拨。

图 6-7 拨道

图 6-8 目测拨道

拨道在列车间隙时间内进行。拨道量为 40mm 及以下时,用作业标防护;拨道量为 41~100mm 时,用减速慢行信号防护;拨道量超过 100mm 时,应当设置停车信号进行防护。

3. 改道作业

改正轨距的作业称为改道,在轨距或轨距变化率超限时进行。检查线路及改道时,直线地段以方向较好的一股为基准股,曲线地段以上股为基准股。木枕地段改道时,需先拔出道钉,在原钉孔中打入木楔,拨移钢轨后重新钉入道钉。混凝土枕地段改道时,可通过调整钢轨两侧扣扳或轨距挡板加以实现。局部改道时,施工地点设作业标防护,列车经过时不必限速。

三、线路维修验收与评定

无论综合维修、经常保养、临时补修,还是单项病害的整治,每日作业后,都要对当日作业项目进行全面检查。凡是在当日收工前,发现经过列车碾压的作业地段出现轨道几何尺寸偏差超过作业验收标准或其他单项作业不符合技术标准时,都应该对不合格处所的维修进行返工,直到达到技术标准的要求。

对当日作业进行维修验收十分重要,它的目的主要有 2 个:

（1）保证作业质量，延长维修周期，确保行车安全。如果对当日作业不认真进行回检或不及时消灭超限处所，就不能保证整组道岔或整公里正线（一条站线）的综合维修达到验收标准。对经常保养或临时补修的线路或道岔，也会因作业质量不良而在短时间内再进行临时补修作业。严重的作业质量不良甚至会危及行车安全，如道岔查照间隔或护背距离抵触、道床严重不足、夹板及其螺栓缺少等，都会危及行车安全。

（2）通过当日作业验收，及时发现作业中出现的问题，并可按分工积累资料，利用质量控制的原理，发现作业质量变化的规律，及时采取措施予以纠正，不断提高一次性作业合格率。

（一）轨道线路维修标准

为了保证行车安全，必须控制轨道不平顺。根据《铁路线路修理规则》规定，线路和道岔静态几何尺寸容许偏差管理值如表6-1和表6-2所示。

线路轨道静态几何尺寸容许偏差管理值　　　　　表6-1

项　目		$V>160$km/h 正线			160km/h$\geq V_{max}$ >120km/h 正线			$V_{max}\leq 120$km/h 正线及到发线			其他站线		
		作业验收	经常保养	临时补修	作业验收	经常保养	临时补修	作业验收	经常保养	临时补修	作业验收	经常保养	临时补修
轨距(mm)		+2 −2	+4 −2	+6 −4	+4 −2	+6 −4	+8 −4	+6 −2	+7 −4	+9 −4	+6 −2	+9 −4	+10 −4
水平(mm)		3	5	8	4	6	8	4	6	10	5	8	11
高低(mm)		3	5	8	4	6	8	4	6	10	5	8	11
轨向(直线)(mm)		3	4	7	4	6	8	4	6	10	5	8	11
三角坑(扭曲) (mm)	缓和曲线	3	4	6	4	5	6	4	5	7	5	7	8
	直线和圆曲线	3	4	6	4	6	8	4	6	9	5	8	10

注：①轨距偏差不含曲线上按规定设置的轨距加宽值，但最大轨距（含加宽值和偏差）不得超过1456mm；
　　②轨向偏差和高低偏差为10m弦测量的最大矢度值；
　　③三角坑偏差不含曲线超高顺坡造成的扭曲量，检查三角坑时基长为6.25m，但在延长18m的距离内无超过表列的三角坑；
　　④专用线按其他站线办理。

道岔轨道静态几何尺寸容许偏差管理值　　　　　表6-2

项　目	$V>160$km/h 正线			160km/h$\geq V_{max}$ >120km/h 正线			$V_{max}\leq 120$km/h 正线及到发线			其他站线		
	作业验收	经常保养	临时补修	作业验收	经常保养	临时补修	作业验收	经常保养	临时补修	作业验收	经常保养	临时补修
轨距(mm)	+2 −2	+4 −2	+5 −2	+3 −2	+4 −2	+6 −2	+3 −2	+5 −3	+6 −3	+3 −2	+5 −3	+6 −3
水平(mm)	3	5	7	4	5	8	4	6	8	6	8	10
高低(mm)	3	5	7	4	5	8	4	6	8	6	8	10

续上表

项目		V>160km/h 正线			160km/h≥V_{max}>120km/h 正线			V_{max}≤120km/h 正线及到发线			其他站线		
		作业验收	经常保养	临时补修	作业验收	经常保养	临时补修	作业验收	经常保养	临时补修	作业验收	经常保养	临时补修
轨向(mm)	直线	3	4	6	4	5	8	4	6	9	6	8	10
	支距	2	3	4	2	3	4	2	3	4	2	3	4
三角坑(扭曲)(mm)		3	4	6	4	6	8	4	6	8	5	8	10

注：①支距偏差为现场支距与计算支距之差；
②导曲线下股高于上股的限值：作业验收为0，经常保养为2mm，临时补修为3mm；
③三角坑偏差不含曲线超高顺坡造成的扭曲量，检查三角坑时基长为6.25m，但在延长18m的距离内无超过表列的三角坑；
④尖轨尖处轨距的作业验收的容许偏差管理值为±1mm；
⑤专用线道岔按其他站线道岔办理。

(二) 综合维修验收办法

1. 线路、道岔综合维修验收单位

(1) 正线为1km(当月综合维修不足1km的也可验收)；无缝线路可为1个单元轨条。
(2) 站线为l股道。
(3) 道岔为1组。

2. 逐级进行验收

机械化维修车间(工区)完成综合维修后，应及时进行自验并做好记录，报请线路车间初验。线路车间应及时组织初验并做好记录，报请工务段组织验收。工务段应及时组织验收。工务段最后验收时，要全面进行查看，有重点地检测。

(三) 综合维修质量评定

1. 线路综合维修验收标准

线路综合维修验收，采取评分办法。满分为100分，100~85分为优良，85(不含)~60分为合格，60分以下为不合格。不合格线路整修复验后，在60分及以上者为合格。其评分标准见《铁路线路修理规则》第6.4.5条所示。

2. 道岔综合维修验收标准

线路综合维修验收，也采取评分办法。满分为100分，扣除缺点分后，100~85分为优良，85(不含)~60分为合格，60分以下为不合格。不合格线路整修复验后，在60分及以上者为合格。其评分标准见《铁路线路修理规则》表6.4.6所示。

(四) 线路保养质量评定

线路、道岔保养质量评定，是考核线路、道岔养护工作质量的基本指标。保养质量不好，不仅仅说明作业质量不好，而且表明对线路、道岔经常保养和临时补修不及时、不全面。所以，保养质量评定结果，也是安排维修计划的主要依据。通常每季由工务段组织对正线线路和正线、到发线道岔抽样检查、评定 1 次。

线路保养质量评定应以千米为单位(评定标准见《铁路线路修理规则》表 7.2.2),满分为 100 分,扣除缺点分后,100~85 分为优良,85(不含)~60 分为合格,60 分以下为不合格。

道岔保养质量评定应以组为单位(评定标准见《铁路线路修理规则》表 7.2.3),满分为 100 分,扣除缺点分后,100~85 分为优良,85(不含)~60 分为合格,60 分以下为不合格。

四、线路设备状态

线路设备状态评定,是对正线线路设备质量基本状态的检查评定,是考核各级线路设备管理工作和线路设备状态改善情况的基本指标。线路设备状态评定结合秋季设备检查资料分析,是安排线路大、中维修计划的主要依据。

每年 9 月份,铁路局应组织工务段结合秋季设备检查,对管内正线全面评定一次。每年 10 月 20 日前,由铁路局汇总和分析评定结果,并报中国铁路总公司。

线路设备状态评定应以公里为单位(评定标准见《铁路线路修理规则》表 7.1.2),满分为 100 分,扣除缺点分后,100~85 分为优良,85(不含)~60 分为合格,60 分以下为不合格。

第三节 轨道线路大修

轨道线路设备大修的基本任务是根据运输需要及轨道线路设备损耗规律,有计划、按周期地对其进行更新和修理,恢复和提高其强度,增强轨道承载能力。

轨道线路设备大修应贯彻"运营条件匹配、轨道结构等强、修理周期合理、线路质量均衡"的原则,坚持全面规划、适度超前、区段配套的方针,并应采用无缝线路。

一、轨道线路大修的周期

我国铁路线路大、中修周期,在现行的《铁路线路修理规则》中,是按线路通过总质量密度和轨道设备条件确定的,详见表 6-3 所示。但在小半径曲线、大坡道、隧道集中地段、轨型与所承担的运营条件不匹配地段,煤、砂、矿渣等散装货物运输集中地段,以及风沙危害地段等,应视具体情况缩短大、中修周期。

线路设备修理周期表(线路最大速度≤200km/h)　　　　表 6-3

轨道条件			周期(通过总重,Mt)		
轨型	轨枕	道床	大修	中修	维修
75kg/m 无缝线路	混凝土枕	碎石	900	400~500	120~180
75kg/m 普通线路	混凝土枕	碎石	700	350~400	60~90
60kg/m 无缝线路	混凝土枕	碎石	700	300~400	100~150
60kg/m 普通线路	混凝土枕和木枕	碎石	600	300~350	50~75
50gk/m 无缝线路	混凝土枕和木枕	碎石	550	300	70~100
50kg/m 普通线路	混凝土枕和木枕	碎石	450	250	40~60
43kg/m 及以下钢轨普通线路	混凝土枕和木枕	碎石	250	160	30

注:当钢轨累计疲劳重伤平均达到 2~4 根/km 时,应安排线路大修。

二、轨道线路设备大修的类型

(1)线路大修。轨道线路上的钢轨疲劳损伤,轨型不符合要求,不能满足铁路运输需要时,必须进行轨道线路大修。轨道线路大修分为普通线路换轨大修和无缝线路换轨大修。无缝线路换轨大修按施工阶段可分为铺设无缝线路前期工程和铺设无缝线路。

(2)成段更换再用轨(整修轨)。

(3)成组更换道岔和岔枕。

(4)成段更换混凝土枕。

(5)整组更换伸缩调节器、防脱护轨。

(6)道口大修。

(7)隔离栅栏大修。

(8)其他大修(以上未涵盖的轨道线路设备大修项目列其他大修)。

(9)轨道线路中修。

在轨道线路大修周期内,道床严重板结或脏污。其弹性不能满足铁路运输需要时,应进行轨道线路中修。石灰岩道砟应结合中修有计划地更换为一级道砟。在无路基病害、一级道砟、道床污染较轻、使用大型养路机械按周期进行修理的区段,通过有计划地进行边坡清筛,应取消轨道线路中修。

复习思考题

1. 简述轨道线路设备检测的方式。
2. 轨道线路静态检查的传统方法主要用什么工具或仪器?应如何检查?
3. 轨道线路维修的基本任务是什么?应该贯彻哪些原则?
4. 轨道线路维修的类型及主要维修内容是什么?
5. 轨道线路大修的基本任务及贯彻的原则是什么?
6. 轨道线路大修的工作分类有哪些?

第七章 轨道交通其他系统

> **教学目标**
> 1. 了解车辆的类型、组成部分及要求;
> 2. 了解城市轨道交通供电系统、接触网的形式及地下密流;
> 3. 了解轨道交通信号系统和通信系统的基本组成、功能及其他设备;
> 4. 了解城市轨道交通行车组织、客运组织、票务管理和网络化运营;
> 5. 熟悉城市轨道交通列车运行图、运输能力和基本作业;
> 6. 熟悉轨道交通灾害的类型和防护方法。

第一节 轨道交通车辆与牵引供电系统

一、城市轨道交通车辆

(一)城市轨道交通车辆的组成

地铁车辆有动车和拖车、带驾驶室车和不带驾驶室车等多种形式,例如上海地铁有带驾驶室拖车(A型)、无驾驶室带受电弓的动车(B型)和无驾驶室不带受电弓的动车(C型)三种车型。当采用6节编组时,其排列为:A—B—C—C—B—A;当采用8节编组时,其排列为:A—B—C—B—C—B—C—A。这样就能保证所编列车首尾两节车(全列车首尾两端)均带有驾驶室,中间各节车之间均为贯通,方便乘客沿全列车随意走动,使乘客在全列车中均匀分布,也有利于在列车发生意外事故时让乘客有秩序地沿此通道经驾驶室前端安全门撤离。北京地铁按全动车设计,两车为一单元,使用时按2、4、6辆编挂组成列车组。

我国推荐的轻轨电动车辆有3种类型:4轴动车、6轴单铰接式和8轴双铰接式车。一般城市轨道交通车辆可分为以下7部分:

1. 车体

车体分有驾驶室车体和无驾驶室车体两种。它是容纳乘客和司机驾驶(对于有驾驶室的车辆)的地方,又是安装与连接其他设备和部件的基础。近代城市轨道车辆车体均采用整体承载的钢结构或轻金属结构,以达到在最轻的自重下满足强度的要求。一般均有底架、端墙、侧墙及车顶等,如图7-1所示。

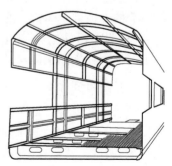

图7-1 车体

2. 走行部分

走行部分装置于车体与轨道之间，用来牵引和引导车辆沿着轨道行驶和承受与传递来自车体及线路的各种载荷并缓和其动力作用，它是保证车辆运行品质的关键部件。转向架一般由构架、弹簧悬挂装置、轮对轴箱装置和制动装置等组成。对于动力转向架还装设有牵引电机及传动装置。

车体和转向架之间的连接部位在心盘，车体心盘和转向架心盘之间可以相互有一定的转动。

3. 牵引缓冲连接装置

车辆编组成列运行必须借助于连接装置，即所谓车钩。为了改善列车纵向平稳性，一般在车钩的后部装设缓冲装置，以缓和列车冲动。另外，还必须连接车辆之间的电气和空气的管路，如图 7-2 所示为密接式车钩缓冲装置，是上海地铁 M1 线地铁车辆的牵引缓冲装置。

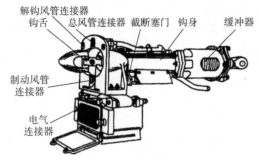

图 7-2　密接式车钩缓冲装置

4. 制动装置

制动装置是保证列车安全运行所必不可少的装置。不仅在动车上设制动装置，而且在拖车上也要设制动装置，这样才能使运行中的车辆按需要减速或在规定的距离内停车。城市轨道车辆制动装置除常规的空气制动装置外，还有再生制动、电阻制动和磁轨制动等。

5. 受流装置

从接触导线（接触网）或导电轨（第 3 轨）将电流引入动车的装置，称为受流装置或受流器。

受流装置按其受流方式可分为以下 5 种形式：

（1）杆形受流器：外形为两根平行杆，上部有两个受电轨（导线），广泛用于城市无轨电车。

（2）弓形受流器：属上部受流，弓可升可降，其接触有一根导线，下面有导轨构成电路，用于城市有轨电车。

（3）侧面受流器：在车顶的侧面受流，又称为"旁弓"，多用于矿山装货物的电力机车上。

（4）轨道式受流器：从底部导电轨受流，又称第 3 轨受流，空间可得到充分利用，多用于速度较高的隧道列车运行。北京地铁及目前欧美大部分城市地铁均采用这种受流方式。

（5）受电弓受流器：属上部受流，形状如弓可升可降，适用于列车速度较高的干线电力机车上。上海地铁亦采用这种方式。

6. 车辆内部设备

车辆内部设备包括服务于乘客的车体内的固定附属装置和服务于车辆运行的设备装置。属于前者的有：车电、通风、取暖、空调、座椅、拉手等。服务于车辆运行的设备装置大多吊挂于车底架，如蓄电池箱，继电器箱，主控制箱，电动空气压缩机组，总风缸，电源变压器，各种电气开关和接触器箱等。

7. 车辆电气系统

车辆电气系统包括车辆上的各种电气设备及其控制电路。按其作用和功能可分为主电路系统、辅助电路系统和电子与控制电路系统3个部分。

(二) 城市轨道交通车辆的特殊要求

城市轨道车辆主要是指地铁车辆和轻轨车辆,它是城市轨道交通工程的最重要的设备,也是技术含量较高的机电设备。城市轨道车辆应具有先进性、可靠性和实用性,应满足容量大、安全、快速、舒适、美观和节能的要求。

城市轨道交通车辆作为城市公共交通工具,主要在市内和市郊运行。它的运行条件与干线铁道车辆有种种不同:车辆要在地下隧道、高架和地面轨道运行,站距短,线路曲线半径小,坡度大;客流量大而集中,乘客上下车频繁,高峰时会超载。

作为公共交通,应尽量缩短乘客的乘坐时间,由于站距短,要提高最高运行速度是困难的,所以车辆一般有较高的起动加速度和制动减速度,以达到起动快、停车制动距离短,提高车辆平均速度的目的。

车辆的设计应遵循减少能耗、减少发热设备的原则,用以降低隧道内温度升高。为此要尽量减轻自重,选择效率高的传动系统。

由于运转密度较高,为确保安全行车,地下铁道的通信信号比较复杂,所以车载通信信号设备及车辆的控制系统,应有良好的适应能力。

随着生活水平的提高,人们对乘坐舒适性的要求也越来越高,所以车辆的悬挂系统比大铁路要求高,不少地下铁道车辆的车厢内除采用机械式通风换气来改善车内空气品质外,还增设空气调节装置,千方百计提高乘坐舒适性,并改善驾驶的工作条件。同时,在降低车厢内来自轮轨系统和动力系统的噪声上也采取多种有效的措施。

二、城市轨道交通牵引供电

(一) 城市轨道交通供电系统的组成

城市轨道交通供电电源一般取自城市电网,通过城市电网一次电力系统和轨道交通供电系统实现输送或变换,最后以适当的电压等级一定的电流形式(直流或交流电)供给用电设备。如图7-3所示为城市电网一次电力系统和地铁供电系统。图中虚线上部为城市电网一次电力系统,虚线下部为地铁供电系统。

以地铁为例,地铁牵引供电系统示意图如图7-4所示,其各部分的名称及功能简述如下:

牵引变电站:供给地铁一定区段内牵引电能的变电站。

接触网(架空线或接触轨):经过电动列车的受电器向电动列车供给电能的导电网(北京、天津地铁采用接触轨;上海地铁采用架空接触网)。

回流线:用以供牵引电流返回牵引变电站的导线。

馈电线:从牵引变电站向接触网输送牵引电能的导线。

电分段:为便于检修和缩小事故范围,将接触网分成若干段称为电分段。

轨道电路:利用走行轨作为牵引电流回流的电路。

一般将接触网、馈电线、轨道、回流线总称为牵引网。

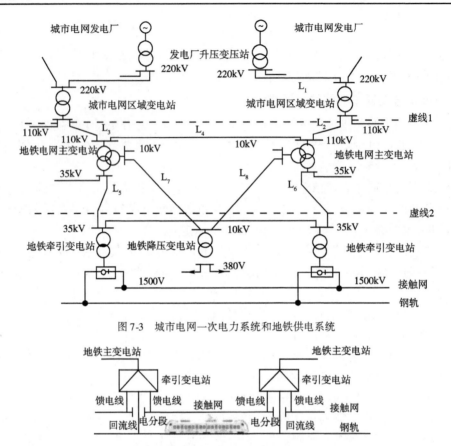

图 7-3 城市电网一次电力系统和地铁供电系统

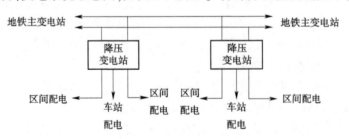

图 7-4 地铁牵引供电系统示意图

牵引供电系统由牵引变电站和牵引网所组成,其中牵引变电站和接触网是牵引供电系统的主要组成部分。

(二)地铁动力、照明供电系统各部分的功能

地铁动力、照明、供电系统示意图,如图7-5 所示。各部分功能简述如下:

图 7-5 地铁动力、照明、供电系统示意图

降压变电站:将三相电源进线电压降压变为三相380V 交流电,降压变电站的主要用电设备是风机、水泵、照明、通信、信号、防火报警设备等。

配电所(室):配电所(室)仅起到电能分配作用。降压变电站通过配电所(室)将三相380V 和单相220V 交流电分别供给动力、照明设备,各配电所(室)对本车站及其两侧区间动力和照明等设备配电。

配电线路:配电所(室)与用电设备之间的导线。

在动力供电系统中,降压变电站一般每个车站设置一个,有时也可几个车站合设一个;也可将降压(动力)变压器附设在某个牵引变电站之中,构成牵引与动力混合变电站。

地铁车站及区间照明电源采用380/220V系统配电。正常时,工作照明、事故照明均由交流供电;当交流电源失去时,事故照明自动切换为蓄电池供电,确保事故期间必要的紧急照明。

在地铁供电系统中,根据实际需要,也可以专设高压主变电站。发电厂或区域变电站对地铁主变电站供电,经主变电站降压后,分别以不同的电压等级对牵引变电站和降压变电站供电。牵引变电站的设置和容量应按运行的列车编组及行车密度进行牵引供电计算后确定,降压变电站的设置和容量可根据动力用电量确定,若有主变电站,其容量应由全部牵引和动力用电量来确定。

三、接触网

1. 接触网应满足的基本要求

接触网是牵引供电系统的重要组成部分,一旦损坏将中断牵引供电。为此,接触网应满足以下基本要求:

(1)由于接触网在工作中无备用网,因而要求接触网强度高且安全可靠;
(2)要求在各种气候条件下均能受流良好;
(3)因接触网部件更换困难,因此要求接触网性能好、运行寿命长;
(4)因其维修是利用行车中的间隔时间进行的,故要求结构轻巧,零(部)件互换性强,便于施工、维护和抢修;
(5)因接触网无法避开腐蚀强、污秽严重等异常环境,故应采取耐腐蚀和防污秽技术措施;
(6)因采用与受电器摩擦接触的受流方式,因此要求接触网有较均匀的弹性,接触线等部位要有良好的耐磨性。

图7-6 接触轨式(第三轨)接触网

2. 接触网类型

接触网按其结构形式可分为接触轨式(第三轨)(图7-6和图7-7)和架空式(图7-8)两大类型。

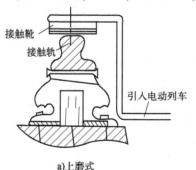

图7-7 接触轨的结构

图7-8 架空式接触网

四、地下迷流

在直流牵引供电系统中,牵引电流并非全部由钢轨流回牵引变电站,而是有一部分由钢轨杂散流入大地,再由大地流回钢轨并回到牵引变电站。走行钢轨中的牵引电流越大或钢轨对地面绝缘程度越差,地下杂散电流也就相应增大,这种地下杂散电流又称为地下迷流。

走行钢轨铺设在轨枕、道砟和大地上,由于轨枕等的绝缘不良和大地的导电性能,地下杂散电流杂散流入大地,并在某些地方重新流回钢轨和牵引变电站,在走行钢轨附近埋有地下金属管道、电缆和任何其他金属结构件时,一部分地下杂散电流就从导电的金属件上流过。在电动列车附近的杂散电流从钢轨流向金属体,使金属体对地电位形成阴极区。在变电站附近,杂散电流从金属体流回钢轨和变电站,金属体对地电位形成阳极区。在阳极区,杂散电流从金属体流出的地方将出现电解现象,这种电解现象使金属物体温度升高,加速了金属物体的腐蚀。在长期的电腐蚀作用下,地下金属物体(如管道、电缆等)将受到严重地损坏。若地下杂散电流流入电气接地装置,又将引起过高的接地电位,导致某些设备无法正常工作。同时杂散电流过大时将产生对地电压,严重时可危及人身安全。从上面分析可知,地下迷流及其影响是直流牵引供电系统中必须高度重视的大问题。

第二节 轨道交通信号控制与通信系统

一、城市轨道交通信号概述

城市轨道交通系统的安全、输送能力和效率与信号系统密切相关,以速度控制为基础的列车自动控制系统已成为城市轨道交通信号系统的必然选择。信号系统实际上已成为城市轨道交通调度指挥和运营管理的中枢神经,选择合适的信号系统可以产生巨大的经济效益和社会效益。

(一)城市轨道交通信号系统的组成

城市轨道交通信号系统,就是应用于城市轨道交通系统中实现行车指挥和列车运行控制及安全间隔控制技术的总称,其功能是保证行车安全,提高运输效率。

从设备分布来看,城市轨道交通的信号系统通常由列车运行自动控制(ATC)系统和车辆段信号控制系统两大部分组成,用于列车进路控制、列车间隔控制、调度指挥、信息管理、设备状况监测及维护管理,由此构成了一个高效的综合自动化系统。

1. 列车运行自动控制系统

列车运行自动控制(ATC)系统是由列车自动防护(ATP)子系统、列车自动驾驶(ATO)子系统和列车自动监控(ATS)子系统组成,简称"3A"。各子系统之间相互渗透,实现地面控制与车上控制相结合、就地控制与中央控制相结合,构成了一个以安全设备为基础,集行车指挥、运行调整及列车自动运行等功能为一体的自动控制系统。

2. 车辆段联锁设备

车辆段设一套联锁设备,用以实现车辆段的进路控制,并通过 ATS 车辆段分机与行车指挥中心交换信息。车辆段联锁系统前期曾采用6502电气集中联锁,近年来均采用计算机联锁。为了对车载 ATC 设备进行静、动态试验,车辆段内试车线设有若干段与正线相同的 ATP 轨道电路和 ATO 地面设备。

在车辆段停车库,一般还设有日检/月检设备,用来对列车进行上线前的常规检测。

(二)城市轨道交通信号系统的作用

在轨道交通中,信号系统担负着保证行车安全、指挥列车运行的重要任务。在轨道交通建设中,信号设备以及信号系统的建设投资比重不大,但却担负着极其重要的作用。

1. 确保列车运行的安全

城市轨道交通信号系统是指挥列车安全运行的关键设备,只有在列车运行前方的轨道区段没有列车占用等条件满足,才允许向列车发出列车前行信号,从而确保列车运行安全;如果列车不遵循信号显示运行(违章运行),将会导致事故的发生。在城市轨道交通运输中,保证旅客安全至关重要,而信号系统的保障可以减少或杜绝列车运行事故,可以降低事故等级,减小事故损失。

2. 提高轨道交通的运行效率

目前,在城市轨道交通系统中均采用了先进的信号系统,使列车的行车间隔较早期大大缩短,可以达到小于2min 的运行间隔,提高行车密度,缩短列车停站时分。同时,现代化的城市轨道交通信号系统,由计算机系统根据设定的列车运行时刻表,自动、安全地指挥列车按运行图运行,对于提高行车效率有着重要的作用。

为了确保行车的安全、平稳,城市轨道交通信号系统应具有安全性要求高、通过能力大、保证信号显示、抗干扰能力强、可靠性要求高、自动化程度高等要求。

(三)城市轨道交通信号系统的基础设备

城市轨道交通信号系统的基础设备,包括地面信号机、转辙机、轨道电路、应答器、计轴器等设备。信号系统基础设备的运用质量和可靠性,是信号系统正常运行和充分发挥功能的保证。

1. 信号机

城市轨道交通采用色灯信号机,地面信号机通常设于列车运行方向的右侧,在地下部分一般安装在隧道壁上,但是信号机不得侵入设备限界。前期多采用透镜式信号机,目前大多采用 LED 信号机。除了车辆段和有岔站外,一般不设信号机。在城市轨道交通中,允许信号的绿灯、黄灯代表列车的运行进路是走道岔直股还是弯股,没有速度的含义。信号机,如图7-9所示。

2. 转辙机

转辙机是道岔控制系统的执行机构,用于道岔的转换与锁闭,它是道岔动作的动力部分,通过杆件做直线运动,从而使道岔尖轨通过位移来改变道岔的位置,并给出道岔状态的表示。转辙机,如图 7-10 所示。

图 7-9　信号机

图 7-10　转辙机

3. 轨道电路

轨道电路是利用线路的钢轨和机械绝缘节(或电气绝缘)构成的电路。它是信号系统的重要基础设备,它的性能直接影响行车安全和运输效率。轨道电路广泛应用于列车的检测,城市轨道交通不设轨道电路的情况下,也可以在轨道区段的两端设置计轴器,以检测列车。城市轨道交通的轨道电路,如图 7-11 所示。

4. 计轴器

计轴器是用于完成计算车辆进出区段的轮轴数,分析计算区段是否有车占用的一种技术设备。它具有检查区段占用与空闲的功能,而且不受轨道线路的道床状况等影响。它采用轨道传感器、电子单元和计轴核算器来记录并比较驶入和驶出轨道区段的轴数,作为检查区段的安全设备,其作用与轨道电路等效。在采用 CBTC(基于无线通信的列车运行控制系统)的城市轨道交通线路,当无线传输设备发生故障时,可用计轴设备检查列车的位置,构成"降级"信号。计轴器,如图 7-12 所示。

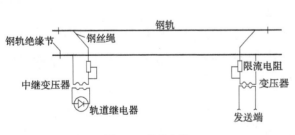
图 7-11　轨道电路

图 7-12　计轴器

5. 应答器

城市轨道交通列车运行自动控制系统中,应答器已经应用很久了。早在上海轨道交通 1 号线的 ATC 系统中,采用无源和有源应答器,实现列车在车站的程序定位停车控制,其后在

"距离定位"的 ATC 系统中,轨间采用了大量的定位应答器,也称"信标";近年来我国城市轨道交通陆续采用基于无线通信的 CBTC 系统,通过应答器获得列车在线路的精确位置。应答器,如图 7-13 所示。

a) 有源应答器

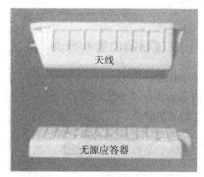
b) 无源应答器

图 7-13 应答器

二、闭塞系统

闭塞就是用信号或凭证,保证列车按照空间间隔制运行的技术方法。空间间隔制就是前行列车和追踪列车之间必须保持一定距离的行车方法。

(一)闭塞的基本概念

在城市轨道交通中,为保证列车运行安全,须保证列车间以一定的安全间隔运行。早期,人们通常将线路划分为若干闭塞分区,以不同的信号表示该分区或前方分区是否被列车占用等状态,列车则根据信号显示运行。不论采取何种信号显示制式,列车间都必须有一定数量的空闲分区作为列车安全间隔。

为了保证区间内列车运行安全和效率,防止列车发生对向冲突(单线)或同向追尾(单线和双线),而规定的区间两端车站在向区间发车前必须办理的行车手续,称为行车闭塞(简称闭塞),用于完成闭塞手续的设备即闭塞设备。

(二)传统闭塞的分类

从列车能否追踪的角度,可分站间闭塞和自动闭塞两大类。站间闭塞两站间只能运行一列列车,列车的空间间隔为一个站间;自动闭塞两站间能运行若干列列车,其列车的空间间隔满足列车制动的距离。

1. 站间闭塞

站间闭塞就是两站间只能运行一列列车,其列车的空间间隔为一个站间。按其技术手段和闭塞方法不同又可分为电话闭塞、半自动闭塞、自动站间闭塞等。

2. 自动闭塞

将站间区间划分成若干个闭塞分区,在每个闭塞分区的入口处,设置相应的通过信号机予以防护,而通过信号机的显示是根据列车的运行而自动变换,这样一种闭塞制度就是自动闭塞。在自动闭塞制度下,根据前方列车的位置,通过轨道电路自动地控制通过信号机的显示,并向列车发送运行"指令",而且可以允许多列列车在区间运行。图7-14所示为自动闭塞原理示意图,这种闭塞方式不仅能确保行车安全,也能提高行车效率。

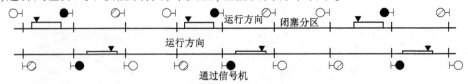

图7-14 自动闭塞原理示意图

在城市轨道交通中,自动闭塞一般适用于列车最高运行速度在160km/h及其以下,它可分为三显示自动闭塞、四显示自动闭塞和多信息自动闭塞。

(三)列车运行自动控制系统中的闭塞分类

列车运行自动控制系统(简称列控系统)是保证列车按照空间间隔控制运行的技术方法,靠控制列车运行速度的方式来实现。列控系统采用的闭塞制式可分为固定闭塞和移动闭塞2大类。

运行列车间必须保持的空间间隔首先是满足列车制动距离的需要,考虑适当的安全余量和确认信号时间内的运行距离。所以,根据列控系统采取的不同控制模式会产生不同的闭塞制式。列车间的追踪运行间隔越小,运输能力就越大。

1. 固定闭塞

列控系统采取分级速度控制模式时,采用固定闭塞方式。运行列车间的空间间隔是若干个闭塞分区,闭塞分区的长度依划分的速度等级而定,每一闭塞分区的长度要满足一个速度等级制动距离的要求。

固定闭塞列控系统的追踪目标点为前行列车所占用闭塞分区的始端,后行列车从最高速度开始制动的计算点为要求开始减速的闭塞分区的始端,这两个点都是固定的,空间间隔的长度也是固定的,所以称为固定闭塞。

2. 移动闭塞

移动闭塞方式的列控系统采取目标-距离控制模式。目标-距离控制模式根据目标距离、目标速度及列车本身的性能确定列车制动曲线,采用一次制动方式。移动闭塞的追踪目标点,是前行列车的尾部(留有一定的安全距离);后行列车从最高速度开始制动的计算点,是根据目标距离、目标速度及列车本身的性能计算决定的。目标点是前行列车的尾部(留有一定的安全距离),与前行列车的走行速度有关,随时变化,而制动曲线的起始点随线路参数和列车本身性能不同而变化,列车间的空间间隔长度不固定,所以称为移动闭塞。其追踪运行间隔要比准移动闭塞更小一些,移动闭塞一般采用无线通信和无线定位技术来实现。移动闭塞在城市轨道交通中的应用越来越广泛。如图7-15所示。

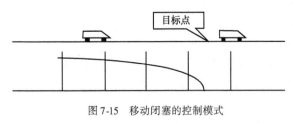

图7-15 移动闭塞的控制模式

三、联锁系统

城市轨道交通信号系统的任务是保证行车安全、协调列车运行、提高运输效率。地铁、轻轨正线以及车辆段都有很多线路,列车运行或转线时通过进路实现,每条进路只允许一列列车使用。列车能否进入某进路,是否会发生进路冲突,这些都由联锁系统来控制。联锁系统是信号系统中保证列车行车安全的核心设备。

(一)联锁

联锁是通过技术方法,使信号、道岔和进路必须按照一定程序并满足一定条件,才能动作或建立起来的相互关系。其中,信号、道岔和进路是联锁对象,必须按照一定程序并满足一定条件是联锁规则,动作或建立起来的相互关系是联锁结果。联锁规则应该包括用户需求和技术条件,联锁结果就是产生的控制命令。

城市轨道交通信号系统已经从以车站联锁为中心转变为以列车运行控制系统为中心。

城市轨道交通联锁系统存在很多与传统铁路电气集中系统不同的情况。例如,列车运行的三级控制、多列车进路、追踪进路、折返进路、联锁监控区、保护区段和侧面防护等。

(二)CBTC 系统中的联锁技术

在我国城市轨道交通建设中,基于通信的列车控制(CBTC)系统以轨旁设备少、调试效率高、线路追踪时间间隔短、运能大等特点,得到快速发展。北京地铁 2 号线、武汉轻轨等多项工程的开通运营,标志着我国轨道交通信号技术应用水平又上了一个台阶。

地铁的 CBTC 移动闭塞系统,由列车根据车载测速、定位设备获知列车本身在线路上的位置,并将列车位置、速度等信息,动态、实时地向控制中心安全计算机 ZC 报告。同时,联锁将线路信息包含信号"显示"信息、道岔位置和状态、进路上各区段的列车准行方向信息、屏蔽门状态等发送给 ZC 和车载安全计算机 CC,然后,由 ZC 向列车提供移动授权。列车的移动授权信息,包括列车的准行方向、准行距离、准行速度等。

在 CBTC 系统中,区间一般不需要划分物理意义上的闭塞分区,不需要设置闭塞分区轨道空闲检查设备(如轨道电路、计轴器)。这样,不仅节省了大量的轨旁硬件,以及这些设备的调试和维护成本,还最大限度地提高了站、线通过能力。因此,CBTC 系统已经成为大密度城市轨道交通系统的优选方案。

四、城市轨道交通通信系统概述

城市轨道交通通信系统是指挥列车运行、公务联络和传递各种信息的重要手段,是保证列车安全、快速、高效运行不可缺少的综合通信系统。城市轨道交通通信系统主要包括:传输系统、公务电话系统、专用电话系统、无线集群通信系统、闭路电视监控系统(CCTV)、有线广播系统(PA)、时钟系统、电源及接地系统、乘客导乘信息系统(PIS)、办公室自动化(OA)等子系统。通信系统的服务范围涵盖了控制中心、车站、车辆段、停车场、地面线路、高架线路、地下隧道与列车。

(一)城市轨道交通通信系统的作用

首先,城市轨道交通通信系统与信号系统共同完成行车调度指挥,并为城市轨道交通的其他各子系统提供信息传输通道和时标(标准时间)信号。此外,通信系统是城市轨道交通内部公务联络的主要通道,使构成城市轨道交通内部的各个子系统能够紧密联系,以提高整个系统的运行效率。当然,通信系统也是城市轨道交通内、外联系的通道。

城市轨道交通通信系统在发生灾害、事故或恐怖活动的情况下,是进行应急处理、抢险救灾和反恐的主要手段。城市轨道交通越是在发生事故、灾害或恐怖活动时,越是需要通信联系,但若在常规通信系统之外再设置一套防灾救护通信系统,势必要增加投资,而且长期不使用的设备亦难以保持良好的运行状态。所以,在正常情况下,通信系统能为运营管理、指挥、监控等提供通信联络的手段,为乘客提供周密的服务;在突发灾害、事故或恐怖活动的情况下,能够集中通信资源,保证有足够的容量以满足应急处理、抢险救灾的特殊通信要求。

城市轨道交通对通信系统必须具备能迅速、准确、可靠地传送和交换各种信息的能力。

(二)城市轨道交通通信系统的分类

1. 按业务分类

(1)专用通信:专用通信是供系统内部运行组织与管理使用的通信网络,用于直接组织、指挥列车运行;在紧急情况下,可进行应急调度指挥,是最重要的业务通信网。

(2)公务电话通信:公务电话通信是城市轨道交通内部的公务通信网,相当于企业总机,供一般公务联络使用,以及提供与外界通信网的连接使用。

(3)有线广播通信:有线广播通信是城市轨道交通运行组织的辅助通信网,向乘客报告列车运行信息,扩放音乐;在紧急情况下,可进行应急指挥和引导乘客疏散。

(4)闭路电视:闭路电视是城市轨道交通的现场监控系统,用以监视车站各部位、客流情况及列车停靠、车门开闭和起动状况;在紧急情况下,用以实时监视事故现场。

(5)无线通信:无线通信更适用于位置不固定的相关业务工作人员以及列车驾驶的通信联络,作为固定设置的有线通信网的强有力的补充。

(6)其他通信:时钟系统,使整个系统在统一的时间下运转;会议通信系统,提供高效的远程集中会议通信,如电话会议、可视电话会议等;数据通信系统,用以传送文件和数据。

2. 按传输媒介分类

城市轨道交通通信系统按传输媒介分类,可分为有线通信和无线通信2大类。

(1)有线通信系统的传输媒介是光缆和电缆,目前主要是光缆。有线通信主要包括:传输系统、电话系统、闭路电视监控系统、广播系统、乘客导乘信息系统等。

(2)无线通信系统利用空间电磁波进行传输。无线通信包括:无线集群通信、无线局域网(WLAN)、移动电视和公众移动通信网等。

(三)城市轨道交通通信系统的组成

城市轨道交通通信系统主要由下列子系统组成:传输系统、公务电话系统、专用电话系统、无线集群通信系统、闭路电视监控系统、有线广播系统、时钟系统、乘客导乘信息系统、通信电源和接地系统、城市轨道交通地下部分的公共覆盖系统。

1. 传输系统

城市轨道交通的传输网是城市轨道交通通信网的基础。城市轨道交通传输网要求具有高可靠性和丰富的业务接口。

城市轨道交通传输网的低层一般采用 SDH 光纤自愈环路,在光纤切断或故障时能自动进行业务切换,故具有很高的可靠性。

2. 公务电话系统

城市轨道交通公务电话相当于企业总机,采用通用的程控数字用户交换机组网,并通过中继线路接入当地市话网。一般情况下,中心交换机安装在控制中心和车辆段,而在各车站配置车站交换机或中心交换机的远端模块。中心交换机与车站交换机之间通过城市轨道交通专用传输网进行点对点的连接。为减少城市轨道交通通信设备的类型,目前城市轨道交通多数采用具有调度功能的交换机组成公务电话网。

3. 专用电话系统

专用电话系统包括:调度、站内、站间和区间(轨旁)电话子系统。

城市轨道交通的调度电话子系统主要包括调度总机、调度台和调度分机3部分,并通过传输系统或通信电缆相连接。在控制中心安装有调度机或交换/调度机作为调度总机,为调度人员提供专用直达通信服务。一般在城市轨道交通中设有行车调度、电力调度、维修调度、环控调度、公安调度的(虚拟)调度专网和调度台(其中行车调度专网设2个调度台)。调度台应具有选呼、组呼、群呼、强插、强拆、会议、应急处理等特定功能。调度分机安装在控制中心、车辆段以及各车站。调度台可单键直接呼叫分机;分机呼叫调度台分为一般与紧急两类呼叫。

站内的公务电话交换机具有热线功能,在提供公务电话业务的同时,亦可提供站内、站间和区间(轨旁)电话业务。

站内电话子系统由车站公务电话交换机、车站值班台(主机)和电话分机组成。

站间电话可为车站值班员与相邻车站的车站值班员提供直达通信服务,也可以接入公务电话网。

区间电话通过站内电话子系统连接邻站的车站值班台或接入公务电话网,为隧道内的维修工作人员提供通信服务。

4. 无线集群通信系统

城市轨道交通通信中包含了有线与无线两类调度指挥系统,其中的无线调度系统亦称为无线集群通信系统。它在城市轨道交通通信系统中发挥了十分重要的作用,是调度与司机联络的唯一可靠的通信手段,同时也是与移动中的作业人员、抢险人员实现通信的重要手段。该系统在保证行车安全及处理紧急突发事故方面有着不可替代的作用。

无线集群通信系统主要包括:集群中心交换与控制设备;基站设备和直放站;漏泄电缆和天线;调度台、车载台、车站台(固定台)和手持台。

5. 闭路电视监控系统(CCTV)

闭路电视监控系统为控制中心调度管理人员、车站值班员、列车驾驶及站台监视亭值班员等对车站的站厅、站台、出入口等主要区域提供监视服务。

控制中心的行车调度员实时监视全线各车站的情况。车站的车站值班员能够实时监视本站情况。列车驾驶能在驾驶室看到乘客上下车的情况(站台与列车间用无线传送视频信号)。

监视画面要求具有DVD质量。采用控制中心和车站两级互相独立的监控方式,平常以车站值班员控制为主,控制中心调度员可任意选择上调各车站的各摄像头的监视画面。在紧急情况下则转换为以控制中心调度员控制。出于安全与事故取证要求,车站和控制中心的 CCTV 设备还应具有录像功能。

6. 有线广播系统(PA)

有线广播系统由正线广播和车辆段广播 2 个独立的系统组成。

正线广播又分成控制中心广播和车站广播 2 级。该系统为控制中心调度员、车站值班员、车辆段值班员提供对相应区域进行有线广播,同时也为控制中心大楼提供广播功能。

有线广播系统具有自动和人工广播,以及相应的选择功能及优先级功能,采用车站和控制中心 2 级控制方式。平时以车站广播为主,控制中心可以插入;但在紧急情况下,则以控制中心广播为主。

7. 时钟系统

时钟系统是为保证城市轨道交通运营准时、服务乘客、统一全线设备标准时间而设置的。城市轨道交通的两类时钟系统均同步于美国 GPS(俄罗斯格林纳斯、欧洲伽利略、中国北斗一号作备用)或 CCTV 时间信息。

其中提供时间信息的时钟系统分为一级母钟系统与二级母钟系统。一级母钟系统安装在控制中心,二级母钟系统安装在各车站、车辆段的通信机房内,用以驱动分布在站内及车辆段的各子钟以显示正确的时间,同时为通信设备提供基准频率。

8. 乘客导乘信息系统(PIS)

乘客导乘信息系统与城市轨道交通信号系统相连接。PIS 主要功能是及时为车站和列车上的乘客提供列车导乘信息;同时也可提供诸如时间、天气预报、新闻及广告等其他信息。

为了在列车上提供实时的导乘信息、新闻、赛事等,可以在城市轨道交通中建设符合我国数字电视地面广播标准(DMB—TH)的移动数字电视系统。

9. 通信电源和接地系统

城市轨道交通通信的电源系统必须是供电设备独立、并具有集中监控管理的系统。通信电源系统应保证对通信设备不间断、无瞬变地供电,满足通信设备对电源的要求。

城市轨道交通通信设备应按一级负荷供电,由变电所引接双电源双回线路的交流电源至通信机房交流配电屏;当使用中的一路出现故障时,应能自动切换至另一路。

城市轨道交通车站根据条件可采用合设接地方式,也可采用分设接地方式。分设接地方式由接地体、接地引入线、地线盘及室内接地配线组成。

10. 城市轨道交通地下部分的公共覆盖系统

城市轨道交通中的公用移动通信系统,即指公众网电信运营商的 GSM、CDMA 或 3G 移动通信系统。

对城市轨道交通而言,地面和高架线路车站与列车中的乘客可利用公众移动通信网的地面覆盖进行通信,而移动通信地面电磁波不可能直接进入地下,故需要在地下部分建设公众移动通信网的覆盖系统。因为在地下站厅、站台与隧道中电磁波的传播特征与自由空间传播特征相比较有其特殊性。故在城市轨道交通地下部分中,公共覆盖的天馈(由天线、漏缆、馈线组成)系统部分,需针对城市轨道交通地下部分的特殊环境进行设计与施工。

第三节　城市轨道交通运营组织及管理

一、城市轨道交通行车组织及调度

城市轨道交通系统的安全、速度、输送能力和效率与行车组织工作密切相关,行车组织作为城市轨道交通调度指挥和运营的关键工作,制定相应的行车组织规则,可以带来较好的经济效益和社会效益。

城市轨道交通的信号系统沿袭铁路的制式,但由于其自身的特点,与干线铁路不同,城市轨道交通在整个运输过程中,调车作业很少,行车组织基本上只从事列车运行组织和接发列车工作,由调度所(或中央控制室)和车站(段)2级完成。

(一)城市轨道交通列车运行图

1. 列车运行图的定义

列车运行图是用坐标原理方法表示列车运行状况的一种图解形式,如图7-16所示。

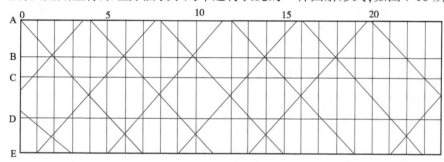

图7-16　列车运行图要素表示法

2. 列车运行图的要素表示法

(1)横坐标:表示时间变量,按要求用一定的比例进行时间划分,一般城市轨道交通系统列车运行图采用1分格或2分格,每一等份表示1min或2min时间。

(2)纵坐标:表示距离分割,根据区间实际里程,采用规定的比例,以车站中心线所在位置进行距离定点。

(3)垂直线:是一簇平行的等分线,表示时间等分段。

(4)水平线:是一簇平行的不等分线,表示各个车站中心线所在位置。

(5)斜线:列车运行轨迹线,一般以上斜线表示上行列车运行线,下行斜线表示下行列车运行线。

在列车运行图上,列车运行线与车站线的交点即该列车到达、出发或通过的时间。由于城市轨道交通列车停站时间较短,一般不标明到、发时间。

在列车运行图上,每个列车都有不同的车号与车次。按不同的列车类别规定代号和列车号,如专运列车、施工列车等;按发车顺序编列车车次,上行采用双数,下行采用单数。列车车号表示每个列车的顺序编号。

(二)城市轨道交通运输能力

运输能力是指通过能力和输送能力的总称。为了实现日常运营生产,完成旅客运输任务,城市轨道交通系统必须具备一定的运输能力。

1. 通过能力

城市轨道交通的通过能力是指在一定的车辆类型、行车组织方法条件下,城市轨道交通固定设备在单位时间内(通常是高峰小时)所能通过的最大列车数。

通过能力的正确计算和确定在城市轨道交通的新线规划设计、既有线日常运营计划安排、扩能技术改造等方面具有重要的意义。

2. 输送能力

输送能力是在一定的车辆类型、行车组织方法的条件下,按照现有设备和司机的数量,城市轨道交通系统在单位时间内所能运送的乘客人数。

3. 输送能力与通过能力的关系

通过能力反映的是线路所能开行的列车数,它是输送能力的基础;输送能力是运输能力的最终体现,它反映了在开行列车数一定的前提下,线路所能运送的乘客人数。在通过能力一定的条件下,线路的最终输送能力还与车站设备的设计容量、列车员数、线路的服务定位存在密切关系。

(三)城市轨道交通行车调度工作的基本任务

城市轨道交通列车运行调度工作是城市轨道交通系统运行的核心,它由调度控制中心实施,实行各部门、各工种高度集中的统一指挥,保证列车运行安全、准点、及时调整与实现各种情况下的乘客运输任务。

列车运行调度工作的基本任务如下所述:

(1)组织指挥各部门、各工种严格按照列车运行图工作;

(2)监视列车到达、出发及途中运行情况,保证运行正常秩序;

(3)在运行秩序因故不正常时,能够采取措施,尽快恢复正常运行秩序;

(4)及时、准确处理行车异常情况,防止行车事故;

(5)随时掌握客流情况,及时调整列车运行方案;

(6)检查监督各行车部门执行运行图情况,发布调度命令;

(7)当区间与车站发生行车事故时,按运行组织工作规定的程序和内容汇报上级主管部门,并采取措施防止事故扩大,参与组织救援工作。

(四)车站行车作业的基本要求

车站行车作业包括列车接发作业、列车折返作业等。车站行车作业应按照列车运行图要求,不间断地接发列车与折返列车,确保行车安全与乘客安全。对车站行车作业的基本要求有如下几个方面:

(1)执行命令听从指挥

严格执行单一指挥制,车站行车作业由车站行车值班员统一指挥。车站行车值班员应认真执行行车调度员的命令和上级领导的指示。

(2)遵章守纪按图行车

认真执行行车规章制度,遵守各项劳动纪律。办理作业正确、及时,防止错办和漏办,严禁违章作业。当班必须精力集中,保证车站安全,不间断地按列车运行图接发列车。

(3)作业联系及时准确

联系各种行车事宜时,必须程序正确、用语规范、内容完整、简明清楚,防止误听、误解和臆测行车。

(4)接发列车目迎目送

接发列车严肃认真,姿势端正;认真做到"心到、眼到和耳到",确保列车安全运行。

(5)行车报表填写齐全

行车报表包括各种行车凭证(如路票、绿色许可证和调度命令)、行车日志和各种登记簿。其中,登记簿有《调度命令登记簿》、《检修施工登记簿》和《交接班登记簿》等。所有这些都应按规定内容、格式认真填写,保持其整洁以及内容的完整。

二、轨道交通客运组织

轨道交通为城市提供了一种大容量、运送速度较快的交通工具。轨道交通的根本任务是运送乘客,与其他公共交通相比较,具有客流量大、以车站为集散地、线路固定的特点。因此为了完成轨道交通运送乘客的任务,客运组织是轨道交通运营管理工作的一项重要内容,为乘客提供安全、迅速、便捷、舒适的服务是各城市轨道交通企业的宗旨。

1. 客运公司客运组织工作内容

(1)完成客流调查、预测等基础资料的准备工作;
(2)完成年度客运计划;
(3)审定、修改客运组织的有关规章制度;
(4)制订车票印制计划;
(5)制订列车开行计划,审批加开列车计划。

2. 站段客运组织工作内容

(1)贯彻执行有关规章、命令、指标;
(2)编制和下达、执行季度计划和月计划;
(3)制订车站客运管理办法,并执行该办法;
(4)组织协调各车站完成客运计划;
(5)实施客流调查工作,车站检、售票工作,卫生与服务工作。

三、站务工作

站务工作主要是直接为乘客服务,其工作内容涉及面很广,其中包括安全、卫生、咨询、引导等诸多方面。站务工作的好坏将直接影响企业形象,因此对站务工作有以下基本要求。

1. 设备完好

车站设有许许多多各种各样的设备,保持这些设备的完好状态是车站站务工作的基本要求。设备的完好,就意味着车站运输工作的安全有了基本保证,同时乘客在车站应得到的服务也有了硬件设施的保障。

2. 站容整洁

车站的窗明几净和各种设施的摆放有序,可以使乘客在车站上下的过程中有宾至如归的快感,从而使车站的服务质量得到提升。

3. 标志明确

由于运输管理和方便乘客进出车站的需要,城市轨道交通的车站站内布局一般都有多种功能的分割和多个方向的进出站口。为了保障乘客安全,帮助乘客在站内能够快捷、方便地按照自己的意愿进入有关功能区域或快速进出车站,车站应在醒目的地方设置简洁的警示标识、说明标识和导向标识。这样不但方便乘客、保证乘客安全,还有利于快速疏导乘客并便于车站管理。

4. 文明礼貌

文明礼貌是车站客运工作者应具备的基本职业素养。车站客运工作人员不仅要做到接待乘客彬彬有礼,而且在口头用语和形体语言上要规范标准、训练有素。

5. 服务热情

主动热情、耐心细致是客运工作人员应该遵守的基本道德规范,这一基本道德规范是建立在全心全意为人民服务的思想基础上。要做好员工的思想政治工作,才能全面改善车站的服务质量,使员工懂得"用心工作、待客真诚"的道理。

6. 联劳协作

车站的各项工作虽然有分工,但各工种之间联系很紧密。为了保证乘客在车站的乘车安全、方便、快捷、有序,车站员工应该加强联系、密切配合、协同工作。

7. 遵章守纪

严格执行规章制度、服从命令听指挥是城市轨道交通运输的基本要求,企业全体员工都要统一着装、佩戴标志,树立企业的良好形象。

8. 观察客流

观察客流在于随时了解客流变化,并根据客流变化适时地调整工作方式,并能够在客流高峰来到时最大限度地为乘客提供良好的服务。同时,为了使城市轨道交通运输能够适应客流的变化,车站客运工作人员也有必要密切注视客流的动态变化,随时做好客流的调查和统计工作,为编制客运计划提供可靠资料。

四、城市轨道交通票务管理

(一) 售票与检票

1. 开放式售检票

开放式售检票是指车站不设检票口,乘客在上车前或在列车上付费,车上随机查票,并进行补票与罚款的售检票方式。这种售检票方式一般为客流量较小的城市轨道交通线路采用,要求国民素质相对较高,并且通常都有政府的财政补贴。实践证明,采用这种售检票方式的城市轨道交通线路还是存在车费收入流失现象。

2. 封闭式售检票

封闭式售检票是指在车站设检票口,乘客进出收费区进行检票并完成收费的售检票方式。这种售检票方式能减少或杜绝无票乘车现象,减少或避免车费收入的流失。封闭式售检票又有传统的人工售检票和先进的自动售检票 2 种方式。

自动售检票(AFC):自动售检票实行全封闭的计程、计时收费,乘客进出收费区均须通过检票机检票后方能通行,可以实现售票、检票、收费和运营统计的自动化。自动售检票(AFC)系统的应用,是自动售检票方式取代人工售检票方式的基础。

(二)票价与票制

1. 票价

票价是指票面价格,是乘客乘车购票时应支付的钱款数。票价的制定是一个复杂的过程,要经过多方多次的论证才能最终确定,一旦确定就不宜再变。如若再变也是在物价指数变化积累到一定程度,通过再次论证来确定。

2. 票制

票制是票价程度的简称,主要有以下 3 种形式。

(1)分段计程票价制:按乘客乘坐列车距离远近,划分不同的票价等级。

(2)单一票价制:一条路线按统一票价核收。

(3)综合票价制:综合考虑乘客运距,乘客占用收费区(如地下站台层,一般以检票口为界,检票口内即为收费区)时间,乘车时间段(如节假日与工作日、高峰与低谷等)等因素核算票价。

(三)自动售检票系统(AFC)

自动售检票系统简称 AFC 系统(Automatic Fare Collection),由中央计算机系统、车站计算机系统、车站 AFC 设备和票卡 4 个层次组成。它是基于计算机技术、网络技术、自动控制技术等,能够实现售票、检票、计费、收费、统计全过程的自动化系统。如图 7-17 所示。

五、城市轨道交通网络化运营

城市轨道交通网络化是不同走向的城市轨道

图 7-17　地铁自动售检票机

交通线路通过换乘车站进行连接,形成一个规模大、功能强的网络系统,并通过空间和设备,使各线路之间实现"互联互动、资源共享"。

城市轨道交通的网络化运营是指针对城市轨道交通线路形成网络后产生的运输组织多样化、设备制式多样化的特征,通过建立安全、高效、系统的城市轨道交通网络运营管理体系,统筹安排既有资源,统一协调线、网间关系,实现线、网运营的有效性、安全性和可靠性,实现网络运营的社会效益、经济效益最大化。

通过对莫斯科、纽约、巴黎、东京、伦敦等城市轨道交通网络的研究发现,这些城市的轨道交通虽各有其特点,但却具有网络运营的共性。

第四节　城市轨道交通灾害防护系统

一、灾害分类

地下铁道在施工和运营期间可能发生的灾害可分为两大类,即自然灾害和人为灾害。自然灾害主要有洪涝、水淹、地震、台风、泥石流、滑坡等;人为灾害主要有战争、火灾、毒物泄漏、化学爆炸、环境污染、工程(其他外部工程施工)事故和运营事故等。地铁大部分处在由地下车站和隧道构成的半封闭区域内,对来自外部的灾害防御能力较好,对来自内部的灾害抵御能力较差。在狭小的地下空间里,人员和设备密集,一旦发生灾害,疏散和抢救十分困难。

二、灾害防护

(一)水害防护

1. 防洪水、积水回灌

降雨在街道积聚,如没有足够的排涝设备,当地面水位高于地铁车站入口高程或风亭、排烟、排水孔高程时,就可能大量向车站回灌。沿海城市受到海潮汛影响,海水沿内陆河道回流,漫出防汛堤,也可能向地铁出入口回灌。车站出入口及通风亭的门洞下沿应高出室外地面150~450mm,必要时设临时防水淹措施,例如在洪汛期落实好防汛预案并做好封堵进出口水流通道的材料的准备工作。在地铁车站、区间隧道设置足够的泵房设备,一旦进水时能及时外排,防止水淹地铁工程。此外,位于水域下的区间隧道两端应设电动、手动防淹门。

2. 地铁车站防水

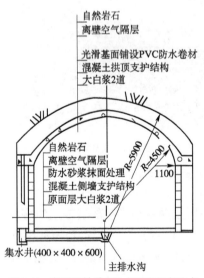

图7-18　某地下铁道车站主洞室的离壁式支护防水设计

依据车站施工方法、地下水发育程度差别、车站防水等级的高低不同,采用不同的防水施工方案。用钻爆法施工的地铁车站,一般采用离壁式结构,复合式支护防水夹层施工方法。浅埋矩形框架车站多采用外包防水卷材的施工方法。利用连续墙挡土,又兼作车站结构一部分时,既要注意连续墙本身的防水性能,又要注意接头的防水,以及充填防水卷材、抹刷防水涂料等防水技术。不管采取何种防水技术,混凝土结构本身的自防水是基础。收缩缝和施工缝是地下工程防水最薄弱的位置,合理设缝并选用有效的接缝嵌固材料是成功防水的关键。

(1)离壁式衬套拱顶与侧墙防水技术

对于开挖的洞室可以用喷锚支护或者整体现浇被覆保证围岩结构稳定性。若由于地下水较发育,采用复合支护的方式难以达到较高的防水要求,则可采用离壁式支护。图7-18所示为某地下铁道车站主洞室的离壁式支护防水设计。

(2) 复合式衬砌防水技术

地铁车站或者区间隧道当采用复合式衬砌支护时,通常由初期支护、缓冲层、防水卷材、二次衬砌模注混凝土结构组成。初期支护为钢筋格栅加钢筋网再加喷射混凝土,厚度0.25～0.30m。

缓冲垫层用较柔软且具有相当强度的片材,以克服喷射混凝土因粗糙而凹凸不平的基面对防水板(膜)的损伤。防水板(膜)除具有不透水性外,还应具有在二次衬砌灌注混凝土时承受机械作用不致损伤的性能,具有耐久性良好和接缝处严密且操作简单的特点。二次衬砌为模注防水混凝土,其抗渗等级为S8。

(3) 卷材防水技术

对于采用明挖法施工的单层双跨矩形隧道或者多层多跨箱形结构车站,主体钢筋混凝土结构施工完成后,回填覆土之前,要施作柔性防水卷材。结构混凝土自防水厚度和强度等级由结构设计选定,抗渗等级不应小于S8,在混凝土中宜掺微膨胀剂、密实剂、减水剂等。车站地下水位高、水头渗透压力大、车站防水等级高时,应采用全合成高分子防水卷材,厚度不应小于2mm;高聚合物改性沥青防水卷材(聚酯胎)厚度不应小于5mm。防水要求较低时,上述卷材厚度可以相应减小。卷材全外包防水宜采用"外防外贴"法,就是将卷材直接粘贴在侧墙的结构混凝土外侧,并与混凝土底板下面的卷材防水层连接,以形成整体封闭防水层。

(4) 涂料防水

防水涂料与防水卷材同为当今国内公认的并被广泛应用的新型防水材料。防水涂料是一种液态材料,且能形成连续的防水层,不像卷材那样存在很多搭接接缝,其施工方便,特别适合于地铁车站复杂的基层施工涂膜防水层。但它不能像卷材防水层那样在工厂加工成型,而是在施工现场由液态材料转变成固态材料;防水膜的厚度不像卷材那样能由工厂生产准确控制,而受工地人为因素影响大。虽然有些种类的涂膜可以获得较高的延伸率,但其拉断强度、抗撕裂强度、耐摩擦、耐刺穿等指标都较同类防水卷材低,涂膜一般较薄,长期泡在水中,会发生黏结力下降的现象。水乳型涂料自然蒸发固化形成的涂膜,长期泡水后还会出现溶胀、起皱,甚至局部脱离基层以至局部脱落等情况。地铁车站和隧道的防水层要长期浸泡水中,经受地层不均匀变形的拉伸影响,因此应选用反应型或溶剂型涂料,不宜选用水乳型涂料。由于地铁车站防水等级要求较高,涂料防水常与结构自防水、卷材防水、防水砂浆防水等手段相结合,以起到保护涂膜和共同防水的作用。

(5) 接缝防水

浅埋矩形隧道和箱形车站一般不设置沉降缝,只设置施工缝、伸缩缝或诱导缝和后浇带。建造长条形、矩形隧道和车站,由于材料、设备、劳力的限制,不可能连续一次浇筑,一般分段、分层施工,两次间隔浇筑的混凝土之间有施工缝。车站分段长度一般15～24m,按三层浇筑,即底板、中板(含底板和侧墙)、顶板(含中板以上侧墙)。新旧混凝土接茬结合不致密,可引起地下水渗漏。无内衬墙车站结构,作为底板、中板、顶板与地下墙纵向连接的施工缝通过设置遇水膨胀腻子止水条等措施防水;对于纵向及环向的施工缝,也可设置镀锌止水钢板或橡胶止水带防水。

(6) 管片自身防水和外防水涂层

除在管片生产前加强对钢模的检验,以保证管片的质量和出厂前进行单块抗渗检漏试验外,还需在管片吊运、堆放中采取保护措施。凡有缺损者(尤其是密封垫沟槽,嵌缝槽处)均应修补,以确保管片的防水效果。对于埋深较大或有显著侵蚀性环境的地段,管片采用增强防水、防腐蚀性的涂料涂刷。

(7)管片接缝防水

为了加强接缝防水效果,可在管片接缝中设置弹性密封垫和嵌缝等两道防水措施,并以弹性密封垫为接缝防水主要措施。

(二)震灾防护

地面及地下结构的震害主要分为以下两类:

(1)由振动破坏造成的,地震作用使结构物产生惯性力,附加于静荷载之上,最终导致总应力超过材料强度而达到破坏状态。大多数结构的震害属于这一类。减轻这一类震害的措施是加强结构的抗震能力,在改善结构几何形状、强度、刚度、延性和整体性上想办法。

(2)由地基失效引起的,也就是说结构本身具有足够的抗震能力,振动作用下本来不致破坏,但是由于地基沉陷、失稳等原因导致结构开裂,倾斜(倾倒)、下沉,或者使结构损坏、结构不能正常使用。为了减轻这类震害,有效的措施是通过各种方法加固地基。

1. 地基处理措施

在进行线路选线时,尽可能避开软弱易液化的土层,避开不均匀土层(古河道、断层破碎带、暗埋沟谷及半填、半挖的地基),避开地震时可能发生滑坡、崩塌、地陷、地裂、泥石流等可能发生地层错位部位。无法避开上述不良地质区段时,采用地基处理的措施,防止车站和隧道局部突沉及液化沉陷。

(1)在车站、高架桥、隧道下将桩基深入液化层深度以下稳定土层一定深度。对碎石土、砾石、粗(中)砂、坚硬黏性土和密实粉土不应小于0.5m,对其他非岩石土不宜小于1.5m。

(2)增加结构埋深,使结构底板埋入液化深度以下稳定土层,深度不应小于0.5m。

(3)采用加密法(如振冲、振动加密、砂桩挤密、强夯等)和注浆法加固土层,应处理至液化深度的下界,且处理后土层标准贯入锤击数的实测值,应不小于相应的临界值。

(4)适当设置伸缩缝、施工缝、沉降缝,加强区间隧道、桥与车站的连接部位的抗震性能。

(5)对于地层性质发生变化的区段,隧道、车站地基强度和变形性能做好过渡,使上、下部变形协调。

2. 结构构造措施

(1)对于浅埋矩形框架结构的车站和隧道,宜采用现浇整体钢筋混凝土结构,避免采用装配式和部分装配式结构。特别强调侧墙板与顶板,梁板与柱节点刚度、强度及变形塑性。加强中柱与顶板、中板钢筋连接,出板1~2m高度范围内加密加粗受力筋,加密箍筋,防止柱受剪而发生剪弯破坏。连续墙与顶板的连接筋进一步加强,防止连接部位松脱,楼板崩塌。可能的情况下,中柱采用劲性钢管混凝土柱代替钢筋混凝土柱。适当提高混凝土强度等级,或者使用钢纤维混凝土代替普通混凝土以防止混凝土挤压破碎。

(2)高架桥区间和车站,必须特别注意桥墩柱剪切挤压破损,桥梁在支座处松动滑落,加强桥墩台与梁板连接,放置减震橡胶垫板等措施。

(3) 对于盾构法施工的区间隧道,尽可能采用错缝拼装,加深接头榫槽深度,增强纵向整体性。接缝间用高强钢螺栓连接,保持结构的连续性。在环向和纵向接缝处设弹性密封胶垫,以适应地震中地层施加的一定的变形。车站与隧道连接段,隧道可能产生较大的不均匀沉降和剪切力,为此应有可靠的连接,最好设抗震缝。在地震产生液化、突沉地段,隧道可能产生较大纵向弯曲,受拉一侧接缝张开,超过密封垫膨胀率时,可能引起漏水或漏泥沙,并加速整体下沉。因此要按设计,配置较大膨胀率的橡胶垫。

(三) 战争灾害防护

地铁作为城市客运交通的动脉,重要的城市市政设施,既是战时敌人袭击的目标,也是战时防御的重点。地铁工程的车站和区间隧道一般都埋置在岩土介质中,加上自身用钢筋混凝土支护衬砌,本身具有对爆炸冲击破坏的防御能力。地下铁道工程具有通风、给排水、通信、信号、自动报警和防灾的系统,如果与城市民防系统连通,经过改进,可以很好地为战时防空袭服务。

地铁工程对城市防空的重要作用早已为世界各国所公认。苏联在第二次世界大战期间,德国空袭莫斯科时成千上万的城市居民在地铁车站躲避空袭,有的地铁车站成了战时的地下医院和救护所,即使德国军队兵临莫斯科城下,地铁修建也一刻没停止。欧洲各国地铁结构构件设计有较大的安全度,都不同程度地考虑了战时的空袭防护作用。近年修建的新加坡地铁设置了完善的防空袭的系统。1964 年我国开始修建的首都北京第一期地铁,作为等级人防工事建造。天津地铁 1 号线是在城区人防干道的基础上建造的。1989 年开始修建的上海地铁 1 号线原设计未考虑战时的人防功能,但其车站主体结构经过估算也可以达到五级人防工程抗力。通过对上海市地铁 1 号线工程按平战功能转换的要求修改设计,每公里仅增加投资 500 万元(不足总投资的百分之一),就使得地铁具有人防功能,使上海市的人防工程增加 18 万 m^2。目前正在修建的广州、深圳、南京地铁,都不同程度地考虑了人防的要求。南京地铁一期南北线工程,在从敞口段过渡到暗埋段中,均设置了防护门。

(四) 施工诱发灾害的预测及防护

采用盾构法或钻爆法进行隧道施工,连续墙护壁明挖法施工车站,打桩或钻孔灌注桩施工高架桥基等,都会不同程度地引起地面沉降、深层土体的挤压扰动,导致地面建筑和地下构筑物开裂破损、甚至倒塌。有一些施工方法还产生大量的粉尘、泥浆、渣土,严重污染环境。打桩、爆破法引起振动、噪声、烟雾等公害,严重影响城市居民正常的工作和生活。近年来,由于施工机械和施工工艺的改进,地铁工程施工引起的环境岩土工程问题,已有了一定程度的缓解。但是就全国范围内而言,施工遇到下面一些复杂情况时,岩土工程导致对环境产生公害仍比较突出。

1. 市区地下铁道车站施工

地下连续墙、桩排墙施工时产生泥浆、噪声、振动;井点降水造成地下水位变化及地下水径流混乱、水质的变化,引起土层的沉降、密实度、孔隙水压力变化;甚至导致支撑结构失稳,连续墙倾倒,大面积土体的滑移、坍陷;车站深大基坑开挖,引起近旁道路的地下管线(煤气、地下电缆、热力蒸气等)的开裂。

2. 地铁区间隧道施工

软土盾构法隧道进(出)工作井、转弯(纠偏)、穿越大楼桩群、浅覆土引起流沙等不良地质现象;钻爆法施工山岭隧道引起振动、烟尘、渣土,断层和强烈破碎带引起冒顶塌落;浅埋暗挖法化学注浆时易引起土性的改变、塌方冒顶;沉管法隧道对航道、河床和水流的速度有影响。

3. 高架桥施工

钻孔桩、挖孔桩、打(压)桩施工引起振动、地面沉陷、土体的位移、泥浆污染和噪声的干扰。预制桥梁制作、吊运过程会阻碍交通;高架桥对视线、景观的影响等。

已经建成的地铁与轻轨交通是城市客运交通的大动脉,一旦投入运营,担负巨大客流运输任务,在地铁车站、隧道和高架桥周边进行土方开挖、顶管、盾构推进和打桩等工程活动,处理不当可能对临近地铁工程产生危害。对施工活动对轨道交通工程的影响加以限制,首先应以预防为主,即采取合理的施工工艺和技术方案,将产生的地面沉降、深层土体扰动降低到工程变形允许范围内。其次,对既有建筑物和地下管线进行监测、更换、补强加固等工程措施,保证在施工扰动发生后不致产生大的影响使用的残余变形。在开工前,对沿线建筑物及管线做好详细的调查,按照不同的结构形式、不同的使用功能、不同的地质环境条件,应采取不同的防护对策。

(五)防灾报警系统

地下车站和区间隧道由于空间狭小,消防救灾十分困难,火灾的早期发现和早期扑救对消防救灾来说显得尤为重要。因此,为保障城市轨道交通的安全运营,须设置火灾自动报警系统(Fire Alarm System,FAS),对城市轨道交通全线进行火灾探测、报警和控制。

1. FAS 系统的分布

FAS 系统分布在站厅、站台、一般设备用房和办公用房等位置能监视车站消防设备(图7-19)的运行状态,接收车站火灾探测器(图 7-20)、手动报警按钮等现场设备的报警信号并显示报警位置;优先接收控制中心发出的消防救灾指令和安全疏散命令,并能在火灾时发出模式指令使机电设备监控系统运行转入火灾模式,实现消防联动。同时,可通过事故广播系统和闭路电视系统组织疏散乘客,对气体灭火系统保护区域进行火灾监视,达到及时发现火灾、通报并发送火灾联动指令的作用。

图 7-19 灭火器

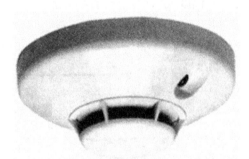

图 7-20 烟感探测器

2. FAS 系统的组成和功能

FAS 系统由中央级设备、车站级设备以及将其联系起来的通信网络组成。

(1) 中央级设备

OCC 控制中心实现对地铁全线的消防集中监控管理,是全线消防指挥中心。OCC 控制中心配置两台功能相同的图形控制计算机,图形控制系统接收并存储全线消防设备主要运行状态,接收全线车站、车辆段、主变电所及集中冷站的火灾报警并显示报警部位,包括火灾报警、监视报警、设备离线故障报警、网络故障报警、报警存储、操作人员的各项操作记录等。各项记录(如故障、设备维修、清洗等)都可以在图形控制系统上进行在线编辑、分类检索(按车站、时间、设备类型、故障类型、报警类型分类),能跟踪人员的操作记录并输出至打印机或磁盘等,进行历史档案管理。

(2) 车站级设备

车站火灾报警系统由火灾报警控制盘、图形监视计算机、现场设备、消防联动控制系统和消防广播系统组成,如图 7-21 所示。车站火灾报警系统监视车站消防设备的运行状态,接收车站火灾报警信号并显示报警部位,优先接收控制中心发出的消防救灾指令和安全疏散命令。

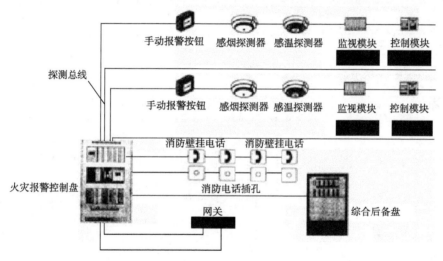

图 7-21 车站级 FAS 构成框图

①火灾报警控制盘:通过车站的火灾报警控制盘上的数据接口,或消防联动控制盘上的手动控制按钮向机电设备监控系统(EMCS)发出模式指令,由 EMCS 系统启动消防联动设备。火灾报警控制盘上设有消防电话主机,负责本车站的消防电话通信。车站火灾自动报警系统与气体自动灭火系统相连,可接受气体自动灭火系统的火灾预报警信号、火灾确认信号、系统故障信号等反馈信号。

②图形监视计算机:车站的图形监视计算机的配置、软件及功能与中央图形控制中心计算机相同,但只监视本车站的火灾报警系统。

③现场设备:包括火灾探测器、手动火灾报警按钮、感温电缆等。

火灾探测器有智能式光电感烟探测器和光束式感烟探测器。智能式光电感烟探测器布置在车站各设备管理用房、站厅及站台旅客公共区和通道等区域,可监视环境中有没有火灾发生。探测器根据环境的火灾特征物理量,如温度、烟雾、气体和辐射光强等,进行火灾是否发生的判断,如果是火警就立即向火灾报警控制盘发送报警信号。在大空间长距离的库房设有红外光束式感烟探测器,如车辆段的检修库等地。

手动火灾报警按钮布置在站厅层、站台层、出入口通道和设备区等区域,报警区域内每个防火分区至少设有一只手动火灾报警按钮。在上述区域中若设有消火栓箱,则手动火灾报警按钮安装在靠近消火栓箱处明显又便于操作的墙上。

在站台板下的电缆廊道设感温电缆,感温电缆按电缆桥架分层,蛇行走向布置。

④消防联动控制系统:FAS 所有的防排烟系统联动控制功能由机电设备监控系统(BAS)实现。FAS 和 BAS 在各车站均设有自动控制接口,FAS 发出的指令具有最高优先权,当发生火灾时,FAS 通过车站的自动控制接口发出指令,BAS 按指令将其所监控的设备运行转换为预定的火灾运行模式。

各车站设有消防联动控制柜。联动控制柜通过控制电缆与重要消防设备的控制回路相连,联动柜上有各种带自锁按键,用于火灾时自动控制系统失灵的情况下手动控制各种消防设备。火灾报警及消防联动流程,如图 7-22 所示。

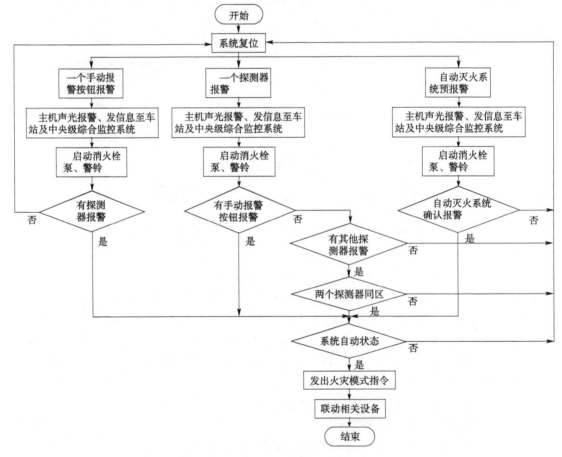

图 7-22 火灾报警及消防联动流程

(3)通信及网络系统

FAS 系统还包括消防广播通信和闭路电视监控系统。火灾报警在车站内没设警铃或警笛,而设有火灾事故广播。火灾事故广播不单独设置,与车站广播系统合用。平时为车站广播用,火灾时能在消防控制室将广播音响强行切转到火灾事故广播状态,火灾事故广播具有优先权。消防指挥中心设专用电话用于向公安消防部门报警。

FAS 在车站内设有消防报警电话插孔,而在区间隧道则与轨旁电话系统合用,并结合有线和无线通信系统的使用实现消防指挥通信系统的全部功能。站内及轨旁电话系统在各消防控制室、值班室、消防水泵房和通风空调机房设置直通通话话机;区间隧道设置轨旁电话机。在消防指挥中心设置调度电话总机,各消防控制室设置调度分机,FAS 与行车调度等共用一套闭路电视监视系统。

通信网络火灾自动报警系统全线网络为独立的光纤环网,负责中央级和车站级设备通信。

(六)自动灭火系统

自动气体灭火系统布置在重要的设备房,如高低压室、通信设备室、环控电控室、信号设备室等,能实现火警信号采集、系统信息处理、声光报警控制、信息报告、相关环控设备联动控制和气体释放全过程自动控制。常用的自动灭火系统有全自动气体灭火系统(如卤代烷灭火系统、惰性气体灭火系统)、水消防系统(如消火栓、细水雾系统)。

1. 全自动气体灭火系统

全自动气体灭火系统设备可以分成 2 大部分,即药剂储存和喷放设备、报警和控制设备。此系统主要包括存储气体的钢瓶、驱动钢瓶内气体释放的阀门、输送气体的管网、整个系统的中央控制单元(通称控制盘)、火灾探测器、声光报警设备及一些辅助使用的开关。钢瓶用以存储气体灭火系统的灭火介质安装在气瓶间内。钢瓶室需要严格的管理,人员进出必须登记,并且严禁在钢瓶室内擅自作业。

启动阀安装在主动钢瓶的瓶头阀或选择阀上。目前使用的启动阀主要有电磁阀和电爆管两种类型,它们只需很低的电压或电流即可产生很大的冲击力就能将钢瓶的阀门打开,从而释放存储在钢瓶内的气体。

输送管网是输送气体的通道,由无缝钢管连接而成,从气瓶间敷设到所需要保护的区域。

中央控制单元是气体灭火系统的指挥官,当系统的探测器收集到火灾信号并传送到中央控制单元后,经过处理区分,它会发出相应的电压信号,控制相关的报警器响应,控制联动的设备(如风机和防火阀)动作,控制钢瓶上的启动阀开启。

火灾探测器,如前所述,是收集火灾信息的设备。

声光报警设备主要由警铃、蜂鸣器、事故广播和闪灯组成,起到报警和疏散的作用。

辅助开关设备主要包括手/自动转换开关、紧急止喷按钮和紧急手拉启动器。手/自动转换开关可以切换气体灭火系统的操作方式,在有人进入保护区内时须将系统置于手动状态,无人看管时应将系统置于自动状态。紧急止喷按钮是在气体灭火系统处于延时阶段时需要将系统停止后使用的,这可以避免系统误报带来的损失。紧急手拉启动器是在系统需要立即启动时使用的,该开关一旦打开系统将直接喷放,平常严禁擅自使用。

2. 细水雾系统

细水雾灭火系统是水消防系统的一种,其机理是使用经过特殊构造的细水雾喷嘴,通过水与雾化介质作用而产生水微粒,再经吸收火场热量蒸发而产生体积急剧膨胀的水蒸气。另一方面,水蒸气大量产生能降低封闭火场的氧浓度而起到窒息燃烧反应来达到双重物理灭火的效果。此外细小的水颗粒能有效地吸收并分散热辐射。

与气体灭火系统相比,细水雾系统的优势是:灭火介质水源容易获取,灭火可持续能力强;除烟、无害、环保,可承受一定限度的通风,对防护区密闭要求相对较低;对于大、中空间的保护场所具有技术和经济方面的优势。其缺点是:灭火速度慢;防护区电源系统的要求也较高,同时系统喷放后对电子电气设备造成二次危害的影响程度也较高,细水雾泵房还需考虑荷载增加、后备电源(UPS)及泵房排水等问题。

另外,在车站的管理用房、站厅层、出入口、车站和区间风道内以及在区间隧道内每100m设一个消火栓。当火灾发生时,打破消火栓的玻璃,把信号传到车站控制室,由报警控制器主机确认后自动和远程控制消防泵共同启动灭火。

复习思考题

1. 轨道交通车辆由哪几部分组成?
2. 什么是接触网?有几种形式?
3. 什么是迷流?如何防护?
4. 试述城市轨道交通中信号系统的重要性。
5. 简述城市轨道交通信号系统的作用和特点。
6. 简述城市轨道交通对信号系统的要求。
7. 什么是闭塞?什么是移动闭塞?移动闭塞在地铁信号系统中有什么特点?
8. 简述联锁的基本概念和现代轨道交通信号系统中的联锁系统的功能和应用。
9. 何为列车运行自动控制系统?它包括哪几个部分?分别具有什么作用?
10. 简述城市轨道交通通信系统的作用。
11. 简述城市轨道交通通信系统的分类。
12. 简述城市轨道交通通信系统的组成。
13. 简述城市轨道交通行车组织的意义。
14. 简述城市轨道交通列车运行图的表示。
15. 简述城市轨道交通客运组织的主要内容。
16. 简述城市轨道交通车票的分类。
17. 简述火灾报警及消防联动流程。
18. FAS系统的功能是什么?
19. 简述气体自动灭火系统的分布及功能。

参 考 文 献

［1］王钰.城市轨道交通概论[M].北京:中国铁道出版社,2008.
［2］韩宜康,林瑜筠.城市轨道交通线路与站场[M].北京:中国铁道出版社,2013.
［3］张全良.铁路设计基础[M].北京:中国铁道出版社,2010.
［4］钱传贤,张凡.城市轨道交通概论[M].成都:西南交通大学出版社,2007.
［5］易思蓉.铁道工程[M].北京:中国铁道出版社,2011.
［6］李良英,何江.高速铁路线路工程[M].北京:人民交通出版社,2012.
［7］周顺华.城市轨道交通结构工程[M].上海:同济大学出版社,2004.
［8］叶霞飞,顾保南.轨道交通线路设计[M].上海:同济大学出版社,2010.
［9］叶华平.城市轨道交通概论[M].北京:中国铁道出版社,2011.
［10］安宁.城市轨道交通工程[M].北京:人民交通出版社,2008.
［11］张兴强.城市轨道交通土建工程[M].北京:北京交通大学出版社,2011.
［12］李成辉.铁路轨道[M].北京:中国铁道出版社,2012.
［13］张立.城市轨道交通工程概论[M].北京:人民交通出版社,2011.
［14］何奎元.铁路轨道与修理[M].北京:中国铁道出版社,2009.
［15］范俊杰.现代铁路轨道[M].北京:中国铁道出版社,2001.
［16］阎国强,仇海兵.城市轨道交通概论[M].北京:人民交通出版社,2012.
［17］佟立本.高速铁路概论[M].北京:中国铁道出版社,2012.
［18］朱宏,林瑜筠.城市轨道交通概论[M].北京:中国铁道出版社,2011.
［19］王其昌.高速铁路土木工程[M].成都:西南交通大学出版社,2000.
［20］解宝柱.铁路路基[M].北京:中国铁道出版社,2008.
［21］牛红霞.城市轨道交通概论[M].北京:化学工业出版社,2011.
［22］慕威.城市轨道交通导论[M].北京:人民交通出版社,2012.
［23］韩峰.铁道线路工程概论[M].北京:中国铁道出版社,2010.
［24］孙章,蒲琪.城市轨道交通概论[M].北京:人民交通出版社,2009.
［25］成都铁路局重庆职工培训基地.轨道检测技术[M].北京:中国铁道出版社,2008.
［26］刘伯鸿,李国宁.城市轨道交通信号[M].成都:西南交通大学出版社,2011.
［27］林瑜筠.城市轨道交通信号[M].北京:中国铁道出版社,2010.
［28］李伟章,等.城市轨道交通通信[M].北京:中国铁道出版社,2008.
［29］薛亮,刘小玲.城市轨道交通调度指挥[M].北京:人民交通出版社,2013.
［30］耿幸福.城市轨道交通行车组织[M].北京:人民交通出版社,2012.
［31］慕威.城市轨道交通运营组织[M].北京:人民交通出版社,2012.
［32］刘莉娜.城市轨道交通客运组织[M].北京:人民交通出版社,2012.
［33］张国宝.城市轨道交通运营组织[M].上海:上海科学技术出版社,2006.
［34］中华人民共和国铁道部.铁路轨道设计规范[M].北京:中国铁道出版社,2004.

[35] 中华人民共和国国家标准. GB 50490—2009 城市轨道交通技术规范[S]. 北京:中国建筑工业出版社,2009.
[36] 中华人民共和国国家标准. GB 50175—2013 地铁设计规范[S]. 北京:中国建筑工业出版社,2014.
[37] 中华人民共和国国家标准. GB 50090—2006 铁路线路设计规范[S]. 北京:中国计划出版社,2006.
[38] 中华人民共和国行业标准. TB 10621—2014 高速铁路设计规范[S]. 北京:中国铁道出版社,2009.
[39] 中华人民共和国行业标准. TB 10082—2005 铁路轨道设计规范[S]. 北京:中国铁道出版社,2005.
[40] 中华人民共和国铁道部. 铁路线路修理规则[M]. 北京:中国铁道出版社,2006.